민사소송법 기본판례

민사소송법 기본판례

홍 기 문 저

전남대학교출판부

| 머 리 말 |

법학의 생명은 그 실천성에 있다. 민사소송법은 절차법으로서 그 실천성이 특히 강하다. 즉 민사소송법은 소송주체인 법원과 당사자가 관여하는 민사사건의 처리절차를 규율하는 것이기 때문에 이론과 실무와의 사이에는 긴밀한 관계에 있어서 판례의 연구는 중요한 의미를 갖고 있다.

원래 판례의 연구는 법학의 실용성을 발휘하기 위하여 필요한 전제요건이다. 그런데 우리나라는 대륙법계의 연혁을 가지고 이론 중심의 연구를 하였다. 물론 불문법국가인 미국은 일찍이 판례를 중심으로 법학이 발전하였음은 말할 필요도 없다. 이제 우리나라의 법역사도 어느 정도 연륜을 쌓아가는 시점에서 판례를 깊이 있게 연구하여 이론과 판례를 적극적으로 접합을 시도할 시점에 이르렀다고 본다. 이론이 판례에 반영되고 판결은 정밀한 이론적 기초 하에서 이루어져야 할 것이다. 다행히 요즘 이러한 학문적 분위기가 성숙되어 가고 있으며, 법학전문대학원의 설립을 앞두고 더욱 가속화되고 있다 할 것이다.

저자는 이러한 시대적 변화를 인지하면서 민사소송에 관한 판례를 체계적으로 분석하고 연구할 필요성을 느껴왔다. 본 학술도서는 이러한 과제의 시발로서 우선 관련 문제의 개념과 제도적 취지를 다시 한번 확인한 후, 민사소송에 관한 판례를 체계적으로 정리하여 보았다. 앞으로 이러한 작업을 바탕으로 중요한 판례를 개별적으로 분석하는 작업을 하고자 한다. 본 판례의 정리는 2006년까지 판례공보로 발표된 판결의 판결요지를 대법원 홈페이지 종합법률정보 판례검색란을 통하여 작성·반영하고 있다.

끝으로 바쁜 와중에도 성실하게 교정을 해준 전종현박사와 전남대학교출판부 관계자 여러분께 감사드린다.

2007. 1. 31

목 차

총 론

제1편

제 1 장

민 사 소 송

제1절 민사소송의 의의

Ⅰ. 민사소송과 형사소송의 상호관계

민사소송은 사법상의 권리 또는 법률관계의 존부에 관한 소송이고, 형사소송은 私人에 대한 국가형벌권의 존부를 확정하는 소송이다. 이처럼 양자는 서로 그 목적이 다르기 때문에 심판절차를 달리하고 있다. 따라서 동일한 증거라도 민사법원과 형사법원간에 그 가치판단을 달리할 수 있으며 형사재판에서 확정한 사실에 민사법원은 구속받지 아니하며 증거자료에 불과할 뿐이다. 그러나 역사적으로 하나의 사실관계를 별개의 절차라는 이유로 달리 인정할 수 있는가가 문제된다. 그리하여 판례의 주류는 확정된 형사판결은 특별한 사정이 없는 한 유력한 증거자료가 되므로 이를 특별한 사정이 없이 배척함은 경험칙에 위배된다는 입장을 취하고 있다[1].

⊙ 대법원 2005. 1. 13. 선고 2004다19647 판결

민사재판에 있어서 이와 관련된 다른 민·형사사건 등의 확정판결에서 인정된 사실은 특별한 사정이 없는 한 유력한 증거자료가 되는 것이나, 다른 한편 당해 민사재판에서 제출된 다른 증거내용에 비추어 관련 민·형사사건의 확정판결에서의 사실판단을 그대로 채용하기 어렵다고 인정될 경우에는 이를 배척할 수 있다.

⊙ 대법원 2005. 1. 12. 선고 1994다39215 판결[2]

원래 민사재판에 있어서는 형사재판의 사실인정에 구속을 받는 것이 아니라고 하더라도 동일한 사실관계에 관하여 이미 확정된 형사판결이 유죄로 인정한 사실은 유력한 증거자료가 된다고 할 것이므로 민사재판에서 제출된 다른 증거들에 비추어 형사재판의 사실판단을 채용하기 어렵다고 인정되는 특별한 사정이 없는 한 이와 반대되는 사실을 인정할 수 없다.

Ⅱ. 민사소송과 행정소송의 상호관계

1. 민사소송과 행정소송의 한계

민사소송이란 사법상의 권리 또는 법률관계의 존부에 관한 소송이다. 그러나 구체적인 경우에 있어서 다른 소송절차와의

---

1) 대판 1968. 4. 23, 66다2499; 동 1979. 9. 25, 79다913.

2) 대판 1983. 9. 13, 81다1166.

한계가 불분명하다. 특히 행정소송법 제1조의 '공법상의 권리관계'의 의미와 관련하여 양자의 한계가 문제된다. 판례는 '행정주체로서의 관청이 공권력의 주체로서 국민에 대한 경우는 물론 단순한 경제활동의 주체로서 국민에 대한 경우라 하여도 그것이 공공적 성질을 갖고 있어 공공복지와 밀접한 관계를 갖고 있는 때에는 이를 사사로운 국민 상호간의 관계와 동일시할 수 없는 경우로서 소송에 있어서는 이를 행정사건으로 처리하여야 할 것이고, 행정주체가 경제생활의 주체로서 활동한 때에도 공공복지와 밀접한 관계가 없고 사사로운 국민 상호간의 경제생활과 조금도 차이가 없는 경우라면 그 성질상 私法이 전면적으로 적용될 것으로 이에 관한 소송은 민사사건'이라 하였다.

(1) 민사소송으로 본 경우

행정관청이 관리하는 건물의 임대차계약[3]이나 공설시장점포에 관한 분쟁[4], 국공유재산의 처분에 관한 분쟁[5], 국가배상법에 의한 손해배상청구, 사립학교 교직원의 근로관계[6], 국가·공공단체에 대한 급여청구 등을 민사소송으로 본다.

(2) 행정소송으로 본 경우

공무원연금법상의 유족부조금청구는 행정소송으로 동법에 의

---

3) 대판 1961. 10. 5, 4292행상53; 동 1977. 11. 22, 76누21.
4) 대판 1962. 2. 22, 4294행상173.
5) 대판 1991. 11. 8, 90누9391 등.
6) 대판 1962. 5. 3, 4294민상970.

하여 부조를 받을 권리가 결정된 뒤에 민사소송을 청구해야 한다고 본다.

⦿ 대법원 1970. 10. 30. 선고 70다833 판결[7)]

구 공무원연금법(64.5.2. 법률 제1635호)상의 유족부조금 청구는 동법 제5조 제1항의 소정 절차에 의한 총무처장관의 결정을 거쳐 그 결정에 이의가 있을 때에는 동법 제55조에 의하여 공무원연금급여심사위원회에 심사청구를 한 다음 그 심사의 결정에 불복이 있을 경우에 행정소송을 제기하여야 할 것이고 이러한 절차를 밟지 아니하고 즉시 민사소송으로 청구할 수 없다할 것이다.

2. 민사소송의 선결문제로서의 행정처분

민사소송절차에서 청구의 당부를 판단하는데 행정처분이 선결문제가 되는 때에 그 행정처분의 유·무효나 존부를 민사법원이 심사할 수 있다는 것이 판례와 통설이다. 그런데 민사소송의 선결문제로 행정처분이 위법인가의 여부도 심사할 수 있는가에 대하여는 긍정하는 판례와 당연무효가 아닌 한 위법사유가 있더라도 취소되기 전까지는 과세처분의 효력을 부인할 수 없다고 보는 판례[8)]가 있다.

---

7) 대판 1987. 12. 8, 87다카2000.

8) 대판 1999. 8. 20, 99다20179.

(1) 긍정한 판례

⊙ 대법원 1972. 4. 28. 선고 72다337 판결[9)]

위법한 행정대집행이 완료되면 그 처분의 무효확인 또는 취소를 구할 소의 이익은 없다 하더라도, 미리 그 행정처분의 취소판결이 있어야만 그 행정처분의 위법임을 이유로 한 손해배상 청구를 할 수 있는 것은 아니다.

(2) 부정한 판례

⊙ 대법원 1999. 8. 20. 선고 99다20179 판결

과세처분이 당연무효라고 볼 수 없는 한 과세처분에 취소할 수 있는 위법사유가 있다 하더라도 그 과세처분은 행정행위의 공정력 또는 집행력에 의하여 그것이 적법하게 취소되기 전까지는 유효하다 할 것이므로, 민사소송절차에서 그 과세처분의 효력을 부인할 수 없다.

제2절 신의성실의 원칙

Ⅰ. 의의

민사소송법 제1조는 "법원은 소송절차가 공정 · 신속하고 경

---

9) 대판 1991. 1. 25, 87다카2569.

제적으로 진행되도록 노력하여야 하며, 당사자와 관계인은 신의에 좇아 성실하게 이에 협력하여야 한다"고 규정하고 있다. 이에 관하여 구 민사소송법은 아무런 규정이 없어서 논란이 있었으나 학설과 판례는 이를 인정하였으며, 신법은 명문으로 이를 인정하였다.

Ⅱ. 발현형태

신의성실의 원칙은 일반개념이기 때문에 구체적 사건에 적용하기 위해서는 이를 유형화할 필요가 있으며 다음의 4가지로 분류한다.

1. 소송상태의 부당형성

일방당사자가 자기에게 유리한 소송상태나 상대방에게 불리한 상태를 만들어 놓고 이를 이용하는 경우이다.

⊙ 대법원 1989. 9. 12. 선고 89다카678 판결

선박을 편의치적시켜 소유, 운영할 목적으로 설립한 형식상의 회사(Paper Company)가 그 선박의 실제소유자와 외형상 별개의 회사이더라도 그 선박의 소유권을 주장하여 그 선박에 대한 가압류집행의 불허를 구하는 것은 편의치적이라는 편법행위가 용인되는 한계를 넘어서 채무를 면탈하려는 불법목적을 달성하려고 함에 지나지 아니하여 신의칙상 허용될 수 없다.

2. 선행행위와 모순되는 거동(소송상의 禁反言)

일방당사자가 과거에 일정한 방향으로 행동하였기 때문에 상대방이 이를 신뢰하고 이를 바탕으로 소송상의 행위를 하였더니, 나중에 종전의 태도와 모순되는 거동으로 나오는 경우이다.

(1) 긍정한 판례[10)]

⦿ 대법원 1998. 1. 23. 선고 96다41496 판결[11)]

제1심법원이 당사자추가신청을 그 부적법함을 간과한 채 받아들이고 피고도 그에 동의하였으며, 종전 원고인 조경래는 이를 전제로 소를 취하하게 되어, 제1심 제1차 변론기일부터 새로운 원고인 원고 회사와 피고 사이에 본안에 관한 변론이 진행된 다음 제1심에서 본안판결이 선고되었다면, 이는 마치 처음부터 원고 회사가 종전의 소와 동일한 청구취지와 청구원인으로 피고에 대하여 별도의 소를 제기하여 본안판결을 받은 것과 마찬가지라고 할 수 있으므로, 소송경제의 측면에서나 신의칙 등에 비추어 그 후에 새삼스럽게 당사자추가신청의 적법 여부를 문제삼는 것은 허용될 수 없다.

---

10) 대판 1995. 1. 24, 93다25875; 동 1993. 5. 14, 92다21760. 일본 판례로는 최고재 소화 48. 7. 20.

11) 대판 1991. 6. 14, 91다8333; 동 1993. 9. 28, 93다32095; 동 1995. 12. 5, 95누1484; 동 1996. 3. 22, 94다61243; 동 1996. 10. 11, 96다3852; 동 1996. 7. 30, 95다6861.

⊙ 대법원 1995. 1. 24. 선고 93다25875 판결

민사소송의 당사자 및 관계인은 소송절차가 공정 신속하고, 경제적으로 진행되도록 신의에 좇아 성실하게 소송절차에 협력해야 할 의무가 있으므로, 당사자 일방이 과거에 일정 방향의 태도를 취하여 상대방이 이를 신뢰하고 자기의 소송상의 지위를 구축하였는데, 그 신뢰를 저버리고 종전의 태도와 지극히 모순되는 소송행위를 하는 것은 신의법칙상 허용되지 않고, 따라서 원심에서 피고의 추완항소를 받아들여 심리 결과 본안판단에서 피고의 항소가 이유 없다고 기각하자 추완항소를 신청했던 피고 자신이 이제 상고이유에서 그 부적법을 스스로 주장하는 것은 허용될 수 없다.

(2) 부정한 판례

⊙ 대법원 1984. 10. 23. 선고 84다카855 판결[12)]

별소에서 피고의 점유사실을 부인하고 피고의 취득시효주장을 다투던 원고가 본소에서 피고의 불법점유를 원인으로 부당이득금반환 청구를 함에 이르렀다 하여도 별소에서 원고가 시효취득요건사실을 부인하고 반증을 제출한 것은 상대방의 시효취득주장에 대한 방어방법으로서의 진술 및 입증에 불과한 것이며, 그 소송에서 피고가 패소한 것은 피고가 그 주장사실에 대한 입증을 다하지 못한데 기인한 것이고, 또 별소에서는 피고

---

12) 이에 관한 판례평석으로 이재성, "민사소송과 신의칙의 적용", 판례월보 1985. 7. 이 있다.

가 이건 부동산을 1959. 3. 13.부터 20년간 소유의 의사로 평온, 공연하게 점유함으로써 시효취득하였는지 여부가 그 쟁점임에 반해서 본소에서는 피고가 이건 부동산을 1972. 1. 1.부터 1981. 12. 31.까지 점유하고 있었는지 여부가 쟁점으로서 두 소송의 쟁점이 서로 다른 것이라면 본 소송이 신의칙에 반하는 것으로서 권리보호의 이익이 없는 부적법한 것이라고 할 수 없다.

3. 訴權의 失效

일방당사자가 訴權을 오랫동안 행사하지 않고 방치하여 상대방이 이를 믿고 행동한 경우이다.

(1) 긍정한 판례

⊙ 대법원 2005. 5. 13. 선고 2004다71881 판결

채무자의 소멸시효에 기한 항변권의 행사도 우리 민법의 대원칙인 신의성실의 원칙과 권리남용금지의 원칙의 지배를 받는 것이어서, 채무자가 시효완성 전에 채권자의 권리행사나 시효중단을 불가능 또는 현저히 곤란하게 하였거나, 그러한 조치가 불필요하다고 믿게 하는 행동을 하였거나, 객관적으로 채권자가 권리를 행사할 수 없는 장애사유가 있었거나, 또는 일단 시효완성 후에 채무자가 시효를 원용하지 아니할 것 같은 태도를 보여 권리자로 하여금 그와 같이 신뢰하게 하였거나, 채권자보호의 필요성이 크고, 같은 조건의 다른 채권자가 채무의 변제를

수령하는 등의 사정이 있어 채무이행의 거절을 인정함이 현저히 부당하거나 불공평하게 되는 등의 특별한 사정이 있는 경우에는 채무자가 소멸시효의 완성을 주장하는 것이 신의성실의 원칙에 반하여 권리남용으로서 허용될 수 없다.

국가에게 국민을 보호할 의무가 있다는 사유만으로 국가가 소멸시효의 완성을 주장하는 것 자체가 신의성실의 원칙에 반하여 권리남용에 해당한다고 할 수는 없으므로, 국가의 소멸시효 완성 주장이 신의칙에 반하고 권리남용에 해당한다고 하려면 일반 채무자의 소멸시효 완성 주장에서와 같은 특별한 사정이 인정되어야 할 것이고, 또한 그와 같은 일반적 원칙을 적용하여 법이 두고 있는 구체적인 제도의 운용을 배제하는 것은 법해석에 있어 또 하나의 대원칙인 법적 안정성을 해할 위험이 있으므로 그 적용에는 신중을 기하여야 한다.

⊙ 대법원 2000. 4. 25. 선고 99다34475 판결

사용자로부터 해고된 근로자가 퇴직금 등을 수령하면서 아무런 이의의 유보나 조건을 제기하지 않았다면 해고의 효력을 인정하지 아니하고 이를 다투고 있었다고 볼 수 있는 객관적인 사정이 있다거나 그 외에 상당한 이유가 있는 상황하에서 이를 수령하는 등의 특별한 사정이 없는 한 그 해고의 효력을 인정하였다고 할 것이고, 따라서 그로부터 오랜 기간이 지난 후에 그 해고의 효력을 다투는 소를 제기하는 것은 신의칙이나 금반언의 원칙에 위배되어 허용될 수 없다.

⦿ 대법원 1996. 7. 30. 선고 94다51840 판결[13)]

실효의 원칙이라 함은 권리자가 장기간에 걸쳐 그 권리를 행사하지 아니함에 따라 그 의무자인 상대방이 더 이상 권리자가 권리를 행사하지 아니할 것으로 신뢰할 만한 정당한 기대를 가지게 된 경우에 새삼스럽게 권리자가 그 권리를 행사하는 것은 법질서 전체를 지배하는 신의성실의 원칙에 위반되어 허용되지 아니한다는 것을 의미하고, 항소권과 같은 소송법상의 권리에 대하여도 이러한 원칙은 적용될 수 있다고 할 것이다.

그리고 실효의 원칙이 적용되기 위하여 필요한 요건으로서의 실효기간(권리를 행사하지 아니한 기간)의 길이와 의무자인 상대방이 권리가 행사되지 아니하리라고 신뢰할 만한 정당한 사유가 있었는지의 여부는 일률적으로 판단할 수 있는 것이 아니라 구체적인 경우마다 권리를 행사하지 아니한 기간의 장단과 함께 권리자측과 상대방측 쌍방의 사정 및 객관적으로 존재한 사정 등을 모두 고려하여 사회통념에 따라 합리적으로 판단하여야 한다.

⦿ 대법원 1992. 5. 26. 선고 92다3670 판결[14)]

일반적으로 권리의 행사는 신의에 좇아 성실히 하여야 하고 권리는 남용하지 못하는 것이므로 권리자가 실제로 권리를 행사

13) 대판 1995. 2. 10, 94다31624 등. 이에 관한 판례평석으로 이시윤 · 조관행, 판례해설 민사소송법, 27-28면 참조.

14) 대판 1992. 12. 11, 92다23285; 동 2002. 1. 8, 2001다60019.

할 수 있는 기회가 있었음에도 불구하고 상당한 기간이 경과하도록 권리를 행사하지 아니하여 의무자인 상대방으로서도 이제는 권리자가 권리를 행사하지 아니할 것으로 신뢰할 만한 정당한 기대를 가지게 된 다음에 새삼스럽게 그 권리를 행사하는 것이 법질서 전체를 지배하는 신의성실의 원칙에 위반하는 것으로 인정되는 결과가 될 때에는 이른바 실효의 원칙에 따라 그 권리의 행사가 허용되지 않는다고 보아야 할 것이고, 또한 실효의 원칙이 적용되기 위하여 필요한 요건으로서의 실효기간(권리를 행사하지 아니한 기간)의 길이와 의무자인 상대방이 권리가 행사되지 아니하리라고 신뢰할 만한 정당한 사유가 있었는지의 여부는 일률적으로 판단할 수 있는 것이 아니라 구체적인 경우마다 권리를 행사하지 아니한 기간의 장단과 함께 권리자측과 상대방측 쌍방의 사정 및 객관적으로 존재한 사정 등을 모두 고려하여 사회통념에 따라 합리적으로 판단하여야 할 것이다.

근로자들이 면직된 후 바로 퇴직금을 청구하여 수령하였으며 그로부터 9년이 지난 후 1980년 해직공무원의 보상 등에 관한 특별조치법 소정의 보상금까지 수령하였다면 면직일로부터 10년이 다 되어 사용자로서도 위 면직처분이 유효한 것으로 믿고 이를 전제로 그 사이에 새로운 인사체제를 구축하여 조직을 관리·경영하여 오고 있는 마당에 새삼스럽게 면직처분무효확인의 소를 제기함은 신의성실의 원칙에 반하거나 실효의 원칙에 따라 그 권리의 행사가 허용되지 않는다.

(2) 부정한 판례

◉ 대법원 1995. 2. 10. 선고 94다31624 판결

피상속인이 사망할 때까지 비록 17년여 동안 장기간에 걸쳐 공동상속인 중 1인 명의로 원인 없이 경료된 소유권이전등기의 말소등기청구권을 다른 상속인들이 행사하지 않은 것은 사실이지만, 그 의무자측의 입장에서 권리자가 그 권리를 행사하지 않으리라고 신뢰할 만한 정당한 기대를 갖게 되었다고 볼 수 있는 특단의 사정을 찾아보기 어렵다 하여 실효의 원칙의 적용할 수 없다.

4. 소권의 남용

소송외의 목적으로 소권을 행사한 경우이다.

◉ 대법원 1997. 12. 23. 선고 96재다226 판결[15)]

재판청구권의 행사도 상대방의 보호 및 사법 기능의 확보를 위하여 신의성실의 원칙에 의하여 규제된다고 볼 것이므로, 최종심인 대법원에서 수회에 걸쳐 같은 이유를 들어 재심 청구를 기각하였음에도 이미 배척된 이유를 들어 최종 재심판결에 대하여 다시 재심 청구를 거듭하는 것은 법률상 이유 없는 청구

---

15) 대판 1999. 12. 7, 98다42929; 동 2002. 10. 25, 2002다32332; 동 1999. 9. 17, 99다21257; 동 1997. 2. 11, 94다23692; 동 2001. 7. 10, 98다38364; 동(전) 1979. 12. 26, 77다1894, 1895; 동 1990. 1. 12, 88다카25168; 동 1993. 7. 27, 93다357; 동 1998. 5. 8, 97다36613 참조.

로 받아들일 수 없음이 명백한데도 계속 소송을 제기함으로써 상대방을 괴롭히는 결과가 되고, 나아가 사법 인력의 불필요한 소모와 사법 기능의 혼란과 마비를 조성하는 것으로서 소권을 남용하는 것에 해당되어 허용될 수 없다고 본다.

⊙ 대법원 1988. 10. 11. 선고 87다카113 판결[16)]

A주식회사의 대주주이며 대표이사로서 위 회사를 사실상 지배하던 갑의 처인 을, 처남인 병 등이 갑을 위하여 회사경영에 참여해 오다가 갑이 정에게 대가를 받고 회사의 소유와 경영을 넘겨주면서 앞으로 어떠한 권리주장이나 청구도 하지 않기로 확약하였고 그에 따라 을, 병 역시 회사경영에서 완전히 손을 떼었음에도 불구하고 그로부터 3년 정도나 경과한 뒤에 갑이 정과의 합의를 무시하고 다시 회사의 경영권을 되찾아 보려고 나서자 을, 병 역시 갑의 의도에 부응하여 갑이 제기한 주주총회결의부존재확인소송에 공동소송참가를 하였다면 이는 신의성실의 원칙에 반하는 제소로서 소권의 남용에 해당한다.

16) 대판 1983. 4. 26, 80다580 참조.

제2편

소송의 주체

민사소송은 법원이 당사자간의 분쟁을 재판에 의해서 해결하는 절차이다. 여기에서 당사자는 분쟁의 대립된 중심인물로서 절차상 자기의 이익을 주장하는 독립의 지위와 기회를 대등하게 부여받고 각자의 이익추구를 위하여 여러 행위를 하면서 재판을 위한 자료를 수집하고 제출한다. 그리고 법원은 그 자료를 수령하여 이것을 기초로 하여 재판을 하는 자가 법원이다. 따라서 소송은 대립하는 양당사자와 법원의 세 주체가 각각의 역할을 분담하면서 재판이라고 하는 목표를 향해서 진행하는 과정이라고 할 수 있다.

제 1 장

법 원

제1절 민사재판권

민사재판권이란 민사소송을 처리하기 위하여 행사되는 재판권이다. 이러한 민사재판권은 장소적 한계, 대인적 한계, 대물적 한계가 있다.

Ⅰ. 대인적 한계

⊙ 대법원 1998. 12. 17. 선고 97다39216 전원합의체 판결[1)]

국제관습법에 의하면 국가의 주권적 행위는 다른 국가의 재판권으로부터 면제되는 것이 원칙이라 할 것이나, 국가의 사법적(私法的) 행위까지 다른 국가의 재판권으로부터 면제된다는 것이 오늘날의 국제법이나 국제관례라고 할 수 없다. 따라서 우리나라의 영토 내에서 행하여진 외국의 사법적 행위가 주권적

1) 이시윤 · 조관행, 전게서, 34-35면 참조.

활동에 속하는 것이거나 이와 밀접한 관련이 있어서 이에 대한 재판권의 행사가 외국의 주권적 활동에 대한 부당한 간섭이 될 우려가 있다는 등의 특별한 사정이 없는 한, 외국의 사법적 행위에 대하여는 당해 국가를 피고로 하여 우리나라의 법원이 재판권을 행사할 수 있다.

Ⅱ. 대물적 한계(국제재판관할권)

1. 의의

민사사건 가운데 섭외적 요소를 가지는 것, 예를 들면 외국인을 당사자로 하는 소송, 외국에 있는 물건에 관한 소송, 외국에서 발생한 불법행위로 인한 손해배상청구소송 등에 관하여 우리나라 법원과 외국의 법원 중 어느 법원이 민사재판권을 가지는가가 문제된다. 이처럼 섭외사건에 관하여 국가를 단위로 하여 어느 나라의 법원이 재판권을 행사할 것인가 하는 것이 국제재판관할권의 문제이다.

국제재판관할을 결정함에 있어서는 당사자 간의 공평, 재판의 적정, 신속 및 경제를 기한다는 기본이념에 따라야 할 것이다. 구체적으로는 소송당사자들의 공평, 편의, 예측가능성과 같은 개인적인 이익뿐만 아니라 재판의 적정, 신속, 효율, 판결의 실효성 등과 같은 법원 내지 국가의 이익도 함께 고려하여야 한다. 이러한 다양한 이익 중 어느 이익을 우선적으로 보호할 필요가 있는가의 여부는 개개의 사건에서 법정지와 당사자와의 관계를 고려하여 결정하여야 할 것이다.

2. 결정기준

(1) 과거의 학설과 판례는 逆推知說의 입장에서 섭외적 사건에 관하여 우리 민사소송법이 규정하는 보통재판적 또는 특별재판적이 우리나라에 있으면 국제재판관할권이 있다고 보아, 토지관할에 관한 규정으로부터 거꾸로 국제재판관할권의 존재를 推知할 것이라고 하였다. 그 후 각 나라 사이에 사람과 물자의 거래가 빈번해지고 대량화한 오늘날에는 섭외사건에 관하여 어느 나라에서 재판하는 것이 사건의 적정한 해결에 도움을 주고 양당사자에게 공평하며 능률적이고 경제적인가 하는 섭외사건의 재판에서 요구되는 이상을 고려하여 조리에 따라 국제재판관할권을 결정해야 한다는 管轄配分說이 주장되었다. 최근에는 위 두 입장을 절충하여 逆推知說에 따라 국제토지관할규정을 기본으로 하면서 그 결과가 재판의 적정, 공평, 신속 등 소송법의 기본이념에 반하는 특별한 사정이 있는 때에는 국제재판관할권을 부정하여야 한다는 修正逆推知說이 주장되고 있다.

(2) 2001년에 제정된 국제사법은 제2조 제1항에서 "당사자 또는 분쟁이 사안이 된 대한민국과 실질적 관련이 있는 경우에 국제재판관할권을 가진다. 이 경우 법원은 실질적 관련의 유무를 판단함에 있어 국제재판관할 배분의 이념에 부합하는 합리적 원칙에 따라야 한다"고 하고, 제2항에서 "법원은 국내법의

관할규정을 참작하여 국제재판관할권의 유무를 판단하되, 제1항의 규정의 취지에 비추어 국제재판관할의 특수성을 충분히 고려하여야 한다"고 규정하고 있다. 이러한 국제사법의 규정취지는 관할배분설에 기초하고 있다고 평가된다[2].

⊙ 대법원 2005. 1. 27. 선고 2002다59788 판결[3]

국제재판관할을 결정함에 있어서는 당사자간의 공평, 재판의 적정, 신속 및 경제를 기한다는 기본이념에 따라야 할 것이고, 구체적으로는 소송당사자들의 공평, 편의 그리고 예측가능성과 같은 개인적인 이익뿐만 아니라 재판의 적정, 신속, 효율 및 판결의 실효성 등과 같은 법원 내지 국가의 이익도 함께 고려하여야 할 것이며, 이러한 다양한 이익 중 어떠한 이익을 보호할 필요가 있을지 여부는 개별 사건에서 법정지와 당사자와의 실질적 관련성 및 법정지와 분쟁이 된 사안과의 실질적 관련성을 객관적인 기준으로 삼아 합리적으로 판단하여야 할 것이다.

대한민국 내에 주소를 두고 영업을 영위하는 자가 미국의 도메인 이름 등록기관에 등록·보유하고 있는 도메인 이름에 대한 미국의 국가중재위원회의 이전 판정에 불복하여 제기한 소송에 관하여 분쟁의 내용이 대한민국과 실질적 관련성이 있다는 이유로 대한민국 법원의 국제재판관할권을 인정하여야 한다.

2) 정동윤/유병현, 민사소송법, 107면.

3) 원심판결은 서울고법 2002. 9. 25, 2002나4896.

⊙ 대법원 2000. 6. 9. 선고 98다35037 판결[4)]

섭외사건에 관하여 국내의 재판관할을 인정할지의 여부는 국제재판관할에 관하여 조약이나 일반적으로 승인된 국제법상의 원칙이 아직 확립되어 있지 않고 이에 관한 우리 나라의 성문법규도 없는 이상 결국 당사자 간의 공평, 재판의 적정, 신속을 기한다는 기본이념에 따라 조리에 의하여 이를 결정함이 상당하다 할 것이고, 이 경우 우리 나라의 민사소송법의 토지관할에 관한 규정 또한 위 기본이념에 따라 제정된 것이므로 기본적으로 위 규정에 의한 재판적이 국내에 있을 때에는 섭외사건에 관한 소송에 관하여도 우리나라에 재판관할권이 있다고 인정함이 상당하다.

우리 민사소송법 제4조에 의하면 외국법인 등이 대한민국 내에 사무소, 영업소 또는 업무담당자의 주소를 가지고 있는 경우에는 그 사무소 등에 보통재판적이 인정된다고 할 것이므로, 증거수집의 용이성이나 소송수행의 부담 정도 등 구체적인 제반 사정을 고려하여 그 응소를 강제하는 것이 민사소송의 이념에 비추어 보아 심히 부당한 결과에 이르게 되는 특별한 사정이 없는 한, 원칙적으로 그 분쟁이 외국법인의 대한민국 지점의 영업에 관한 것이 아니라 하더라도 우리 법원의 관할권을 인정하는 것이 조리에 맞는다.

---

4) 대판 1992. 7. 28, 91다41897. 이에 관한 판례평석으로 이공현, "국제재판관할권의 결정기준", 민사판례연구[XVII] 참조.

⊙ 대법원 1995. 11. 21. 선고 93다39607 판결[5)]

섭외사건의 국제 재판관할에 관하여 일반적으로 승인된 국제법상의 원칙이 아직 확립되어 있지 아니하고 이에 관한 우리나라의 성문법규도 없는 이상, 섭외사건에 관한 외국 법원의 재판관할권 유무는 당사자간의 공평, 재판의 적정, 신속을 기한다는 기본이념에 따라 조리에 의하여 결정함이 상당하고, 이 경우 우리나라의 민사소송법의 토지관할에 관한 규정 또한 그 기본이념에 따라 제정된 것이므로, 그 규정에 의한 재판적이 외국에 있을 때에는 이에 따라 외국 법원에서 심리하는 것이 조리에 반한다는 특별한 사정이 없는 한 그 외국 법원에 재판관할권이 있다고 봄이 상당하다.

물품을 제조하여 판매하는 제조자의 불법행위로 인한 손해배상책임에 관한 제조물책임소송에 있어서 손해 발생지의 외국 법원에 국제재판관할권이 있는지 여부는 제조자가 당해 손해 발생지에서 사고가 발생하여 그 지역의 외국 법원에 제소될 것임을 합리적으로 예견할 수 있을 정도로 제조자와 손해 발생지와의 사이에 실질적 관련이 있는지 여부에 따라 결정함이 조리상 상당하고, 이와 같은 실질적 관련을 판단함에 있어서는 예컨대 당해 손해 발생지의 시장을 위한 제품의 디자인, 그 지역에서의 상품광고, 그 지역 고객들을 위한 정기적인 구매상담, 그 지역 내에서의 판매대리점 개설 등과 같이 당해 손해 발생지

5) 김홍엽, “국가간 제조물책임소송과 외국법원의 국제재판관할권 인정기준”, 인권과 정의 제237호 참조.

내에서의 거래에 따른 이익을 향유하려는 제조자의 의도적인 행위가 있었는지 여부가 고려될 수 있다.

⦿ 대법원 1994. 2. 21. 자 92스26 결정

외국인간의 가사사건에 관하여 우리나라의 법원에 재판관할권이 있는지 여부는 우리나라 가사소송법상의 국내 토지관할에 관한 규정을 기초로 외국인 사이의 소송에서 생기는 특성을 참작하면서 당사자간의 공평과 함께 소송절차의 적정하고 원활한 운영과 소송경제 등을 고려하여 조리와 정의관념에 의하여 이를 결정하여야 할 것이다. 외국에서 이혼 및 출생자에 대한 양육자 지정의 재판이 선고된 외국인 부부 사이의 출생자에 관하여 부부 중 일방인 청구인이 상대방을 상대로 친권을 행사할 자 및 양육자의 변경심판을 청구하고 있는 사건에 있어서, 우리나라의 법원이 재판권을 행사하기 위하여는 상대방이 우리나라에 주소를 가지고 있을 것을 요하는 것이 원칙이고, 그렇지 않는 한 상대방이 행방불명 또는 이에 준하는 사정이 있거나 상대방이 적극적으로 응소하고 있는 등의 예외적인 경우를 제외하고는 우리나라의 법원에 재판관할권이 없다고 해석하는 것이 상당하다.

제2절 법관의 除斥·忌避·回避

Ⅰ. 법관의 제척원인

제41조에서 법관의 제척이유로 다섯 가지를 규정하고 있다.

제1호, 제2호, 제4호의 이유는 사건의 당사자와 관계되는 경우이고, 제3호와 제5호의 이유는 사건의 심리에 이미 관여한 경우이다. 이 중에서 제5호가 실무에서 가장 문제가 되는데 前審關與라고 하는데 이는 豫斷排除로 재판의 공정성을 유지하는 한편, 새로운 법관에게 재심사시키는 심급제도의 취지를 유지하고자 하는데 있다.

⊙ 대법원 1997. 6. 13. 선고 96다56115 판결

법관의 제척원인이 되는 전심관여(前審關與)라 함은 최종변론과 판결의 합의에 관여하거나 종국판결과 더불어 상급심의 판단을 받는 중간적인 재판에 관여함을 말하는 것이고 최종변론 전의 변론이나 증거조사 또는 기일지정과 같은 소송지휘상의 재판 등에 관여한 경우는 포함되지 않는다.

⊙ 대법원 1988. 5. 10. 선고 87다카1979 판결[6)]

법관에 대한 제척사유를 규정한 민사소송법 제37조 제5호에서 말하는 "전심재판"이라 함은 그 불복사건의 하급심재판을 가리키는 것으로서 하급심의 재판이 부당하다 하여 불복상소를 하였음에도 불구하고 그 불복을 가리는 상소심재판에 하급심재판에 관여한 법관이 다시 관여하는 것을 막자는 데에 있으므로 재심사건에서 재심의 대상으로 된 원재판은 위 "전심재판"에 해당하지 아니하는 것이며 그 원재판에 관여한 법관이 다시 재

6) 대판 1971. 5. 11, 71사27; 동 1979. 11. 27, 79사7; 동 1986. 12. 23, 86누631; 동 1966. 9. 20, 66다1125; 동 1975. 9. 23, 74다2169 참조.

심사건의 재판에 관여하였다 하여 제척사유에 해당한다고 할 수 없다.

Ⅱ. 법관의 기피

법률상 정해진 제척사유 이외에 재판의 공정을 기대하기 어려운 사정이 있는 경우에 당사자의 신청을 기다려 재판에 의하여 비로소 법관이 직무집행에서 배제되는 것을 말한다.

⊙ 대법원 1992. 12. 30. 자 92마783 결정

민사소송법 제39조 제1항 소정의 "재판의 공정을 기대하기 어려운 사정이 있는 때"라 함은 당사자가 불공정한 재판이 될지도 모른다고 추측할 만한 주관적인 사정이 있는 때를 말하는 것이 아니고, 통상인의 판단으로서 법관과 사건과의 관계로 보아 불공정한 재판을 할 것이라는 의혹을 갖는 것이 합리적이라고 인정될 만한 객관적인 사정이 있는 때를 말하는 것이므로, 설사 소송당사자 일방이 재판장의 변경에 따라 소송대리인을 교체하였다 하더라도 그와 같은 사유가 재판의 공정을 기대하기 어려운 객관적인 사정이 있는 때에 해당할 수 없다.

제3절 관할

관할이란 재판해야 할 다수의 사건을 여러 종류로 구별하여

각 법원간의 사건분담을 정하는 것이다. 관할의 분배는 원칙적으로 당사자의 편의를 고려하여 결정되지만 공익적 성질을 갖는 전속관할은 예외이다. 관할제도의 취지는 신속, 경제, 적정 등의 이념을 구현하는데 있다. 관할은 여러 기준에 의하여 분류할 수 있다.

제1항 합의관할

Ⅰ. 관할합의

합의관할이라 함은 당사자의 합의에 의하여 발생하는 관할이다. 원래 관할에 관한 규정은 법원 간에 재판사무의 공정한 분배를 고려하는 외에 주로 당사자의 편의를 고려하여 정해진 것이다. 그런데 대기업이 작성한 보통계약약관에 관할합의 조항이 포함되어 남용되는 경우가 있다. 이러한 경우에 약관의 규제에 관한 법률 제14조는 약관상의 관할합의조항이 고객에게 부당하게 불리한 때에는 무효로 하였다.

⊙ 대법원 2006. 3. 2. 자 2005마902 결정

관할의 합의는 소송법상의 행위로서 합의 당사자 및 그 일반승계인을 제외한 제3자에게 그 효력이 미치지 않는 것이 원칙이지만, 관할에 관한 당사자의 합의로 관할이 변경된다는 것을 실체법적으로 보면, 권리행사의 조건으로서 그 권리관계에 불가분적으로 부착된 실체적 이행의 변경이라 할 수 있으므로, 지

명채권과 같이 그 권리관계의 내용을 당사자가 자유롭게 정할 수 있는 경우에는, 당해 권리관계의 특정승계인은 그와 같이 변경된 권리관계를 승계한 것이라고 할 것이어서, 관할합의의 효력은 특정승계인에게도 미친다.

⊙ 대법원 1998. 6. 29. 자 98마863 결정

대전에 주소를 둔 계약자와 서울에 주영업소를 둔 건설회사 사이에 체결된 아파트 공급계약서상의 "본 계약에 관한 소송은 서울민사지방법원을 관할법원으로 한다."라는 관할합의 조항은 약관의 규제에 관한 법률 제2조 소정의 약관으로서 민사소송법상의 관할법원 규정보다 고객에게 불리한 관할법원을 규정한 것이어서 사업자에게는 유리할지언정 원거리에 사는 경제적 약자인 고객에게는 제소 및 응소에 큰 불편을 초래할 우려가 있으므로 약관의 규제에 관한 법률 제14조 소정의 '고객에 대하여 부당하게 불리한 재판관할의 합의조항'에 해당하여 무효라고 보아야 한다.

Ⅱ. 국제관할의 합의

대한민국 법원의 관할을 배제하고 외국의 법원을 관할법원으로 하는 전속적인 국제관할의 합의가 유효하기 위하여는, 당해 사건이 대한민국 법원의 전속관할에 속하지 아니하고, 지정된 외국법원이 그 외국법상 당해 사건에 대하여 관할권을 가져야 하는 외에, 당해 사건이 그 외국법원에 대하여 합리적인 관련성을 가

질 것이 요구된다고 할 것이고, 한편 전속적인 관할 합의가 현저하게 불합리하고 불공정한 경우에는 그 관할 합의는 공서양속에 반하는 법률행위에 해당하는 점에서도 무효라 할 것이다.

⊙ 대법원 1997. 9. 9. 선고 96다20093 판결[7)]

대한민국 법원의 관할을 배제하고 외국의 법원을 관할법원으로 하는 전속적인 국제관할의 합의가 유효하기 위하여는, 당해 사건이 대한민국 법원의 전속관할에 속하지 아니하고, 지정된 외국법원이 그 외국법상 당해 사건에 대하여 관할권을 가져야 하는 외에, 당해 사건이 그 외국법원에 대하여 합리적인 관련성을 가질 것이 요구된다고 할 것이고, 한편 전속적인 관할 합의가 현저하게 불합리하고 불공정한 경우에는 그 관할 합의는 공서양속에 반하는 법률행위에 해당하는 점에서도 무효이다.

Ⅲ. 합의의 효력

⊙ 대법원 1994. 5. 26. 자 94마536 결정

관할의 합의의 효력은 부동산에 관한 물권의 특정승계인에게는 미치지 않는다고 새겨야 할 것인바, 부동산 양수인이 근저당권 부담부의 소유권을 취득한 특정승계인에 불과하다면(근저당권 부담부의 부동산의 취득자가 그 근저당권의 채무자 또는 근저당권설정자의 지위를 당연히 승계한다고 볼 수는 없다), 근저

7) 강희철, "전속적인 국제재판관할합의의 유효요건", 인권과 정의 254호 참조.

당권설정자와 근저당권자 사이에 이루어진 관할합의의 효력은 부동산 양수인에게 미치지 않는다.

제2항 소송의 移送

소송의 이송이란 어느 법원에 일단 계속 중인 사건을 그 법원의 재판에 의해서 다른 법원으로 이전하는 것을 말한다. 제도적 취지는 소송촉진과 소송경제를 도모하기 위한 것이다.

Ⅰ. 관할위반에 의한 이송

1. 적용범위

관할위반에 의한 이송은 관할권이 없는 법원에서 관할권이 있는 법원으로 옮기는 것으로, 제1심법원 사이에 적용됨이 원칙이나 그 밖의 법원 사이에서도 유추하여 적용할 것인가가 문제된다.

(1) 심급관할을 위반하여 소를 제기한 경우

상급심법원을 제1심법원으로 하여 소를 제기한 경우, 예를 들면 대법원을 제1심법원으로 하여 소제기를 때와 같은 직분관할을 위반한 경우에 상급심법원은 관할권이 있는 제1심법원으로 이송할 것인가의 문제이다. 대법원 전원합의체판결은 심급관할의 문제는 공익적인 것이기 때문에 당사자의 의사를 고려하지 않고 관할법원으로 이송하여야 한다고 보았다[8]. 한편 당사자가 다른 법원의 재판을 받을 의사를 명확히 한 때에는 바로 소를 각하하여야 한다는 견해[9]도 있다.

(2) 재심법원을 잘못 선택한 경우

⦿ 대법원 1984. 2. 28. 선고 83다카1981 전원합의체 판결[10]

항소심에서 사건에 대하여 본안판결을 한 때에는 제1심판결에 대하여 재심의 소를 제기하지 못한다고 되어 있으므로, 항소심판결이 아닌 제1심판결에 대하여 제1심법원에 제기된 재심의 소는 재심대상이 아닌 판결을 대상으로 한 것으로서 재심의 소송요건을 결여한 부적법한 소송이며 단순히 재심의 관할을 위반한 소송이라고 볼 수는 없다. 그러나 항소심에서 본안판결을 한 사건에 관하여 제기된 재심의 소가 과연 제1심판결을 대상으로 한 것인가 또는 항소심판결을 대상으로 한 것인가의 여부는 재심소장에 기재된 재심을 할 판결의 표시만 가지고 판단할 것이 아니라 재심의 이유에 기재된 주장내용을 살펴보고 재심을 제기한 당사자의 의사를 참작하여 판단하여야 할 것인바, 재심소장에 재심을 할 판결로 제1심판결을 표시하고 있다고 하더라도 재심의 이유에서 주장하고 있는 재심사유가 항소심판결에 관한 것이라고 인정되는 경우(항소심판결과 제1심판결에 공통

8) 대판 1995. 1. 20, 94마1961.

9) 무조건 각하하여야 한다는 견해로 정동윤/유병현, 전게서, 145면이 있다.

10) 대결 1995. 6. 19. 자 94마2513 등. 민일영, "재심대상판결의 잘못 지정과 소송행위의 해석", 법과 정의(경사 이회창 선생 화갑기념논문집) 판례평석 참조.

되는 재심사유인 경우도 같다)에는 그 재심의 소는 항소심판결을 대상으로 한 것으로서 재심을 할 판결의 표시는 잘못 기재된 것으로 보는 것이 타당하므로, 재심소장을 접수한 제1심법원은 그 재심의 소를 부적법하다 하여 각하할 것이 아니라 재심관할법원인 항소심법원에 이송하여야 할 것이다.

2. 당사자의 이송신청권 유무

관할위반의 경우에는 원칙적으로 직권으로 이송하지 않으면 아니된다(제34조 제1항)고 규정하고 있다. 이처럼 관할위반의 경우에 직권이송을 규정하여 지법단독판사로부터 합의부로의 이송(제34조 제2항), 손해나 지연을 피하기 위한 이송(제35조), 知的財産權 등에 관한 소송의 이송(제36조), 반소제기에 의한 이송(제269조 제2항)의 경우와 다르다. 여기에서 공익적 성격인 관할위반에 의한 이송에 관하여 당사자의 이송신청권을 인정할 것인가가 문제된다.

⊙ 대법원 1993. 12. 6. 자 93마524 전원합의체 결정[11]

【 다수의견 】

가. 당사자가 관할위반을 이유로 한 이송신청을 한 경우에도 이는 단지 법원의 직권발동을 촉구하는 의미밖에 없는 것이고, 따라서 법원은 이 이송신청에 대하여는 재판을 할 필요가 없고,

---

11) 황병하, "관할위반을 이유로 한 소송이송신청을 기각한 결정에 대한 불복", 국민과 사법(윤관 대법원장 퇴임기념논문집) 참조.

설사 법원이 이 이송신청을 거부하는 재판을 하였다고 하여도 항고가 허용될 수 없으므로 항고심에서는 이를 각하하여야 한다.

나. 위 "가"항의 항고심에서 항고를 각하하지 아니하고 항고이유의 당부에 관한 판단을 하여 기각하는 결정을 하였다고 하여도 이 항고기각결정은 항고인에게 불이익을 주는 것이 아니므로 이 항고심결정에 대하여 재항고를 할 아무런 이익이 없는 것이어서 이에 대한 재항고는 부적법한 것이다.

【 반대의견 】

민사소송법 제31조 제1항은 법원은 소송의 전부 또는 일부가 그 관할에 속하지 아니함을 인정한 때에는 결정으로 관할법원에 이송하도록 규정하고 있는바, 이는 피고의 관할이익을 보호하는 법원의 책무를 규정한 것으로 볼 것이지 이것이 피고의 이송신청권을 부정하는 취지라고 해석할 것이 아니다.

당사자에게 법률상 관할위반을 이유로 하는 이송신청권이 있고 없고를 떠나서 법원이 일단 이송신청을 기각하는 재판을 하였으면 적어도 그에 대한 불복은 허용되어야 한다.

Ⅱ. 현저한 손해나 지연을 피하기 위한 이송

1. 이송의 원인

⊙ 대법원 1998. 8. 14. 자 98마1301 결정

민사소송법 제32조에서 현저한 손해라 함은, 물론, 상대방측

의 소송수행상의 부담을 주로 의미하는 것이기는 하나, 재항고인측의 손해도 도외시하여서는 아니 된다 할 것이고, 상대방측이 소송을 수행하는 데 많은 비용과 시간이 소요된다는 사정만으로는 같은 법 제32조에서 말하는 현저한 손해 또는 소송의 지연을 가져올 사유가 된다고 단정할 수 없다.

2. 이송의 효과

⊙ 대법원 1995. 5. 15. 자 94마1059, 1060 결정[12)]

이송결정의 기속력은 당사자에게 이송결정에 대한 불복방법으로 즉시항고가 마련되어 있는 점이나 이송의 반복에 의한 소송지연을 피하여야 할 공익적 요청은 전속관할을 위배하여 이송한 경우라고 하여도 예외일 수 없는 점에 비추어 볼 때, 당사자가 이송결정에 대하여 즉시항고를 하지 아니하여 확정된 이상 원칙적으로 전속관할의 규정을 위배하여 이송한 경우에도 미친다.

심급관할을 위배하여 이송한 경우에 이송결정의 기속력이 이송받은 상급심 법원에도 미친다고 한다면 당사자의 심급의 이익을 박탈하여 부당할 뿐만 아니라, 이송을 받은 법원이 법률심인 대법원인 경우에는 직권조사 사항을 제외하고는 새로운 소송자료의 수집과 사실확정이 불가능한 관계로 당사자의 사실에

12) 대판 2000. 1. 14, 99두9735 등 참조. 조관행, "심급관할을 위반한 이송결정의 구속력", 민사재판의 제문제(하) 송천 이시윤 박사 화갑기념논문집; 이시윤·조관행, 전게서, 55-56면 참조.

관한 주장, 입증의 기회가 박탈되는 불합리가 생기므로, 심급관할을 위배한 이송결정의 기속력은 이송받은 상급심 법원에는 미치지 않는다고 보아야 하나, 한편 그 기속력이 이송받은 하급심 법원에도 미치지 않는다고 한다면 사건이 하급심과 상급심 법원 간에 반복하여 전전 이송되는 불합리한 결과를 초래하게 될 가능성이 있어 이송결정의 기속력을 인정한 취지에 반하는 것일 뿐더러 민사소송의 심급의 구조상 상급심의 이송결정은 특별한 사정이 없는 한 하급심을 구속하게 되는바 이와 같은 법리에도 반하게 되므로, 심급관할을 위배한 이송결정의 기속력은 이송받은 하급심 법원에는 미친다고 보아야 한다.

제2장

당 사 자

제1절 당사자의 확정

I. 당사자확정의 기준

당사자는 소장에 기재된 표시 및 청구의 내용과 원인사실 등 소장의 전취지를 합리적으로 해석하여 확정하여야 한다. 당사자확정의 기준에 관하여 통설과 판례는 실질적표시설을 취한다.

⊙ 대법원 1996. 12. 20. 선고 95다26773 판결[13]

당사자는 소장에 기재된 표시 및 청구의 내용과 원인사실 등 소장의 전취지를 합리적으로 해석하여 확정하여야 한다.

제1심에서의 당사자표시변경이 당사자표시정정에 해당하는 것으로서, 제1심이 소송당사자를 제대로 확정하여 판결하였음에도 불구하고, 항소심이 제1심에서의 당사자표시변경이 임의

13) 대판 1965. 12. 21, 65누104 등.

적 당사자변경에 해당하여 허용될 수 없는 것이라고 잘못 판단하여 소송당사자 아닌 자를 소송당사자로 취급하여 변론을 진행시키고 판결을 선고한 경우, 진정한 소송당사자에 대하여는 항소심 판결이 아직 선고되지 않았다고 할 것이고, 진정한 소송당사자와 사이의 사건은 아직 항소심에서 변론도 진행되지 않은 채 계속 중이라고 할 것이므로 진정한 소송당사자는 상고를 제기할 것이 아니라 항소심에 그 사건에 대한 변론기일지정신청을 하여 소송을 다시 진행함이 상당하며, 항소심이 선고한 판결은 진정한 소송당사자에 대한 관계에 있어서는 적법한 상고대상이 되지 아니한다.

Ⅱ. 當事者表示의 訂正

당사자의 확정은 소장에 기재된 표시 및 청구의 내용과 원인사실 등 소장의 전취지를 합리적으로 해석하여 확정하여야 하지만, 이러한 기준에 의하여 확정되는 당사자의 표시에 있어서 의문이 있거나 또는 부정확하게 기재되는 경우에 당사자의 동일성을 해하지 않는 범위 내에서 바로잡는 것이 당사자표시의 정정이다.

⊙ 대법원 1999. 4. 27. 선고 99다3150 판결[14)]

당사자표시정정은 당사자의 표시를 잘못하였을 경우에 그 동

14) 대판 1991. 6. 14, 91다8333 등.

일성을 유지하는 범위 안에서 이를 바로 잡는 것으로서, 이는 종전의 당사자를 교체하고 새로운 제3자를 당사자로 바꾸는 당사자경정과는 다른 것이므로 당연히 허용된다.

1. 동일성을 인정한 판례

⊙ 대법원 1970. 2. 24. 선고 69다1774 판결

원고의 표시를 「수원백씨 선전공파 종친회」라 기재하였다가 「수원백씨 선전공파 대구시 노곡동 문중」으로 정정한 것은 단순한 표시정정에 불과하다.

2. 동일성을 부정한 판례

⊙ 대법원 1996. 3. 22. 선고 94다61243 판결

당사자는 소장에 기재된 표시 및 청구의 내용과 원인 사실을 종합하여 확정하여야 하는 것이며, 당사자표시변경은 당사자로 표시된 자의 동일성이 인정되는 범위 내에서 그 표시만을 변경하는 경우에 한하여 허용된다.

종회의 대표자로서 소송을 제기한 자가 그 종회 자체로 당사자표시 변경신청을 한 경우, 그 소의 원고는 자연인인 대표자 개인이고 그와 종회 사이에 동일성이 인정된다고 할 수 없어 그 당사자표시정정신청은 허용될 수 없다.

Ⅲ. 姓名冒用訴訟

법원은 소장의 전취지에 의하여 확정되는 당사자와 당사자로서 소송을 수행하는 사람이 동일한지 여부를 직권으로 조사하여야 하는데, 여기에서 문제되는 경우가 성명모용소송이다.

⊙ 대법원 1964. 11. 17. 선고 64다328 판결[15)]

민사소송에 있어서 피고의 지위는 피고의 의사와는 아무런 관계없이 원고의 소에 의하여 특정되는 것이므로 설령 제삼자가 원고의 소에 의하여 특정된 피고를 잠칭하였다고 하더라도 그 소송의 피고가 모용자로 변경되는 것이 아니다. 만일 피고 아닌 제3자가 피고를 잠칭하여 소송을 진행하여 판결이 선고되었다고 하면 피고는 그 소송에 있어서 적법히 대리되지 않는 타인에 의하여 소송절차가 진행되므로 말미암아 결국 소송관여의 기회를 얻지 못하였다고 할 것이며 이는 피고 아닌 자가 피고를 잠칭하여 소송행위를 하였거나 소송대리권이 없는 자가 피고의 소송대리인으로서 소송행위를 하였거나 그간에 아무런 차이가 없는 것이며 이러한 경우에 법원이 피고 아닌 자가 피고를 모용하여 소송을 진행한 사실을 알지 못하고 판결을 선고하였다고 하면 피모용자는 상소 또는 재심의 소를 제기하여 그 판결의 취소를 구할 수 있다고 할 것이다.

---

15) 대판 1964. 3. 31, 63다656.

Ⅳ. 死者를 당사자로 한 소송

사망한 사람이 당사자가 될 수 있느냐에 관한 문제로서, 소송계속 후 당사자가 사망한 경우인 소송절차의 중단과 다르다.

1. 소제기시 이미 사망한 경우

⊙ 대법원 1961. 12. 14. 선고 4294민상382 판결

사망자를 피고로 한 소송은 부적법한 것으로서 각하될 것이나 법원이 이를 간과하여 본안의 판결을 선고하고 동 판결이 확정되었다 하더라도 사망자에 대하여 판결의 기판력이 발생할 여지가 없고 동 판결의 기판력은 사자의 상속인에게도 미치지 않으므로 그 의미에서 동 판결은 무효라 할 것이다.

2. 소제기후 변론종결전에 사망한 경우

⊙ 대법원 1998. 5. 30. 자 98그7 결정[16)]

소송계속 중 어느 일방 당사자의 사망에 의한 소송절차 중단을 간과하고 변론이 종결되어 판결이 선고된 경우에는 그 판결은 소송에 관여할 수 있는 적법한 수계인의 권한을 배제한 결과가 되는 절차상 위법은 있지만 그 판결이 당연무효라 할 수는 없고, 다만 그 판결은 대리인에 의하여 적법하게 대리되지 않았던 경우와 마찬가지로 보아 대리권 흠결을 이유로 상소 또는 재심에 의하여 그 취소를 구할 수 있을 뿐이므로, 이와 같이 사망한 자가

---

16) 대판(전) 1995. 5. 23, 94다28444.

당사자로 표시된 판결에 기하여 사망자의 승계인을 위한 또는 사망자의 승계인에 대한 강제집행을 실시하기 위하여는 민사소송법 제481조를 준용하여 승계집행문을 부여함이 상당하다.

⊙ 대법원 1995. 5. 23. 선고 94다28444 전원합의체 판결[17)]

소송계속 중 어느 일방 당사자의 사망에 의한 소송절차 중단을 간과하고 변론이 종결되어 판결이 선고된 경우에는 그 판결은 소송에 관여할 수 있는 적법한 수계인의 권한을 배제한 결과가 되는 절차상 위법은 있지만 그 판결이 당연무효라 할 수는 없고, 다만 그 판결은 대리인에 의하여 적법하게 대리되지 않았던 경우와 마찬가지로 보아 대리권흠결을 이유로 상소 또는 재심에 의하여 그 취소를 구할 수 있을 뿐이므로, 판결이 선고된 후 적법한 상속인들이 수계신청을 하여 판결을 송달받아 상고하거나 또는 사실상 송달을 받아 상고장을 제출하고 상고심에서 수계절차를 밟은 경우에도 그 수계와 상고는 적법한 것이라고 보아야 하고, 그 상고를 판결이 없는 상태에서 이루어진 상고로 보아 부적법한 것이라고 각하해야 할 것은 아니다

3. 변론종결후에 사망한 경우

⊙ 대법원 1989. 9. 2. 선고 87므13 판결

이 사건의 청구인이던 갑이 원심의 변론종결후에 사망하였음

17) 조관행, "당사자의 사망으로 소송절차가 중단된 것을 간과하고 한 판결의 효력", 민사재판의 제문제 제8권.

에도 원심이 소송수계절차없이 판결을 선도하였다고 하더라도 위법이라 할 수 없다.

4. 당사자의 사망을 간과한 판결

⊙ 대법원 2003. 11. 14. 선고 2003다34038 판결

소송계속 중 어느 일방 당사자의 사망에 의한 소송절차 중단을 간과하고 변론이 종결되어 판결이 선고된 경우에는 그 판결은 소송에 관여할 수 있는 적법한 수계인의 권한을 배제한 결과가 되는 절차상 위법은 있지만 그 판결이 당연무효라 할 수는 없고, 다만 그 판결은 대리인에 의하여 적법하게 대리되지 않았던 경우와 마찬가지로 보아 대리권흠결을 이유로 상소 또는 재심에 의하여 그 취소를 구할 수 있을 뿐이므로, 판결이 선고된 후 적법한 상속인들이 수계신청을 하여 판결을 송달받아 상고하거나 또는 사실상 송달을 받아 상고장을 제출하고 상고심에서 수계절차를 밟은 경우에도 그 수계와 상고는 적법한 것이라고 보아야 하고, 그 상고를 판결이 없는 상태에서 이루어진 상고로 보아 부적법한 것이라고 각하해야 할 것은 아니고, 민사소송법 제424조 제2항을 유추하여 볼 때 당사자가 판결 후 명시적 또는 묵시적으로 원심의 절차를 적법한 것으로 추인하면 위와 같은 상소사유 또는 재심사유는 소멸한다고 보아야 한다.

5. 당사자의 사망으로 인한 소송절차의 종료

⊙ 대법원 2004. 4. 27. 선고 2003다64381 판결

단체의 정관에 따른 의사결정기관의 구성원이 그 지위에 기하여 위 단체를 상대로 그 의사결정기관이 한 결의의 존재나 효력을 다투는 민사소송을 제기하였다가 그 소송계속 중에 사망하였거나 승소 확정판결을 받은 후 그에 대한 재심소송 계속 중에 사망하였다면, 단체의 의사결정기관 구성원으로서의 지위는 일신전속권으로서 상속의 대상이 된다고 할 수 없어 소송수계의 여지가 없으므로 위 소송이나 재심소송은 본인의 사망으로 중단됨이 없이 그대로 종료된다.

제2절 당사자능력

당사자능력이란 민사소송의 당사자가 될 수 있는 일반적인 자격이다. 제도적 취지는 당사자능력이 없는 자의 소송관여를 배제하는데 있다.

Ⅰ. 권리능력자

1. 自然人 - 胎兒의 경우

태아는 원칙적으로 당사자능력이 없지만 불법행위로 인한 손

해배상(민법 제762조), 상속(민법 제1000조 3항), 유증(민법 제1064조), 死因贈與(민법 제562조) 등 일정한 경우에는 이미 출생한 것으로 보고 있다. 이러한 경우에 예외적으로 태아에게 당사자능력이 인정되느냐가 문제된다.

⊙ 대법원 1976. 9. 14. 선고 76다1365 판결

태아가 특정한 권리에 있어서 이미 태어난 것으로 본다는 것은 살아서 출생한 때에 출생시기가 문제의 사건의 시기까지 소급하여 그 때에 태아가 출생한 것과 같이 법률상 보아 준다고 해석하여야 상당하므로 그가 모체와 같이 사망하여 출생의 기회를 못가진 이상 배상청구권을 논할 여지 없다.

2. 법인 – 청산법인의 경우

법인은 권리능력자이므로(민법 제34조) 당사자능력을 갖고, 해산 또는 파산되면 그 범위 내에서 당사자능력을 갖는다.

⊙ 대법원 1992. 10. 9. 선고 92다23087 판결[18)]

법인 아닌 사단에 대하여는 사단법인에 관한 민법규정 가운데서 법인격을 전제로 하는 것을 제외하고는 이를 유추 적용하여야 할 것인바, 사단법인에 있어서는 사원이 없게 된다고 하더라도 이는 해산사유가 될 뿐 막바로 권리능력이 소멸하는 것이 아니므로 법인 아닌 사단에 있어서도 구성원이 없게 되었다 하

18) 대판 1968. 6. 18, 67다2528.

여 막 바로 그 사단이 소멸하여 소송상의 당사자능력을 상실하였다고 할 수는 없고 청산사무가 완료되어야 비로소 그 당사자능력이 소멸하는 것이다.

Ⅱ. 권리능력없는 사단이나 재단

제52조는 법인이 아닌 사단이나 재단으로서 대표자나 관리인이 있으면 그 이름으로 당사자가 될 수 있도록 하였다.

⊙ 대법원 2004. 11. 12. 선고 2002다46423 판결

재단법인 성균관과 '성균관'의 설립 연혁과 경위, 대표기관 등의 조직, 존립목적과 활동 등 여러 사정에 비추어 볼 때, '성균관'은 재단법인 성균관의 설립 이전부터 이미 독자적인 존립목적과 대표기관을 갖고 활동을 하는 등 법인 아닌 사단으로서의 실체를 가지고 존립하여 왔으므로 그 후 설립된 재단법인 성균관의 정관 일부 조항을 가지고 '성균관'의 단체성을 부정하여 위 법인의 기관에 불과하다고 볼 수는 없다.

1. 자연부락

⊙ 대법원 1999. 1. 29. 선고 98다33512 판결[19)]

법인 아닌 사단이나 재단도 대표자 또는 관리인이 있으면 민사소송의 당사자가 될 수 있으므로, 자연부락이 그 부락주민을

19) 대판 1993. 3. 9, 92다39532.

구성으로 하여 고유목적을 가지고 의사결정기관과 집행기관인 대표자를 두어 독자적인 활동을 하는 사회조직체라면 비법인사단으로서의 권리능력 내지 당사자능력을 가진다.

2. 교회

⊙ 대법원 1995. 9. 5. 선고 95다21303 판결[20)]

교회의 총유재산에 관한 소송은 권리능력 없는 사단인 교회 자체의 명의로 하거나 그 교회 구성원 전원이 당사자가 되어 할 수 있을 뿐이고, 후자의 경우에는 필요적 공동소송이다.

3. 寺刹

⊙ 대법원 2004. 10. 28. 선고 2004다32206, 32213 판결

사찰이란 불교교의를 선포하고 불교의식을 행하기 위한 시설을 갖춘 승려, 신도의 조직인 단체로서, 독립한 사찰로서의 실체를 가지고 있다고 하기 위하여는 물적 요소인 불당 등의 사찰재산이 있고, 인적 요소인 주지를 비롯한 승려와 상당수의 신도가 존재하며, 단체로서의 규약을 가지고 사찰이 그 자체 생명력을 가지고 사회적 활동을 할 것이 필요하다

⊙ 대법원 1992. 1. 23. 자 91마581 결정

대한불교조계종이 그 산하의 사찰과 승려 및 신도로써 구성

---

20) 대판(전) 1993. 1. 19, 91다1226.

되는 비법인사단으로서의 법적 성격을 가지는 것이어서, 위 종단에 소속된 사찰은 그 구성분자로서 종단의 자치법규인 종헌, 종법 등의 적용을 받아 자율적인 주지 임면권 등을 상실하고 위 종단이 그 권한 등을 행사하게 되어 있지만, 사찰도 독립된 단체로서의 실체를 가지는 경우에는 독자적인 권리능력과 당사자능력을 가질 수 있는 것이므로 그러한 사찰의 주지 임명에 관하여 당해 사찰과 아무런 관계도 없는 자가 다만 위 종단의 구성원이라는 막연한 지위에서 그 효력을 다툴 법률상의 이해관계가 있다고 볼 수 없다.

4. 宗中 · 門中

⊙ 대법원 1997. 11. 14. 선고 96다25715 판결

종중은 공동선조의 후손 중 성년 이상의 남자를 종원으로 하여 구성되는 종족의 자연발생적 집단이므로, 그 성립을 위하여 특별한 조직행위를 필요로 하는 것이 아니고, 다만 그 목적인 공동선조의 분묘 수호, 제사 봉행, 종원 상호간의 친목을 규율하기 위하여 규약을 정하는 경우가 있고, 또 대외적인 행위를 할 때에는 대표자를 정할 필요가 있는 것에 지나지 아니하며, 반드시 특별한 명칭의 사용 및 서면화된 종중규약이 있어야 하거나 종중의 대표자가 선임되어 있는 등 조직을 갖추어야 성립하는 것은 아니다.

종중 대표자의 선임에 있어서 그 종중에 규약이나 일반 관례

가 있으면 그에 따라 선임하고 그것이 없다면 종장 또는 문장이 그 종원 중 성년 이상의 남자를 소집하여 출석자의 과반수 결의로 선출하며, 평소에 종중에 종장이나 문장이 선임되어 있지 아니하고 선임에 관한 규약이나 일반 관례가 없으면 현존하는 연고 항존자가 종장이나 문장이 되어 국내에 거주하고 소재가 분명한 종원에게 통지하여 종중총회를 소집하고 그 회의에서 종중 대표자를 선임하는 것이 일반 관습이라 할 것이다.

종중이 성립된 후에 정관 등 종중규약을 작성하면서 일부 종원의 자격을 임의로 제한하거나 확장한 종중규약은 종중의 본질에 반하여 무효라 할 것이므로, 이러한 본래 종원이 될 수 없는 자가 종중총회에 참석하여 의결권을 행사하여 종중 대표자를 선임하였다면, 그 선임 결의는 종중총회 결의로서의 효력이 없어 선임된 대표자는 적법한 종중 대표자로 볼 수 없다.

5. 민법상 조합

민법상의 조합에 대표자가 정해져 있고 그 대표자를 통하여 대외적 활동을 하고 있는 경우에 당사자능력이 있는가에 관하여는 긍정설과 부정이 있으며 판례는 부정하는 입장이다.

⊙ 대법원 1992. 7. 10. 선고 92다2431 판결[21)]

민법상의 조합과 법인격은 없으나 사단성이 인정되는 비법인 사단을 구별함에 있어서는 일반적으로 그 단체성의 강약을 기

21) 이시윤 · 조관행 공저, 전게서, 두성사, 73면 참조.

준으로 판단하여야 하는바, 조합은 2인 이상이 상호간에 금전 기타 재산 또는 노무를 출자하여 공동사업을 경영할 것을 약정하는 계약관계에 의하여 성립하므로(민법 제703조) 어느 정도 단체성에서 오는 제약을 받게 되는 것이지만 구성원의 개인성이 강하게 드러나는 인적 결합체인 데 비하여 비법인사단은 구성원의 개인성과는 별개로 권리의무의 주체가 될 수 있는 독자적 존재로서의 단체적 조직을 가지는 특성이 있다 하겠는데 민법상 조합의 명칭을 가지고 있는 단체라 하더라도 고유의 목적을 가지고 사단적 성격을 가지는 규약을 만들어 이에 근거하여 의사결정기관 및 집행기관인 대표자를 두는 등의 조직을 갖추고 있고, 기관의 의결이나 업무집행방법이 다수결의 원칙에 의하여 행해지며, 구성원의 가입, 탈퇴 등으로 인한 변경에 관계없이 단체 그 자체가 존속되고, 그 조직에 의하여 대표의 방법, 총회나 이사회 등의 운영, 자본의 구성, 재산의 관리 기타 단체로서의 주요사항이 확정되어 있는 경우에는 비법인사단으로서의 실체를 가진다고 할 것이다.

⊙ 대법원 1991. 6. 25. 선고 88다카6358 판결[22)]

한국원호복지공단법(1984.8.2. 법률 제3742호로 한국보훈복지공단법으로 개정됨) 부칙 제8조 제2항에 의하여 설립된 원호대상자광주목공조합은 민법상의 조합의 실체를 가지고 있으므로 소송상 당사자능력이 없다.

---

22) 대판 1999. 4. 23, 99다4504.

제3절 소송능력

소송능력이란 소송당사자가 스스로 유효하게 소송행위를 하거나 소송행위를 받기 위해 갖추어야 할 능력이다.

Ⅰ. 소송능력의 직권조사사항

⊙ 대법원 1983. 7. 12. 선고 82다257, 82다카590 판결

법인 아닌 사단 또는 재단의 존재여부, 그 대표자의 자격에 관한 사항은 소송당사자능력 또는 소송능력에 관한 사항으로서 법원의 직권조사사항이므로 원고 사찰이 불교재산관리법 제6조에 의하여 등록된 불교단체인가, 원고 사찰의 대표자라고 칭하는 주지가 같은 법 제9조에 의하여 등록된 대표자인가의 여부나 또는 원고 사찰이 민사소송법 제48조 소정의 법인 아닌 사단으로서의 실체를 갖추었는가, 그 주지가 원고 사찰을 대표할 권한이 있는가의 여부에 관하여는 원심이 직권으로 심리·판단하여야 한다.

Ⅱ. 미성년자의 소송능력

⊙ 대법원 1981. 8. 25. 선고 80다3149 판결

미성년자는 원칙적으로 법정대리인에 의하여서만 소송행위를 할 수 있으나 미성년자 자신의 노무제공에 따른 임금의 청구는 근로기준법 제54조의 규정에 의하여 미성년자가 독자적으로 할 수 있다.

Ⅲ. 특별대리인의 선임

⊙ 대구고법 1988. 6. 1. 87나1128 제3민사부 판결

정신의학상 기질성뇌증후군(치매상태)으로 정상적인 의사결정능력이나 사리변별능력이 결여된 상태에 있어 소송수행능력이 없는 자를 상대로 소송행위를 하려는 경우, 그 상대방이 금치산이나 한정치산의 선고를 받은 바 없는 자라면 수소법원으로부터 그 자를 위한 특별대리인의 선임을 받아야 한다.

제4절 당사자적격

당사자적격이란 특정의 권리 또는 법률관계에 관하여 당사자로서 소송을 수행하고 본안판결을 받기에 적합한 자격이다. 제도적 취지는 분쟁해결에 아무런 도움을 주지 못한 판결을 피하고 소권의 남용을 방지하기 위한 것이다.

Ⅰ. 확인의 소

⊙ 대법원 1999. 5. 28. 선고 99다2188 판결[23)]

확인의 소는 분쟁 당사자 사이에 현재의 권리 또는 법률관계에 관하여 즉시 확정할 이익이 있는 경우에 허용되는 것이므로,

23) 대법원판례해설 제23호(1995년 상반기) 참조.

소유권을 다투고 있지 않은 국가를 상대로 소유권확인을 구하기 위하여 그 판결을 받음으로써 원고의 법률상 지위의 불안을 제거함에 실효성이 있다고 할 수 있는 특별한 사정이 있어야 할 것인바, 건물의 경우 가옥대장이나 건축물관리대장의 비치·관리업무는 당해 지방자치단체의 고유사무로서 국가사무라고 할 수도 없는데다가 당해 건물의 소유권에 관하여 국가가 이를 특별히 다투고 있지도 아니하다면, 국가는 그 소유권 귀속에 관한 직접 분쟁의 당사자가 아니어서 이를 확인해 주어야 할 지위에 있지 않으므로, 국가를 상대로 미등기 건물의 소유권 확인을 구하는 것은 그 확인의 이익이 없어 부적법하다.

⊙ 대법원 1991. 12. 10. 선고 91다14420 판결[24)]

확인의 소에 있어서는 권리보호요건으로서 확인의 이익이 있어야 하고 그 확인의 이익은 원고의 권리 또는 법률상의 지위에 현존하는 불안, 위험이 있고 그 불안, 위험을 제거함에는 피고를 상대로 확인판결을 받는 것이 가장 유효적절한 수단일 때에만 인정된다고 할 것이므로 확인의 소의 피고는 원고의 권리 또는 법률관계를 다툼으로써 원고의 법률적 지위에 불안을 초래할 염려가 있는 자 다시 말하면 원고의 보호법익과 대립 저촉되는 이익을 주장하고 있는 자이어야 하고 그와 같은 피고를

---

24) 대판 1964. 7. 14, 64다82 등. 따라서 대학생의 학부모는 총장임명무효 또는 총장자격부존재확인의 소를 제기할 당사자적격이 없다(대판 1994. 12. 22, 94다14803).

상대로 하여야 확인의 이익이 있다.

⊙ 대법원 1982. 9. 14. 선고 80다2425 전원합의체 판결[25]

임원선임의 임시주주총회결의와 이사회결의의 무효확인이나 부존재확인의 소에 있어서 동 주주총회나 이사회결의에 의하여 임원으로 선임되었다는 피고나 소외인들이 모두 그 직을 사임하여 그 사임등기까지 경료되고 그후 새로운 임원이 선임되었다면 특별한 사정이 없는 한 동 임시주주총회 결의와 이사회 결의의 부존재확인이나 무효확인을 구할 법률상 이익이 없다.

주주총회결의 취소와 결의무효확인판결은 대세적 효력이 있으므로 그와 같은 소송의 피고가 될 수 있는 자는 그 성질상 회사로 한정된다.

주주총회결의부존재확인의 소송은 일응 외형적으로는 존재하는 것같이 보이는 주주총회결의가 그 성립과정에 있어서의 흠결이 중대하고도 명백하기 때문에 그 결의자체가 존재하는 것으로 볼 수 없을 때에 법률상 유효한 결의로서 존재하지 아니한다는 것의 확인을 소구하는 것으로서 주주총회결의 무효확인의 소송과는 주주총회결의가 법률상 유효한 결의로서는 존재하지 않는다는 것의 확정을 구하는 것을 목적으로 한다는 점에서 공통의 성질의 가진다 할 것이므로 주주총회결의부존재확인의 소송에는 그 결의무효확인의 소송에 관한 상법380조의 규정이 준용된다 할 것이므로 그 결의부존재확인판결의 효력은 제3자

25) 이시윤 · 조관행 공저, 전게서, 80-81면 참조.

에게 미치고 그 부존재확인소송에 있어서 피고가 될 수 있는 자도 회사로 한정된다.

주식회사의 이사회결의는 회사의 의사결정이고 회사는 그 결의의 효력에 관한 분쟁의 실질적인 주체라 할 것이므로 그 효력을 다투는 사람이 회사를 상대로 하여 그 결의의 무효확인을 소구할 있다 할 것이나 그 이사회결의에 참여한 이사들은 그 이사회의 구성원에 불과하므로 특별한 사정이 없는 한 이사개인을 상대로 하여 그 결의의 무효확인을 소구할 이익은 없다.

Ⅱ. 제3자의 소송담당

권리관계의 주체 이외의 제3자가 당사자적격을 갖는 경우를 말한다. 법정소송담당과 임의적 소송담당으로 나뉜다.

1. 채권자대위소송

제3자가 권리관계의 주체인 사람과 함께 소송수행권을 갖는 경우로 채권자대위소송을 하는 채권자가 전형적인 예이다.

⊙ 대법원 1975. 5. 13. 선고 74다1664 전원합의체 판결[26)]

채권자가 채권자대위권을 행사하는 방법으로 제3채무자를 상대로 소송을 제기하고 판결을 받은 경우에는 어떠한 사유로 인

---

26) 위 판례의 평석으로 이용훈, "채권자대위소송판결의 효력의 범위", 민사판례연구[Ⅰ]이 있다.

하였던 적어도 채무자가 채권자대위권에 의한 소송이 제기된 사실을 알았을 경우에는 그 판결의 효력은 채무자에게 미친다(판례변경).

【 다수의견 】

채권자가 채권자대위권을 행사하는 방법으로 제3채무자를 상대로 소송을 제기하여 판결을 받은 경우에 어떠한 인하였던 간에 채무자가 채권자대위권에 의한 소송이 제기된 사실을 알았을 경우에는 그 확정판결의 효력은 채무자에게도 미친다. 채권자가 채권자대위권을 행사하는 방법으로 제3채무자를 상대로 소송을 제기하고 판결을 받은 경우에는 채권자가 채무자에 대하여 민법 제405조 제1항에 의한 보존행위 이외의 권리행사의 통지 또는 민사소송법 제77조(개정법 제84조)에 의한 소송고지 혹은 비송사건절차법 제84조 제1항에 의한 법원에 의한 재판상 대위의 허가를 고지하는 등을 위시하여 어떠한 사유로 인하였던 적어도 채권자대위권에 의한 소송이 제기된 사실을 채무자가 알았을 경우에는 그 판결의 효력은 채무자에게 미친다고 보는 것이 상당하다 할 것이다.

【 소수의견 】

기판력의 주관적 범위를 규정한 민사소송법 제204조(개정법 제218조) 제3항의 규정에 비추어 볼 때 채권자가 한 대위소송을 채무자가 알든 모르든 채무자에게 기판력이 미친다.

2. 임의적 소송담당

권리관계의 주체인 사람이 자신의 의사에 의해 제3자에게 자기의 권리에 대한 소송수행권을 수여하는 경우이다. 통설과 판례는 명문규정이 없는 경우에 원칙적으로 허용하지 않는다.

⊙ 대법원 1984. 2. 14. 선고 83다카1815 판결[27)]

임의적 소송신탁은 탈법적인 방법에 의한 것이 아닌 한 극히 제한적인 경우에 합리적인 필요가 있다고 인정될 수 있는 것인바, 민법상의 조합에 있어서 조합규약이나 조합결의에 의하여 자기 이름으로 조합재산을 관리하고 대외적 업무를 집행할 권한을 수여받은 업무집행 조합원은 조합재산에 관한 소송에 관하여 조합원으로부터 임의적 소송신탁을 받아 자기 이름으로 소송을 수행하는 것이 허용된다고 할 것이다.

(1) 소송신탁을 위한 채권양도의 효력

⊙ 대법원 2004. 25. 선고 2003다20909, 20916 판결

소송행위를 하게 하는 것을 주목적으로 채권양도 등이 이루어진 경우, 그 채권양도가 신탁법상의 신탁에 해당하지 않는다고 하여도 신탁법 제7조가 유추적용되므로 무효라고 할 것이고, 소송행위를 하게 하는 것이 주목적인지의 여부는 채권양도계약

27) 대판 1997. 11. 28, 95다35303 등; 김연, "임의적 소송담당", 고시연구 1998년 3월호.

이 체결된 경위와 방식, 양도계약이 이루어진 후 제소에 이르기까지의 시간적 간격, 양도인과 양수인간의 신분관계 등 제반 상황에 비추어 판단하여야 한다.

(2) 총유재산의 보존행위

⊙ 대법원 2005. 9. 15. 선고 2004다44971 전원합의체 판결

민법 제276조 제1항은 "총유물의 관리 및 처분은 사원총회의 결의에 의한다.", 같은 조 제2항은 "각 사원은 정관 기타의 규약에 좇아 총유물을 사용·수익할 수 있다."라고 규정하고 있을 뿐 공유나 합유의 경우처럼 보존행위는 그 구성원 각자가 할 수 있다는 민법 제265조 단서 또는 제272조 단서와 같은 규정을 두고 있지 아니한바, 이는 법인 아닌 사단의 소유형태인 총유가 공유나 합유에 비하여 단체성이 강하고 구성원 개인들의 총유재산에 대한 지분권이 인정되지 아니하는 데에서 나온 당연한 귀결이라고 할 것이므로 총유재산에 관한 소송은 법인 아닌 사단이 그 명의로 사원총회의 결의를 거쳐 하거나 또는 그 구성원 전원이 당사자가 되어 필수적 공동소송의 형태로 할 수 있을 뿐 그 사단의 구성원은 설령 그가 사단의 대표자라거나 사원총회의 결의를 거쳤다 하더라도 그 소송의 당사자가 될 수 없고, 이러한 법리는 총유재산의 보존행위로서 소를 제기하는 경우에도 마찬가지라 할 것이다.

제5절 소송상의 대리인

소송상의 대리인이란 당사자의 이름으로 소송행위를 하거나 소송행위를 받는 제3자이다.

Ⅰ. 법정대리인

1. 소송상의 특별대리인

소송상의 특별대리인은 개개의 소송절차에서 법원이 선임한 대리인으로서 법정대리인이다.

⊙ 대법원 1993. 7. 27. 선고 93다8986 판결[28)]

갑이 의사를 결정할 능력이 없었다면 그가 자신의 소유 부동산에 대한 처분현장에 있었다거나 거기에서 동의의 의사를 표시한 것으로 볼 만한 어떤 몸짓이 있었다 하더라도 이를 동의 또는 승낙으로 볼 여지는 없다.

사실상 의사능력을 상실한 상태에 있어 소송능력이 없는 사람에 대하여 소송을 제기하는 경우에도 특별대리인을 선임할 수 있다.

민사소송법 제58조에 의하여 선임된 특별대리인은 당해 소송에 있어서는 법정대리인으로서의 권한을 보유한다 할 것이므로 특별대리인은 당해 소송행위를 할 권한뿐만 아니라 당해 소송

28) 대판 1965. 4. 27, 65다338 등.

에 있어서 공격방어의 방법으로서 필요한 때에는 사법상의 실체적 권리도 이를 행사할 수 있다 할 것이나, 무권리자의 부동산처분행위에 대한 추인과 같은 행위는 부동산에 관한 권리의 소멸변경을 초래하는 것이어서 민법 제950조에 의한 특별수권이 없는 한 이를 할 수 없다.

⊙ 대법원 1992. 3. 10. 선고 91다25208 판결[29)]

재산양도의 이행방법에 관하여 "신도 239명 대표자 갑을 통하여 필히 이행하고 기타 방법 또는 제삼자를 통하여 절대 이행하지 않는다"는 이행각서의 기재만으로 당시 비법인사단의 대표자가 아닌 갑을 대표자로 하여 이전하겠다거나 또는 위 재산이전의 절차를 밟는 한도 내에서 갑에게 대표권을 인정한다는 취지라고는 볼 수 없을 뿐 아니라 이행각서 당사자들과의 합의만으로 갑의 대표권이 생긴다고 볼 수도 없다.

비법인사단과 그 대표자 사이의 이익이 상반되는 사항에 관한 소송행위에 있어서는 위 대표자에게 대표권이 없으므로, 달리 위 대표자를 대신하여 비법인사단을 대표할 자가 없는 한 이해관계인은 민사소송법 제60조, 제58조의 규정에 의하여 특별대리인의 선임을 신청할 수 있고 이에 따라 선임된 특별대리인이 비법인사단을 대표하여 소송을 제기할 수 있다.

29) 대결 1962. 12. 20. 자 62마21 등.

2. 법인 등의 대표자

⊙ 대법원 2004. 5. 14. 선고 2003다61054 판결

법원이 직권으로 법인의 대표자에게 적법한 대표권이 있는지 여부를 조사하여야 하는 이유는 당해 소송에 있어 법인이 당사자능력 또는 소송능력이 있는지 여부를 판단하기 위한 것이므로 직권조사의 대상은 당해 소송에 있어 법인 대표자의 적법한 대표권 유무이고, 당해 소송 이전에 법인이 행한 어떠한 법률행위에 있어 법인 대표자가 적법한 대표권에 기하여 행한 것인지 여부는 여전히 당사자가 주장·입증하여야 할 문제라고 할 것이어서 법원이 이러한 사항까지 직권으로 탐지하여 조사하여야 할 의무가 있다고는 할 수 없다.

⊙ 대법원 2000. 2. 22. 선고 99다62890 판결

직무집행정지 및 직무대행자선임 가처분이 있는 경우 직무대행자에 의하여 소집된 총회에서 직무집행이 정지된 종전 대표자를 다시 대표자로 선임하더라도 가처분결정이 취소되지 아니한 이상 직무대행자만이 대표권을 가진다.

⊙ 대법원 1997. 10. 19. 선고 96다40578 판결

법인이 당사자인 사건에 있어서 그 법인의 대표자에게 적법한 대표권이 있는지 여부는 소송요건에 관한 것으로서 법원의 직권조사사항이므로, 법원으로서는 그 판단의 기초자료인 사실과 증거를 직권으로 탐지할 의무까지는 없다 하더라도, 이미 제출된 자료들에 의하여 그 대표권의 적법성에 의심이 갈 만한 사정이 엿보인다면 상대방이 이를 구체적으로 지적하여 다투지 않더라도 이에 관하여 심리·조사할 의무가 있다.

⊙ 대법원 1995. 12. 12. 선고 95다31348 판결[30)]

민법상의 법인이나 법인이 아닌 사단 또는 재단의 대표자를 선출한 결의의 무효 또는 부존재 확인을 구하는 소송에서 그 단체를 대표할 자는 의연히 무효 또는 부존재 확인 청구의 대상이 된 결의에 의해 선출된 대표자이나, 그 대표자에 대해 직무집행정지 및 직무대행자선임 가처분이 된 경우에는, 그 가처분에 특별한 정함이 없는 한 그 대표자는 그 본안소송에서 그 단체를 대표할 권한을 포함한 일체의 직무집행에서 배제되고 직무대행자로 선임된 자가 대표자의 직무를 대행하게 되므로, 그 본안소송에서 그 단체를 대표할 자도 직무집행을 정지당한 대표자가 아니라 대표자 직무대행자로 보아야 한다.

Ⅱ. 소송대리인

1. 소송대리인의 의의

(1) 소송대리인의 종류

민법상 조합의 업무집행조합원이 법령상의 소송대리인인가에 대하여는 다툼이 있으나 긍정하는 것이 일반적이다.

30) 대판 1982. 4. 27, 81다358 등.

⊙ 대법원 1959. 5. 14. 선고 4290민상813 판결

국가를당사자로하는소송에관한법률 제7조에 의하면, 동법 제2조의 규정에 의하여 법무부장관이 지정한 자는 그 소송에 관하여 대리인의 선임 이외의 일체의 재판상 행위를 할 수 있다고 규정되어 있으므로, 동 법률에 의하여 지정된 소송수행자는 그 소송에 관하여 상소의 제기는 물론이요 상대방이 제기한 상소에 응하여 소송행위를 할 수 있는 권한이 있는 것이다.

(2) 대리인의 예외

⊙ 대법원 1982. 7. 27. 선고 82다68 판결[31)]

단독판사가 심판하는 사건에 있어서 소송대리 허가신청에 의한 소송대리권은 법원의 허가를 얻은 때로부터 발생하는 것이므로 소송대리인이 대리인의 자격으로 변론기일 소환장을 수령한 날자가 법원이 허가한 날짜 이전이라면 그 변론기일 소환장은 소송대리권이 없는 자에 대한 송달로서 부적법하다.

2. 소송대리권의 범위

⊙ 대법원 2004. 5. 14. 선고 2004다7354 판결

일반적으로 수임인은 위임의 내용에 따라 선량한 관리자의 주의의무를 다하여야 하고, 특히 소송대리를 위임받은 변호사는 그 수임사무를 수행함에 있어 전문적인 법률지식과 경험에

31) 이시윤 · 조관행 공저, 전게서, 96-97면 참조.

기초하여 성실하게 의뢰인의 권리를 옹호할 의무가 있으며, 구체적인 위임사무의 범위는 변호사와 의뢰인 사이의 위임계약의 내용에 의하여 정하여지는 것이지만, 위임사무의 종료단계에서 패소판결이 있었던 경우에는 의뢰인으로부터 상소에 관하여 특별한 수권이 없는 때에도 그 판결을 점검하여 의뢰인에게 불이익한 계산상의 잘못이 있다면 의뢰인에게 그 판결의 내용과 상소하는 때의 승소가능성 등에 대하여 구체적으로 설명하고 조언하여야 할 의무가 있다.

⊙ 대법원 2000. 1. 31. 자 99마6205 결정[32)]

소송상 화해나 청구의 포기에 관한 특별수권이 되어 있다면, 특별한 사정이 없는 한 그러한 소송행위에 대한 수권만이 아니라 그러한 소송행위의 전제가 되는 당해 소송물인 권리의 처분이나 포기에 대한 권한도 수여되어 있다고 봄이 상당하다.

소송대리권의 범위는 특별한 사정이 없는 한 당해 심급에 한정되어, 소송대리인의 소송대리권의 범위는 수임한 소송사무가 종료하는 시기인 당해 심급의 판결을 송달받은 때까지라고 할 것이다.

⊙ 대법원 1996. 4. 4. 자 96마148 결정

소송대리권의 범위는 특별한 사정이 없는 한 당해 심급에 한정되므로, 상고심에서 항소심으로 파기환송된 사건이 다시 상

32) 대판 1994. 3. 8, 93다52105.

고되었을 경우에는 항소심에서의 소송대리인은 그 소송대리권을 상실하게 되고, 이 때 환송 전의 상고심에서의 소송대리인의 대리권이 그 사건이 다시 상고심에 계속되면서 부활하게 되는 것은 아니라고 할 것이어서, 새로운 상고심은 변호사보수의소송비용산입에관한규칙의 적용에 있어서는 환송 전의 상고심과는 별개의 심급으로 보아야 한다.

◉ 대법원 1963. 1. 31. 선고 62다792 판결[33)]

환송 전의 항소심에서 그 심급을 위하여 위임을 받은 변호사는 환송 후의 동일 심급에 있어서는 다시 위임을 받지 않아도 소송행위를 할 수 있다.

이 판결에 대하여 상고심에서 항소심과 다른 대리인을 선임한 경우 항소심 대리인의 신뢰는 이미 깨졌다는 점과 환송판결은 중간판결이 아니라 종국판결이라는 점에서 위 판결은 부당하다는 견해[34)]가 있다.

3. 소송대리권의 증명

◉ 대법원 2005. 12. 8. 선고 2005다36298 판결[35)]

민사소송법 제89조 제1항에 의하면, 소송대리인의 권한은 서

---

33) 대판 1955. 9. 22, 4288민상71 등.

34) 이시윤, 전게서, 156면; 호문혁, 민사소송법 제5판, 224면.

35) 대판 1992. 3. 10, 91다43862; 동 1994. 9. 30, 93다27703.

면으로 증명하여야 하는 것이지만, 소송대리인이 소송대리위임장을 법원에 제출한 이상 소송대리권이 있다고 할 것이고, 법원의 잘못 등으로 그 소송대리위임장이 기록에 편철되지 아니하거나 다른 기록에 편철되었다고 하여 소송대리인의 소송대리행위가 무효가 되는 것은 아니다.

⦿ **대법원 1978. 2. 14. 선고 77다2139 판결**[36)]

소송대리권의 위임장이 사문서인 경우 법원이 소송대리권의 증명에 관하여 인증명령을 할 것인지의 여부는 법원의 재량에 속한다 할 것이나, 상대방이 대리권을 다투고 있고 또 기록상 그 위임장이 진정하다고 인정할 만한 뚜렷한 증거가 없는 경우에는 법원은 그 대리권의 증명에 관하여 인증명령을 하거나 또는 달리 진정히 소송대리권을 위임한 것인지의 여부를 심리 조사하여야 한다.

4. 쌍방대리의 금지

변호사법 제31조 제1호에서 당사자의 일방으로부터 상의를 받아 그 수임을 승낙한 사건의 상대방이 위임하는 사건의 경우에 변호사의 직무행위를 금지하는 이유는, 변호사가 그와 같은 사건에 관하여 직무를 행하는 것은 먼저 그 변호사를 신뢰하여 상의를 하고 사건을 위임한 당사자 일방의 신뢰를 배반하게 되

---

36) 대판 1970. 12.22, 70다860, 861 등.

고, 변호사의 품위를 실추시키게 되는 것이므로 그와 같은 사건에 있어서는 변호사가 직무를 집행할 수 없도록 금지한 것이므로, 변호사법 제31조 제1호가 적용되기 위해서는 그 변호사가 관여한 사건이 일방 당사자와 그 상대방 사이에 있어서 동일하여야 하는데, 여기서 사건이 동일한지의 여부는 그 기초가 된 분쟁의 실체가 동일한지의 여부에 의하여 결정되어야 하는 것이므로 상반되는 이익의 범위에 따라서 개별적으로 판단되어야 하는 것이고, 소송물이 동일한지 여부나 민사사건과 형사사건 사이와 같이 그 절차가 같은 성질의 것인지 여부는 관계가 없다.

Ⅲ. 無權代理人

1. 소송대리권의 직권조사

⊙ 대법원 1997. 10. 10. 선고 96다40578 판결[37)]

법인이 당사자인 사건에 있어서 그 법인의 대표자에게 적법한 대표권이 있는지 여부는 소송요건에 관한 것으로서 법원의 직권조사사항이므로, 법원으로서는 그 판단의 기초자료인 사실과 증거를 직권으로 탐지할 의무까지는 없다 하더라도 이미 제출된 자료들에 의하면 그 대표권의 적법성에 의심이 갈 만한 사정이 엿보인다면 상대방이 이를 구체적으로 지적하여 다투지 않더라도 이에 관하여 심리조사할 의무가 있다.

---

37) 대판 1991. 10. 11, 91다21039 등.

⊙ 대법원 1997. 7. 25. 선고 96다39301 판결[38)]

제소단계에서의 소송대리인의 대리권 존부는 소송요건으로서 법원의 직권조사사항이나, 직권조사사항에 관해서도 그 사실의 존부가 불명한 경우에는 입증책임의 원칙이 적용되어야 할 것인바, 본안판결을 받는다는 것 자체가 원고가 유리하다는 점에 비추어 직권조사사항인 소송요건에 대한 입증책임은 원고에게 있다.

2. 無權代理의 補正命令

⊙ 대법원 1990. 12. 7. 선고 90다카25895 판결

원고들이 소를 제기함에 있어서 당사자능력 있는 법인이 아닌 사단인 피고 '학장동'의 대표자를 잘못 표시하였다 하더라도 법원으로서는 부적법한 소라는 이유로 곧바로 각하할 것이 아니라, 원고들로 하여금 소장에 잘못 표시된 피고의 대표자를 적법하게 피고를 대표할 권한이 있는 자로 정정함으로써 흠결을 보정하도록 명하여 그 흠결을 보정하게 한 다음 그 보정에 따라 피고의 적법한 대표자에게 다시 소장의 부본을 송달하고, 본안 즉 청구의 당부에 관하여 심리판단을 하였어야 할 것이다.

---

38) 대판 1994. 11. 8, 94다31549 등.

3. 無權代理行爲의 追認

(1) 내용

① 묵시적 추인

◉ 대법원 1988. 10. 25. 선고 87다카1382 판결[39)]

종중을 대표할 권한없는 자로부터 소송위임을 받은 소송대리인에 의하여 이루어진 제1심에서의 소송대리인에 의한 소송행위는 그 효력이 없으나 항소심에 이르러 종중의 정당한 대표자로부터 소송위임을 받은 소송대리인이 제1심 변론결과를 진술하는 등 변론을 하였다면 위 제1심에서의 소송행위는 묵시적으로 추인된 것이라고 보아야 한다.

② 일부추인

◉ 대법원 1973. 7. 24. 선고 69다60 판결

일련의 소송행위 중에서 소취하 행위만을 분리하여도 다른 소송행위는 독립의 의미가 있고, 소송의 혼란을 일으킬 염려가 없으며, 소송경제상 적절하므로 소취하 행위만을 제외하고 한 추인은 유효하다.

위 판례는 회사대표자의 인장을 도용하여 변호사에게 소송위임하여 승소하고 피고의 항소로 소송이 항소심에 계속 중 그 盜用者가 소취하를 하였는데 회사가 뒤에 위 일련의 소송행위 중 소취하행위만을 제외한 다른 소송행위를 추인한 사례이다.

---

39) 대판 1991. 5. 28, 91다10206 등.

(2) 추인의 효력

⊙ 대법원 1992.9. 8. 선고 92다18184 판결

종중이 적법한 대표자가 아닌 자가 제기하여 수행한 소송을 추인하였다면 그 소송은 소급하여 유효한 것이고, 가사 종중의 소제기 당시에 그 대표자의 자격에 하자가 있다고 하더라도 이 소가 각하되지 아니하고 소급하여 유효한 것으로 인정되는 한 이에 의한 시효중단의 효력도 유효하다고 볼 것이지 소송행위가 추인될 때에 시효가 중단된다고 볼 것은 아니다.

4. 소송행위와 表見代理

무권대리인의 소송행위이지만 상대방이 대리권이 있는 것으로 믿고 그 믿음에 정당한 사유가 있을 때에 무권대리인을 상대로 소송행위를 한 상대방은 표현대리의 법리에 의하여 보호를 받게 되는지에 관하여 적극설과 소극설이 있으며 판례는 부정하는 입장이다.

⊙ 대법원 1984. 6. 26. 선고 82다카1758 판결[40)]

공정증서가 채무명의로서 집행력을 갖기 위해서는 “즉시 강제집행할 것을 기재한 경우”이어야 하고 이러한 집행인락표시는 합동법률사무소 또는 공증인에 대한 소송행위이고 이러한 소송행위에는 민법상의 표현대리규정이 적용 또는 준용될 수

---

40) 대판 2001. 2. 23, 2000다45303, 45310 등.

없다고 할 것이므로, 무권대리인의 촉탁에 의하여 작성된 공정증서는 채권자는 물론 합동법률사무소나 공증인이 대리권이 있는 것으로 믿은 여부나 믿을 만한 정당한 사유의 유무에 관계없이 채무명의로서의 효력을 부정하여야 할 것이다.

제1심의 소송절차

제3편

제 1 장

소송의 개시

제1절 소의 종류

청구의 성질과 내용에 따라 이행의 소, 확인의 소, 형성의 소로 나누어진다. 또 제소의 태양·시기에 따라 단일의 소와 병합의 소로 나누어지고, 제소의 시기나 다른 소송절차와의 관련 여부에 따라 독립의 소와 소송중의 소로 나누어진다.

Ⅰ. 주주총회결의부존재확인의 소

◉ 대법원 1982. 9. 14. 선고 80다2425 전원합의체 판결[1)]

주주총회결의부존재확인의 소송은 일응 외형적으로는 존재하는 것같이 보이는 주주총회결의가 그 성립과정에 있어서의 흠결이 중대하고도 명백하기 때문에 그 결의자체가 존재하는 것

1) 대판 1992. 8. 18, 91다39924 등.

으로 볼 수 없을 때에 법률상 유효한 결의로서 존재하지 아니한다는 것의 확인을 소구하는 것으로서 주주총회결의 무효확인의 소송과는 주주총회결의가 법률상 유효한 결의로서는 존재하지 않는다는 것의 확정을 구하는 것을 목적으로 한다는 점에서 공통의 성질의 가진다 할 것이므로 주주총회결의부존재확인의 소송에는 그 결의무효확인의 소송에 관한 상법 제380조의 규정이 준용된다 할 것이므로 그 결의부존재확인판결의 효력은 제3자에게 미치고 그 부존재확인소송에 있어서 피고가 될수 있는 자도 회사로 한정된다.

Ⅱ. 공유물분할의 소

⊙ 대법원 1997. 9. 9. 선고 97다18219 판결[2)]

공유물의 분할은 공유자 간에 협의가 이루어지는 경우에는 그 방법을 임의로 선택할 수 있으나 협의가 이루어지지 아니하여 재판에 의하여 공유물을 분할하는 경우에는 법원은 현물로 분할하는 것이 원칙이고, 현물로 분할할 수 없거나 현물로 분할을 하게 되면 현저히 그 가액이 감손될 염려가 있는 때에 비로소 물건의 경매를 명하여 대금분할을 할 수 있는 것이므로, 그와 같은 사정이 없는 한 법원은 각 공유자의 지분 비율에 따라 공유물을 현물 그대로 수개의 물건으로 분할하고 분할된 물건에 대하여 각 공유자의 단독소유권을 인정하는 판결을 하여야

2) 대판 1993. 12. 7, 93다27819 등.

하며, 그 분할의 방법은 당사자가 구하는 방법에 구애받지 아니하고 법원의 재량에 따라 공유관계나 그 객체인 물건의 제반 상황에 따라 공유자의 지분 비율에 따른 합리적인 분할을 하면 된다.

Ⅲ. 경계확정의 소

⊙ 대법원 1997. 7. 8. 선고 96다36517 판결[3)]

건물은 일정한 면적, 공간의 이용을 위하여 지상, 지하에 건설된 구조물을 말하는 것으로서, 건물의 개수는 토지와 달리 공부상의 등록에 의하여 결정되는 것이 아니라 사회통념 또는 거래관념에 따라 물리적 구조, 거래 또는 이용의 목적물로서 관찰한 건물의 상태 등 객관적 사정과 건축한 자 또는 소유자의 의사 등 주관적 사정을 참작하여 결정되는 것이고, 그 경계 또한 사회통념상 독립한 건물로 인정되는 건물 사이의 현실의 경계에 의하여 특정되는 것이므로, 이러한 의미에서 건물의 경계는 공적으로 설정 인증된 것이 아니고 단순히 사적관계에 있어서의 소유권의 한계선에 불과함을 알 수 있고, 따라서 사적자치의 영역에 속하는 건물 소유권의 범위를 확정하기 위하여는 소유권확인소송에 의하여야 할 것이고, 공법상 경계를 확정하는 경계확정소송에 의할 수는 없다.

---

3) 대판 1993. 11. 23, 93다41792, 41808 등.

제2절 소제기의 효과

소가 제기되면 소송법상의 효과와 실체법상의 효과가 발생한다. 소송법상의 효과는 소송계속의 효과가 발생하며 그에 따라 중복제소가 금지되며, 실체법상의 효과는 시효중단의 효과와 제소기간준수의 효과가 발생한다.

Ⅰ. 중복제소금지

이미 사건이 계속되어 있을 때에는 그와 동일한 사건에 대하여 당사자는 다시 소를 제기하지 못한다. 제도적 취지는 소송경제와 재판의 통일을 기하자는데 있다. 중복제소에 해당되려면 전소와 후소가 당사자와 청구가 동일할 것을 요한다.

1. 당사자의 동일 - 채권자대위소송의 경우

⊙ 대법원 1998. 2. 27. 선고 97다45532 판결

중복제소금지는 소송계속으로 인하여 당연히 발생하는 소송요건의 하나로서, 이미 동일한 사건에 관하여 전소가 제기되었다면 설령 그 전소가 소송요건을 흠결하여 부적법하다고 할지라도 후소의 변론종결시까지 취하·각하 등에 의하여 소송계속이 소멸되지 아니하는 한 후소는 중복제소금지에 위배하여 각하를 면치 못하게 되는바, 이와 같은 법리는 어느 채권자가 채

무자를 대위하여 제3채무자를 상대로 제기한 채권자대위소송이 법원에 계속 중 다른 채권자가 같은 채무자를 대위하여 제3채무자를 피고로 하여 동일한 소송물에 관하여 소송을 제기한 경우에도 적용된다.

⊙ 대법원 1995. 4. 14. 선고 94다29256 판결[4)]

원고가 소유권이전등기말소소송을 제기하기 전에 이미 원고의 채권자가 같은 피고를 상대로 채권자대위권에 의하여 원고를 대위하여 그 소송과 청구취지 및 청구원인을 같이하는 내용의 소송을 제기하여 계속 중에 있다면, 양 소송은 비록 그 당사자는 다르다 할지라도 실질상으로는 동일소송이므로, 원고가 제기한 소송은 민사소송법 제259조 소정의 이른바 중복소송 금지규정에 저촉되는 것이다.

2. 청구의 동일

⊙ 대법원 2001. 7. 24. 선고 2001다22246 판결

채권자가 채무인수자를 상대로 제기한 채무이행청구소송(전소)과 채무인수자가 채권자를 상대로 제기한 원래 채무자의 채권자에 대한 채무부존재확인소송(후소)은 그 청구취지와 청구원인이 서로 다르므로 중복제소에 해당하지 않는다.

---

4) 대판 1994. 2. 8, 93다53092;동 1992. 5. 22, 91다41187; 동 1988. 9. 27, 87다카1618.

◉ 대법원 1992. 5. 22. 선고 91다41187 판결

동일한 교통사고에 의한 피해자가 여러 명이고 그 중 한 사람이 피보험자를 대위하여 보험자를 상대로 자신의 손해부분에 관한 보험금청구를 하고 있는 경우, 다른 피해자가 피보험자를 대위하여 다른 피해자의 손해부분에 관하여 별도의 보험금청구를 하는 것은 중복제소에 해당한다고 할 수 없을 것이며, 이와 같은 경우 각 피해자마다 별개의 보험사고가 성립하고 그 보험금청구권의 소송물은 동일하다고 할 수 없다.

◉ 대법원 1987. 4. 14. 선고 86므57, 58 판결[5)]

반심계속 중 반심청구인이 반심피청구인을 상대로 그 반심청구와 같은 내용을 포함하는 심판청구를 제기하여 승소한 뉴욕주법원의 확정판결이 현출되었다면 원심으로서는 위 확정판결이 우리나라에서 승인의 요건이 구비되어 그 판결의 효력이 인정됨으로써 반심청구가 그 판결의 기판력에 저촉되어 권리보호의 요건을 갖추지 못하였는지 여부를 심리판단하여야 한다.

◉ 대법원 1985. 4. 9. 선고 84다552 판결

전 소송에서 불법행위를 원인으로 치료비청구를 하면서 일부만을 특정하여 청구하고 그 이외의 부분은 별도소송으로 청구하겠다는 취지를 명시적으로 유보한 때에는 그 전소송의 소송

---

5) 이시윤 · 조관행 공저, 전게서, 228면 참조. 이에 관하여는 최공웅, "민소법상 중복제소금지의 원칙과 국제적 소송경합", 사법연구자료 제19집 참조.

물은 그 청구한 일부의 치료비에 한정되는 것이고 전 소송에서 한 판결의 기판력은 유보한 나머지 부분의 치료비에까지는 미치지 아니한다 할 것이므로 전 소송의 계속중에 동일한 불법행위를 원인으로 유보한 나머지 치료비청구를 별도소송으로 제기하였다 하더라도 중복제소에 해당하지 아니한다.

Ⅱ. 시효의 중단

⊙ 대법원 2003. 6. 13. 선고 2003다17927, 17934 판결[6)]

취득시효를 주장하는 자가 원고가 되어 소를 제기한데 대하여 권리자가 피고로서 응소하고 그 소송에서 적극적으로 권리를 주장하여 그것이 받아들여진 경우에는 민법 제247조 제2항에 의하여 취득시효기간에 준용되는 민법 제168조 제1호, 제170조 제1항에서 시효중단사유의 하나로 규정하고 있는 재판상 청구에 포함된다. 그리고 시효를 주장하는 자가 원고가 되어 소를 제기한 경우에 있어서, 피고가 응소행위를 하였다고 하여 바로 시효중단의 효과가 발생하는 것은 아니고, 변론주의 원칙상 시효중단의 효과를 원하는 피고로서는 당해 소송 또는 다른 소송에서의 응소행위로서 시효가 중단되었다고 주장하지 않으면 아니되고, 피고가 변론에서 시효중단의 주장 또는 이러한 취지가 포함되었다고 볼만한 주장을 하지 아니하는 한, 피고의 응소행위가 있었다는 사정만으로 당연히 시효중단의 효력이 발생한

6) 대판 1997. 2. 28, 96다26190 참조.

다고 할 수는 없는 것이나, 응소행위로 인한 시효중단의 주장은 취득시효가 완성된 후라도 사실심 변론종결 전에는 언제든지 할 수 있다고 할 것이다.

⊙ 대법원 1999. 6. 11. 선고 99다16378 판결

원인채권의 지급을 확보하기 위한 방법으로 어음이 수수된 경우에 원인채권과 어음채권은 별개로서 채권자는 그 선택에 따라 권리를 행사할 수 있고, 원인채권에 기하여 청구를 한 것만으로는 어음채권 그 자체를 행사한 것으로 볼 수 없어 어음채권의 소멸시효를 중단시키지 못한다.

원인채권의 지급을 확보하기 위한 방법으로 어음이 수수된 경우, 이러한 어음은 경제적으로 동일한 급부를 위하여 원인채권의 지급수단으로 수수된 것으로서 그 어음채권의 행사는 원인채권을 실현하기 위한 것일 뿐만 아니라, 원인채권의 소멸시효는 어음금 청구소송에 있어서 채무자의 인적항변 사유에 해당하는 관계로 채권자가 어음채권의 소멸시효를 중단하여 두어도 채무자의 인적항변에 따라 그 권리를 실현할 수 없게 되는 불합리한 결과가 발생하게 되므로, 채권자가 원인채권에 기하여 청구를 한 것이 아니라 어음채권에 기하여 청구를 하는 반대의 경우에는 원인채권의 소멸시효를 중단시키는 효력이 있다고 봄이 상당하고, 이러한 법리는 채권자가 어음채권을 피보전권리로 하여 채무자의 재산을 가압류함으로써 그 권리를 행사한 경우에도 마찬가지로 적용된다.

⊙ 대법원 1997. 3. 14. 선고 96다55211 판결[7)]

소유권의 시효취득에 준용되는 시효중단사유인 민법 제168조, 제170조에 규정된 재판상의 청구라 함은 시효취득의 대상인 목적물의 인도 내지는 소유권존부확인이나 소유권에 관한 등기청구소송은 말할 것도 없고, 소유권침해의 경우에 그 소유권을 기초로 하여 하는 방해배제 및 손해배상 혹은 부당이득반환청구소송도 이에 포함된다.

⊙ 대법원 1995. 6. 30. 선고 94다13435 판결[8)]

불법행위로 인한 손해배상청구권의 단기소멸시효에 있어서 손해를 안 것이라 함은 단순히 손해발생 사실을 안 것만으로는 부족하고 그 손해가 위법행위로 인하여 발생한 것까지도 알았음을 요하고, 이같은 손해를 안 시기에 관한 입증책임은 시효의 이익을 주장하는 자에게 있으며, 시효제도의 존재이유는 영속된 사실상태를 존중하고 권리위에 잠자는 자를 보호하지 않는다는 데 있고 특히 소멸시효에 있어서는 후자의 의미가 강하므로 권리자가 재판상 그 권리를 주장하여 권리 위에 잠자는 것이 아님을 표명한 때에는 시효중단사유가 되는바, 이러한 시효중단사유로서의 재판상의 청구에는 그 권리 자체의 이행청구를 하는 경우뿐만 아니라 그 권리가 발생한 기본적 권리관계에 관한 이행청구나 확인청구를 하는 경우에도 그 기본적 권리관계

7) 대판 1979. 7. 10, 79다569 등.

8) 대판(전) 1992. 3. 31, 91다32053 참조.

의 이행청구나 확인청구가 그로부터 발생한 권리의 실현 수단이 될 수 있어 권리 위에 잠자는 것이 아님을 표명한 것으로 볼 수 있는 때에는 그 기본적 권리관계에 관한 이행청구나 확인청구도 시효중단사유로서의 재판상 청구에 포함된다.

⊙ 대법원 1993. 12. 21. 선고 92다47861 판결[9)]

민법 제168조 제1호, 제170조 제1항에서 시효중단사유의 하나로 규정하고 있는 재판상의 청구라 함은, 통상적으로는 권리자가 원고로서 시효를 주장하는 자를 피고로 하여 소송물인 권리를 소의 형식으로 주장하는 경우를 가리키지만, 이와 반대로 시효를 주장하는 자가 원고가 되어 소를 제기한 데 대하여 피고로서 응소하여 그 소송에서 적극적으로 권리를 주장하고 그것이 받아들여진 경우도 마찬가지로 이에 포함되는 것으로 해석함이 타당하다.

원래 시효는 법률이 권리 위에 잠자는 자의 보호를 거부하고 사회생활상 영속되는 사실상태를 존중하여 여기에 일정한 법적 효과를 부여하기 위하여 마련한 제도이므로, 위와 같은 사실상의 상태가 계속되던 중에 그 사실상태와 상용할 수 없는 다른 사정이 발생한 때에는 더 이상 그 사실상태를 존중할 이유가 없게 된다는 점을 고려하여, 이미 진행한 시효기간의 효력을 아예 상실케 하려는 데에 곧 시효중단을 인정하는 취지가 있는 것인바, 권리자가 시효를 주장하는 자로부터 제소당하여 직접 응소

9) 이에 관하여는 이시윤, "피고의 방어방법과 시효의 중단", 민사판례연구[Ⅲ] 참조.

행위로서 상대방의 청구를 적극적으로 다투면서 자신의 권리를 주장하는 것은 자신이 권리위에 잠자는 자가 아님을 표명한 것에 다름 아닐 뿐만 아니라, 계속된 사실상태와 상용할 수 없는 다른 사정이 발생한 때로 보아야 할 것이므로, 이를 민법이 시효중단사유로서 규정한 재판상의 청구에 준하는 것으로 보더라도 전혀 시효제도의 본지에 반한다고 말할 수는 없다 할 것이다.

⊙ 대법원 1992. 4. 10. 선고 91다43695 판결[10)]

한 개의 채권 중 일부에 관하여만 판결을 구한다는 취지를 명백히 하여 소송을 제기한 경우에는 소제기에 의한 소멸시효중단의 효력이 그 일부에 관하여만 발생하고, 나머지 부분에는 발생하지 아니하지만 비록 그중 일부만을 청구한 경우에도 그 취지로 보아 채권 전부에 관하여 판결을 구하는 것으로 해석된다면 그 청구액을 소송물인 채권의 전부로 보아야 하고, 이러한 경우에는 그 채권의 동일성의 범위 내에서 그 전부에 관하여 시효중단의 효력이 발생한다고 해석함이 상당하다.

신체의 훼손으로 인한 손해의 배상을 청구하는 사건에서는 그 손해액을 확정하기 위하여 통상 법원의 신체감정을 필요로 하기 때문에, 앞으로 그러한 절차를 거친 후 그 결과에 따라 청구금액을 확장하겠다는 뜻을 소장에 객관적으로 명백히 표시한 경우에는, 그 소제기에 따른 시효중단의 효력은 소장에 기재된 일부 청구액 뿐만 아니라 그 손해배상청구권 전부에 대하여 미친다.

---

10) 대판 1992. 12. 28, 92다29924 등.

제 2 장

심판의 대상

제1절 소송요건

원고는 소를 제기한 후 訴狀의 適式, 訴의 적법, 주장 자체의 정당성, 주장사실의 증명 등 네 가지 요건을 갖추어야 승소판결을 받을 수 있다.

Ⅰ. 총설

1. 소송요건의 종류

⊙ 대법원 1997. 7. 25. 선고 96다39301 판결[11)]

제소단계에서의 소송대리인의 대리권 존부는 소송요건으로서 법원의 직권조사사항이다. 직권조사사항에 관하여도 그 사실의 존부가 불명한 경우에는 입증책임의 원칙이 적용되어야 할 것인바, 본안판결을 받는다는 것 자체가 원고에게 유리하다는 점에 비추

11) 대판 1978. 2. 14, 77다2139 등.

어 직권조사사항인 소송요건에 대한 입증책임은 원고에게 있다.

2. 소송요건의 조사

⊙ 대법원 1997. 12. 9. 선고 97다18547 판결[12)]

어떤 단체가 비법인사단으로서 당사자능력을 가지는가 하는 것은 소송요건에 관한 것으로서 사실심의 변론종결일을 기준으로 판단하여야 한다.

Ⅱ. 소의 이익

개인이 법원에 소를 제기하여 판결을 구하는 것을 그의 권리로 보아 訴의 이익이라 한다. 소의 이익은 청구의 내용이 본안판결을 받기에 적합한 일반적 자격이 있어야 할 것, 원고의 청구에 대하여 판결을 구할 현실적 필요성이 있을 것, 당사자가 제대로 소송수행을 하고 본안판결을 받기에 적합한 정당한 당사자일 것 등 세 가지의 형태로 나타난다.

1. 권리보호의 자격

(1) 구체적인 권리 또는 법률관계에 관한 청구일 것

⊙ 대법원 1998. 6. 26. 선고 97다48937 판결[13)]

무허가건물대장은 행정관청이 무허가건물 정비에 관한 행정

---

12) 대판 1977. 5. 24, 76다2304.

13) 대판 1993. 6. 11, 93다6034 등. 이에 관한 평석으로 김용상, "무허가건물대장에 등재된 건물의 소유권확인청구와 소의 이익", 민사판례연구[ⅩⅦ] 참조.

상의 사무처리의 편의를 위하여 직권으로 무허가건물의 현황을 조사하고 필요사항을 기재하여 비치한 대장으로서 건물의 물권변동을 공시하는 법률상의 등록원부가 아니라고 하더라도 그 건물주 명의기재의 말소를 구하는 청구가 일률적으로 법률상 소의 이익이 없다고 볼 것은 아니고 개별적 사건에 있어 구체적 사정을 고려하여 이를 판단하여야 한다. 지방자치단체의 조례가 무허가건물대장에 등재된 건물에 대하여 공익사업에 따른 철거시 철거보상금을 지급하도록 규정하고 있고 종전에도 관할 동사무소가 무허가건물에 관하여 무허가건물대장상의 건물주 명의의 말소를 구하는 청구가 소의 이익이 있다.

⊙ 대법원 1996. 10. 11. 선고 95다29901 판결[14)]

건축허가서의 건축주 명의를 타인에게 신탁한 자가 이를 해지하고 건축주 명의변경에 동의하지 않는 수탁자를 상대로 그 의사표시에 갈음하여 건축허가서의 건축주명의변경절차이행을 구하는 소는 소의 이익이 있다.

⊙ 대법원 1992. 11. 24. 선고 91다29026 판결[15)]

단체의 구성원이 단체내부규정의 효력을 다투는 소는 당사자

---

14) 대판 1989. 5. 9, 88다카6754 등. 이에 관한 평석으로는 진성규, "의사의 진술을 구하는 청구와 소의 이익", 민사판례연구[XII]; 김재구, "건축허가 명의변경 청구", 대법원판례해설 제11호 참조.

15) 정갑주, "단체의 구성원이 단체내부규정의 효력을 다투는 소의 적법 여부", 대법원판례해설 제19-1호 참조.

사이의 구체적인 권리 또는 법률관계의 존부확인을 구하는 것이 아니므로 부적법하다.

⊙ 대법원 1979. 2. 27. 선고 78다913 판결[16)]

임야대장, 토지대장, 가옥대장 등은 조세 부과징수의 편의를 도모하기 위하여 작성된 장부에 불과하므로 비록 임야대장의 기재사항이 진실된 것으로 추정을 받는다 하더라도 이 경우의 추정은 강한 증거자료가 된다는 의미를 가지고 있을 뿐이지 입증책임의 전환까지 초래하는 추징력을 가진 것은 아니므로, 임야대장 등에 진실한 소유자가 아닌 자의 명의로 등재되어 있다고 하더라도 그 말소를 구할 소의 이익은 없다.

임야대장, 토지대장, 가옥대장 등의 기재는 단순한 사실관계로 보아 권리보호의 자격이 없다고 본다.

(2) 법률상 · 계약상 제소금지사유가 없을 것

⊙ 대법원 1999. 3. 26. 선고 98다63988 판결[17)]

소극적 소송요건의 하나인 부제소 합의는 합의 당사자가 처분할 권리있는 범위 내의 것으로서 특정한 법률관계에 한정될 때 허용되며, 그 합의시에 예상할 수 있는 상황에 관한 것이어야 유효하다.

---

16) 대판 1956. 3. 22, 4288민상541.

17) 대판 1977. 4. 12, 선고 76다2920 등.

2. 권리보호의 이익 또는 필요

(1) 이행의 소

현재의 이행의 소에 있어서는 원고가 현재 이행기가 도래하였으나 이행되지 않은 이행청구권의 존재를 주장하는 것으로서 원칙적으로 권리보호의 이익이 인정되므로 별도로 소의 이익을 논할 필요가 없다. 그·러나 장래의 이행의 소는 변론종결시를 표준으로 하여 이행기가 장래에 도래하는 이행청구권을 주장하는 소이기 때문에 제251조에서 규정하는 '미리 청구할 필요'가 있는 경우에 한해서 허용된다.

⊙ 대법원 1998. 9. 22. 선고 98다23393 판결[18)]

순차로 경료된 소유권이전등기의 각 말소청구소송은 보통공동소송이므로 그 중의 어느 한 등기명의만을 상대로 말소를 구할 수 있고, 최종 등기명의자에 대하여 등기말소를 구할 수 있을지에 관계없이 중간의 등기명의자에 대하여 등기말소를 구할 소의 이익이 있다.

⊙ 대법원 1992. 11. 10. 선고 92다4680 전원합의체 판결[19)]

일반적으로 채권에 대한 가압류가 있더라도 이는 채무자가 제3채무자로부터 현실로 급부를 추심하는 것만을 금지하는 것이므로 채무자는 제3채무자를 상대로 그 이행을 구하는 소송을

---

18) 대판 1995. 10. 12. 선고 94다47483 판결 등.

19) 대판 1999. 2. 8, 98다42615 참조.

제기할 수 있고, 법원은 가압류가 되어 있음을 이유로 이를 배척할 수 없는 것이 원칙이나, 소유권이전등기를 명하는 판결은 의사의 진술을 명하는 판결로서 이것이 확정되면 채무자는 일방적으로 이전등기를 신청할 수 있고 제3채무자는 이를 저지할 방법이 없으므로 이와 같은 경우에는 가압류의 해제를 조건으로 하지 아니하는 한 법원은 이를 인용하여서는 안된다.

⊙ 대법원 1994. 10. 28. 선고 94다33835 판결[20)]

甲명의의 소유권보존등기가 폐쇄등기부상의 등기라고 하더라도 乙이 원인무효를 이유로 甲명의의 소유권보존등기말소등기절차를 구하는 소를 제기하면 수소법원이 폐쇄등기부상의 소유권보존등기에 관하여 예고등기를 촉탁하여 그 예고등기가 행하여짐으로써 부동산등기법시행규칙 제113조에 따라 그 소유권보존등기는 신등기용지에 이기되므로 乙로서는 그 등기의 말소를 구할 소송상의 이익이 있다.

⊙ 대법원 1991. 12. 24. 선고 90다12243 전원합의체 판결[21)]

【 다수의견 】

국토이용관리법상의 규제구역 내의 '토지등의 거래계약'허가에 관한 관계규정의 내용과 그 입법취지에 비추어 볼 때 토지의 소유권 등 권리를 이전 또는 설정하는 내용의 거래계약은

20) 대판 1987. 11. 10, 87다카63 등.

21) 이에 관하여는 이시윤, "토지거래에 관한 규제를 어긴 경우의 효력과 장래의 이행의 소", 민사재판의 제문제 제7권에 판례평석이 있다.

관할 관청의 허가를 받아야만 그 효력이 발생하고 허가를 받기 전에는 물권적 효력은 물론 채권적 효력도 발생하지 아니하여 무효라고 보아야 할 것인바, 다만 허가를 받기 전의 거래계약이 처음부터 허가를 배제하거나 잠탈하는 내용의 계약일 경우에는 확정적으로 무효로서 유효화될 여지가 없으나 이와 달리 허가받을 것을 전제로 한 거래계약(허가를 배제하거나 잠탈하는 내용의 계약이 아닌 계약은 여기에 해당하는 것으로 본다)일 경우에는 허가를 받을 때까지는 법률상 미완성의 법률행위로서 소유권 등 권리의 이전 또는 설정에 관한 거래의 효력이 전혀 발생하지 않음은 위의 확정적 무효의 경우와 다를 바 없지만, 일단 허가를 받으면 그 계약은 소급하여 유효한 계약이 되고 이와 달리 불허가가 된 때에는 무효로 확정되므로 허가를 받기까지는 유동적 무효의 상태에 있다고 보는 것이 타당하므로 허가받을 것을 전제로 한 거래계약은 허가받기 전의 상태에서는 거래계약의 채권적 효력도 전혀 발생하지 않으므로 권리의 이전 또는 설정에 관한 어떠한 내용의 이행청구도 할 수 없으나 일단 허가를 받으면 그 계약은 소급해서 유효화되므로 허가 후에 새로이 거래계약을 체결할 필요는 없다.

규제지역 내의 토지에 대하여 거래계약이 체결된 경우에 계약을 체결한 당사자 사이에 있어서는 그 계약이 효력 있는 것으로 완성될 수 있도록 서로 협력할 의무가 있음이 당연하므로, 계약의 쌍방 당사자는 공동으로 관할 관청의 허가를 신청할 의무가 있고, 이러한 의무에 위배하여 허가신청절차에 협력하지 않는 당사자에 대하여 상대방은 협력의무의 이행을 소송으로써 구할 이익이 있다.

【 다수의견에 대한 보충의견 】

국토이용관리법상의 규제구역 내 토지 등의 거래계약허가에 관한 관계규정의 본래의 취지는 허가를 얻기 전에는 거래계약 그 자체를 체결하여서는 안되고, 이에 위반하여 거래계약을 체결하더라도 그 효력이 없다는 취지인 것이며, 다만 그렇다고 하더라도 관할 관청의 허가를 얻어서 거래계약을 체결하기 위한 준비행위로서의 합의는 법이 당연히 예정하고 있다고 할 것인바, 규제구역 내에 있는 '토지 등의 거래계약'을 체결하고자 하는 당사자는 거래계약의 예정금액 등 장차 체결할 거래계약의 기본이 되는 사항은 미리 합의를 할 것이고, 이 거래계약을 실현시키기 위하여 준비행위로서 먼저 허가신청의 내용이나 방법에 관한 합의를 하는 것이 당연한 순서일 것이며, 당사자가 공동으로 관할 관청의 허가를 신청할 의무는 이와 같은 준비행위로서의 합의에 근거하여 발생한다고 보는 것이 상당하다. 그런데 이와 같은 준비행위로서의 합의를 함에 있어 거래계약의 내용을 미리 정하여 거래계약의 허가가 있을 경우 새삼스럽게 거래계약을 별도로 체결할 것 없이 그와 같은 내용의 거래계약의 약정이 있는 것으로 하는 합의가 동시에 이루어지는 것이 오히려 통상적일 것이고, 그와 같은 경우에는 거래계약의 허가가 있었을 때에 미리 합의한 내용에 따른 거래계약이 성립되고 이

때에 그 효력을 발생하는 것으로 해석하는 것이 상당하며 위와 같은 두개의 합의(약정)를 하였음에도 당사자의 일방이 허가신청절차에 협력하지 아니한다면 상대방은 소송으로써 그 이행을 구할 이익이 있다고 보아야 할 것이다. 그리고 당사자의 의사는 위와 같은 공동으로 허가신청을 할 합의와 허가가 있으면 미리 합의된 바에 따라 거래계약의 체결이 있는 것으로 하는 합의가 함께 있었던 것으로 해석하는 것이 상당할 것이고, 이 때에 그 계약서에 허가신청에 관한 명시적인 언급이 없다 하더라도 묵시적인 합의가 있었다고 보아야 할 것이다.

【다수의견중 허가조건부 소유권이전등기절차이행청구부분에 대한 별개의견】

다수의견이 토지 등의 거래계약허가와 관련된 국토이용관리법상의 판시 금지규정, 효력규정, 처벌규정과 그 법률의 입법목적, 기본이념 등에 터잡아 허가를 받지 않고 맺은 '토지 등의 거래계약'이 채권계약으로서는 물론 물권계약으로서도 절대무효라고 본 견해에는 이론이 없으나 토지 등의 거래계약허가는 다수의견과 같이 '토지 등의 거래계약'의 성립을 인정하는 바탕 위에서 그 거래계약의 효력을 완성시키는 인가적 성질을 갖는 것이 아니라 허가 없는 거래계약의 일반적 금지에 대한 개별적 해제인 허가적 성질을 갖는다고 하여야 할 것이며 결국 국토이용관리법상 허가 전의 '토지 등의 거래계약'은 성립을 용인할 수 없으며 이에 위반한 거래계약은 절대적으로 무효라는 점에서 허가를 조건으로 한 소유권이전등기청구권은 발생할 여지가 없다.

【 반대의견 】

관계 규정을 종합하면 거래계약 당사자가 공동으로 허가신청을 하였다 하더라도 그 허가 여부는 오로지 관할 도지사의 재량에 맡겨져 있고 설사 거래 당사자에게 허가협력의무를 명하는 판결이 있다 하더라도 그 판결은 그에 따른 공동허가신청만을 강제하거나 공동허가신청과 같은 효력만을 낳을 뿐 그 허가 여부는 여전히 관할 도지사의 재량에 맡겨지기는 마찬가지라 할 것이며 그렇게 하여 허가가 났다 한들 허가 전의 '토지 등의 거래계약' 자체의 성립이 법률상 부인되는 바에야 어차피 허가 후에 다시 '토지 등의 거래계약'을 맺어야 되는데 그 때 당사자의 한 쪽이 그 계약체결에 불응해 버리면 그 계약은 성립할 여지가 없게 되어 그 허가협력의무의 이행만으로는 아무런 권리변동의 효력을 가져 올 수 없음이 분명하므로 이렇게 본다면 허가협력을 소송으로 청구하는 것은 아무런 이익이 없다.

⊙ 대법원 1990. 11. 27. 선고 87다카2961, 87다453 전원합의체 판결[22]

【 다수의견 】

동일부동산에 관하여 등기명의인을 달리하여 중복된 소유권보존등기가 경료된 경우에는 먼저 이루어진 소유권보존등기가 원인무효가 되지 아니하는 한 뒤에 된 소유권보존등기는 비록

---

22) 동일인 명의의 중복등기는 실체적 권리관계를 고려할 필요가 없이 뒤에 된 등기는 절차상 위법한 것으로 부효라고 보고 있다(동 1983. 12. 13, 83다카743 등).

그 부동산의 매수인에 의하여 이루어진 경우에도 1부동산1용지 주의를 채택하고 있는 부동산등기법 아래에서는 무효라고 해석함이 상당하다 할 것인바, 원고가 소외 망인으로부터 그 소유인 토지를 매수하고 이미 망인 명의로 소유권이전등기가 경료되어 있던 위 토지에 관하여 원고 명의의 소유권보존등기를 경료한 경우 망인 명의의 소유권이전등기의 토대가 된 소유권보존등기가 원인무효라고 볼 아무런 주장·입증이 없다면 원고가 위 망인으로부터 위 토지를 매수하였다고 하더라도 위 망인 명의의 소유권이전등기에 기하여 소유권이전등기를 경료하지 아니하고 소유권보존등기를 경료한 이상 뒤에 경료된 원고 명의의 소유권보존등기는 이중등기로서 무효라고 할 것이므로 원고는 위 망인의 상속인인 피고들을 상대로 위 부동산에 관하여 위 매매를 원인으로 한 소유권이전등기를 청구할 이익이 있다.

【 반대의견 】

부동산 양수인이 이미 양도인 명의로 등기가 되어 있는데도 중복하여 양수인 명의로 소유권보존등기를 경료한 경우에 있어서 2개의 등기 중 어느 등기를 유효한 등기로서 존속시킬 것인가는 어느 등기가 현재의 권리상태에 부합하는가에 따라 결정하여야 하고 등기가 형식적 효력조건을 갖추었는지 여부나 과거의 권리변동과정에 합치되는지 여부에 따라 결정할 것이 아니므로 마땅히 현재의 권리상태에 부합하는 양수인 명의의 후등기를 유효한 등기로 존속시키고 양도인 명의의 선등기는 이를 폐쇄하여 이중등기 상태를 종식시켜야 한다.

【 별개의견 】

소유권이전등기를 거쳐야 할 것을 어떤 경위로 소유권보존등기를 경료하였고 그 등기가 궁극적으로 유효한 것이라고 할 때 같은 부동산에 대하여 따로 타인 명의의 소유권이전등기가 존재하고 있다면 그 등기는 소유권을 침해하고 있는 형상이기 때문에 위 보존등기명의인으로서는 그 완전한 권리를 회복하기 위하여 소유권이전등기의 말소를 구함으로써 중복등기를 제거할 수 있으나 소송절차와 경제상 간편하고 또 제3자의 이해관계에 지장이 없다면 소유권이전등기를 거침으로써 하나의 등기로 귀일하려는 청구를 받아들이는 것이 합당하다고 보여지므로 소유권이전등기를 청구할 이익도 있다 할 것이다.

⊙ 대법원 1975. 4. 22. 선고 74다1184 전원합의체 판결

부당이득은 현재의 부당이득 뿐만 아니라 장래의 부당이득도 그 이행기에 지급을 기대할 수 없어 미리 청구할 필요가 있으면 미리 청구할 수 있다. 유독 부당이득 상당금의 지급채무에 있어서만 그 성질상 장래 발생할 채무의 지급을 명하여서는 안된다고 할 아무런 이유도 없다고 할 것이다. 민법 제741조, 제747조, 제748조가 '얻은 이익', '받을 목적물'은 반환하다'라고 규정한 점에 현혹되어서는 위 민사소송법 제229조(개정법 제251조)의 입법취지를 몰각하는 반대해석을 하여서는 안될 것이다.

① 장래 이행의 소를 허용한 판례

⊙ 대법원 2004. 1. 15. 선고 2002다3891 판결

장래의 이행을 청구하는 소는 미리 청구할 필요가 있는 경우에 한하여 제기할 수 있는바, 여기서 미리 청구할 필요가 있는 경우라 함은 이행기가 도래하지 않았거나 조건 미성취의 청구권에 있어서는 채무자가 미리부터 채무의 존재를 다투기 때문에 이행기가 도래되거나 조건이 성취되었을 때에 임의의 이행을 기대할 수 없는 경우를 말한다.

이행보증보험계약에 있어서 구상금채권의 발생의 기초가 되는 법률상·사실상 관계가 변론종결 당시까지 존재하고 있고, 그러한 상태가 앞으로도 계속될 것으로 예상되며, 구상금채권의 존부에 대하여 다툼이 있어 보험자가 피보험자에게 보험금을 지급하더라도 보험계약자와 구상금채무의 연대보증인들의 채무이행을 기대할 수 없음이 명백한 경우 장래 이행보증보험금지급을 조건으로 미리 구상금지급을 구하는 장래이행의 소가 적법하다.

⊙ 대법원 1994. 9. 30. 선고 94다32085 판결[23)]

서울특별시가 사실심 변론종결 무렵까지 타인 소유의 토지들을 도로부지로 점유·사용하면서도 이에 대한 임료 상당의 부당이득금의 반환을 거부하고 있으며 그로 인한 계속적, 반복적

23) 대판 1993. 3. 9, 91다46717 등.

이행의무에 관하여 현재의 이행기 도래분에 대하여 그 이행을 하지 아니하고 있다면, 그 토지들에 개설된 도로의 폐쇄에 의한 서울특별시의 점유종료일 또는 그 토지소유자가 토지들에 대한 소유권을 상실하는 날까지의 이행기 도래분에 대하여도 서울특별시가 그 채무를 자진하여 이행하지 아니할 것이 명백히 예견되므로, 토지소유자로서는 장래에 이행기가 도래할 부당이득금 부분에 대하여도 미리 청구할 필요가 있다.

⊙ 대법원 1992. 1. 21. 선고 91다35175 판결[24)]

채무자는 자신의 채무를 먼저 변제하여야만 비로소 그 채무를 담보하기 위하여 경료되었던 가등기 및 그 가등기에 기한 본등기의 말소나 새로운 소유권이전등기를 청구할 수 있는 것이기는 하지만, 채권자가 그 가등기 등이 채권담보의 목적으로 경료된 것임을 다툰다든지 피담보채무의 액수를 다투기 때문에 채무자가 채무를 변제하더라도 채권자가 위와 같은 소유권의 공시에 협력할 의무를 이행할 것으로 기대되지 않는 경우에는 미리 청구할 필요가 있다고 보아 채무의 변제를 조건으로 채권담보의 목적으로 경료된 가등기 및 그 가등기에 기한 본등기의 말소나 새로운 소유권이전등기를 청구하는 장래이행의 소를 허용하여야 할 것이다.

---

24) 대판 1990. 7. 10, 90다카6825, 6832 등. 이에 관하여는 윤진영, "피담보채무의 변제를 조건으로 한 가등기말소청구와 장래이행의 소", 대법원판례해설 제18호 참조.

② 장래 이행의 소를 허용하지 않는 판례

⊙ 대법원 2000. 8. 22. 선고 2000다25576 판결

장래의 이행을 청구하는 소는 미리 청구할 필요가 있는 경우에 한하여 제기할 수 있는바, 여기서 미리 청구할 필요가 있는 경우라 함은 이행기가 도래하지 않았거나 조건 미성취의 청구권에 있어서는 채무자가 미리부터 채무의 존재를 다투기 때문에 이행기가 도래되거나 조건이 성취되었을 때에 임의의 이행을 기대할 수 없는 경우를 말하고, 이행기에 이르거나 조건이 성취될 때에 채무자의 무자력으로 말미암아 집행이 곤란해진다던가 또는 이행불능에 빠질 사정이 있다는 것만으로는 미리 청구할 필요가 있다고 할 수 없다.

⊙ 대법원 1991. 10. 8. 선고 91다17139 판결

토지 소유자가 시를 상대로 "시가 위 토지를 매수할 때까지"로 기간을 정한 장래의 차임 상당 부당이득반환청구는 장차 시가 위 토지를 매수하거나 수용하게 될는지 또는 그 시점이 언제 도래할지 불확실할 뿐만 아니라 시가 매수하거나 수용하지 아니하고 도로폐쇄조치를 하여 점유사용을 그칠 수도 있고 소유자가 위 토지를 계속하여 소유하지 못할 수도 있는 것이어서 위 장래의 기간 한정은 의무불이행의 사유가 그 때까지 계속하여 존속한다는 보장이 성립되지 아니하는 불확실한 시점이라 아니할 수 없을 것이므로 이에 대한 장래의 이행을 명할 수는 없다.

(2) 확인의 소

확인의 소에 있어서는 확인의 대상에 제한이 없기 때문에 소의 이익이 중요한 의미를 가진다.

⊙ 대법원 2005. 12. 22. 선고 003다55059 판결

확인의 소는 원고의 법적 지위가 불안·위험할 때에 그 불안·위험을 제거함에 확인판결로 판단하는 것이 가장 유효·적절한 수단인 경우에 인정된다.

⊙ 대법원 2005. 4. 29. 선고 2005다9463 판결

확인의 소는 반드시 당사자 간의 법률관계에 한하지 아니하고, 당사자의 일방과 제3자 사이 또는 제3자 상호간의 법률관계도 그 대상이 될 수 있지만, 그 법률관계의 확인이 확인의 이익이 있기 위하여는 그 법률관계에 따라 제소자의 권리 또는 법적 지위에 현존하는 위험·불안이 야기되어야 하고, 그 위험·불안을 제거하기 위하여 그 법률관계를 확인의 대상으로 한 확인판결에 의하여 즉시로 확정할 필요가 있고, 또한 그것이 가장 유효·적절한 수단이 되어야 한다.

⊙ 대법원 2004. 8. 20. 선고 2002다20353 판결

확인의 소는 반드시 당사자 간의 법률관계에 한하지 아니하고, 당사자의 일방과 제3자 사이 또는 제3자 상호간의 법률관계도 그 대상이 될 수 있지만, 그 법률관계의 확인이 확인의 이익이 있기 위하여는 그 법률관계에 따라 제소자의 권리 또는 법

적 지위에 현존하는 위험·불안이 야기되어야 하고, 그 위험·불안을 제거하기 위하여 그 법률관계를 확인의 대상으로 한 확인판결에 의하여 즉시로 확정할 필요가 있고, 또한 그것이 가장 유효·적절한 수단이 되어야 한다.

⊙ 대법원 1993. 7. 27. 선고 92다40587 판결[25)]

과거의 법률관계라 할지라도 현재의 권리 또는 법률상 지위에 영향을 미치고 있고 현재의 권리 또는 법률상 지위에 대한 위험이나 불안을 제거하기 위하여 그 법률관계에 관한 확인판결을 받는 것이 유효적절한 수단이라고 인정될 때에는 그 법률관계의 확인소송은 즉시확정의 이익이 있다고 보아야 할 것이고, 또 이렇게 보는 것이 확인소송의 분쟁해결기능과 분쟁예방기능에도 합치한다.

① 긍정하는 판례

⊙ 대법원 2004. 3. 25. 선고 2002다20742 판결

근저당권자가 근저당권의 피담보채무의 확정을 위하여 스스로 물상보증인을 상대로 확인의 소를 제기하는 것이 부적법하다고 볼 것은 아니며, 물상보증인이 근저당권자의 채권에 대하여 다투고 있을 경우 그 분쟁을 종국적으로 종식시키는 유일한 방법은 근저당권의 피담보채권의 존부에 관한 확인의 소라고 할 것이므로, 근저당권자가 물상보증인을 상대로 제기한 확인

25) 대판 1995. 3. 28, 94므1447 등.

의 소는 확인의 이익이 있어 적법하다.

⊙ 대법원 1999. 6. 8. 선고 99다17401, 17418 판결[26)]

소송요건을 구비하여 적법하게 제기된 본소가 그 후에 상대방이 제기한 반소로 인하여 소송요건에 흠결이 생겨 다시 부적법하게 되는 것은 아니므로, 원고가 피고에 대하여 손해배상채무의 부존재확인을 구할 이익이 있어 본소로 그 확인을 구하였다면, 피고가 그 후에 그 손해배상채무의 이행을 구하는 반소를 제기하였다 하더라도 그러한 사정만으로 본소청구에 대한 확인의 이익이 소멸하여 본소가 부적법하게 된다고 볼 수는 없다.

⊙ 대법원 1984. 3. 27. 선고 83다2337 판결[27)]

소유권의 귀속에 관하여 다툼이 있는 경우에 적극적으로 자기의 소유권확인을 구하지 아니하고 소극적으로 상대방 소유권의 부존재확인을 구하는 것은 그 소유권의 귀속에 관한 분쟁을 근본적으로 해결하는 즉시확정의 방법이 되지 못하므로 확인의 이익이 없는 것이나, 다만 원고에게 내세울 소유권이 없고 피고의 소유권이 부인되면 그로써 원고의 법적 지위의 불안이 제거되어 분쟁이 해결될 수 있는 경우에는 피고의 소유권의 소극적 확인을 구할 이익이 있다.

---

26) 이에 관한 판례평석으로 전병서, "소극적 확인소송과 이행소송의 경합의 처리", 판례월보 제361호 참조.

27) 대판 1965. 5. 25, 65다256 등. 이에 관하여는 윤우정, "권리의 귀속을 다투는 소에 있어서의 소극적 확인의 이익", 대법원판례해설 제3호 참조.

② 부정하는 판례

⊙ 대법원 2004. 8. 20. 선고 2002다20353 판결

확인의 소는 반드시 당사자 간의 법률관계에 한하지 아니하고, 당사자의 일방과 제3자 사이 또는 제3자 상호간의 법률관계도 그 대상이 될 수 있지만, 그 법률관계의 확인이 확인의 이익이 있기 위하여는 그 법률관계에 따라 제소자의 권리 또는 법적 지위에 현존하는 위험·불안이 야기되어야 하고, 그 위험·불안을 제거하기 위하여 그 법률관계를 확인의 대상으로 한 확인판결에 의하여 즉시로 확정할 필요가 있고, 또한 그것이 가장 유효·적절한 수단이 되어야 한다.

원고가 온천관리대장상의 온천발견신고자로 등재되어 있는 피고를 상대로 하여 온천공의 발견신고자의 지위에 있다는 확인을 받는다고 하더라도 원고 앞으로 온천공의 발견신고자의 명의변경이 이루어지는 것도 아니고, 또한 이를 근거로 온천법 제18조 소정의 온천발견신고자에게 부여되는 이익을 구할 수도 없으므로 피고를 상대로 온천발견신고자의 지위확인을 구하는 소는 확인의 이익이 없어 부적법하다.

⊙ 대법원 2004. 7. 22. 선고 2002다57362 판결

근로자에 대한 명예퇴직처분이 실질상 해고에 해당한다고 하여 그 무효임의 확인을 구함과 아울러 근로를 제공할 수 있었던 기간 동안의 임금을 청구하는 경우, 해고무효확인의 소는 피고와의 사이에 이루어진 근로계약상의 지위 회복을 목적으로

하는 것임이 명백하므로, 사실심 변론종결 당시 이미 피고의 인사규정에 의한 당연해직사유인 정년을 지났다면 근로자로서의 지위를 회복하는 것은 불가능하게 되었으므로 해고무효확인의 소는 확인의 이익이 없으며, 상고심 계속 중에 이미 인사규정 소정의 정년이 지난 경우에도 명예퇴직처분이 무효로 확인된다 하더라도 근로자로서의 지위를 회복하는 것은 불가능하므로 마찬가지라 할 것이다.

⊙ 대법원 2004. 3. 12. 선고 2003다49092 판결

일반적으로 채권은 채무자로부터 급부를 받는 권능이기 때문에 소송상으로도 채권자는 통상 채무자에 대하여 채권의 존재를 주장하고 그 급부를 구하면 되는 것이지만, 만약 하나의 채권에 관하여 2인 이상이 서로 채권자라고 주장하고 있는 경우에 있어서는 그 채권의 귀속에 관한 분쟁은 채무자와의 사이에 생기는 것이 아니라 스스로 채권자라고 주장하는 사람들 사이에 발생하는 것으로서 참칭채권자가 채무자로부터 변제를 받아버리게 되면 진정한 채권자는 그 때문에 자기의 권리가 침해될 우려가 있어 그 참칭채권자와의 사이에서 그 채권의 귀속에 관하여 즉시 확정을 받을 필요가 있고, 또 그들 사이의 분쟁을 해결하기 위하여는 그 채권의 귀속에 관한 확인판결을 받는 것이 가장 유효·적절한 권리구제 수단으로 용인되어야 할 것이므로 스스로 채권자라고 주장하는 어느 한 쪽이 상대방에 대하여 그 채권이 자기에게 속한다는 채권의 귀속에 관한 확인을 구하는

청구는 그 확인의 이익이 있다.

자기의 권리 또는 법률상의 지위를 부인하는 상대방이 자기 주장과는 양립할 수 없는 제3자에 대한 권리 또는 법률관계를 주장한다고 하여 상대방 주장의 그 제3자에 대한 권리 또는 법률관계가 부존재한다는 것만의 확인을 구하는 것은, 설령 그 확인의 소에서 승소판결을 받는다고 하더라도 그 판결로 인하여 상대방에 대한 관계에서 자기의 권리가 확정되는 것도 아니고 그 판결의 효력이 제3자에게 미치는 것도 아니어서 그와 같은 부존재확인의 소는 자기의 권리 또는 법률적 지위에 현존하는 불안·위험을 해소시키기 위한 유효·적절한 수단이 될 수 없으므로 확인의 이익이 없다.

압류 및 전부명령을 받은 양 당사자 중 어느 한 쪽이 상대방에 대하여 제3채무자의 상대방에 대한 전부금채무부존재확인을 구하는 소는 확인의 이익이 없어 부적법하다.

⊙ 대법원 2003. 12. 12. 선고 2002다33601 판결

국가를 상대로 한 토지소유권확인 청구는 그 토지가 미등기이고 토지대장이나 임야대장상에 등록명의자가 없거나 등록명의자가 누구인지 알 수 없을 때와 그 밖에 국가가 등기 또는 등록명의자인 제3자의 소유를 부인하면서 계속 국가 소유를 주장하는 등 특별한 사정이 있는 경우에 한하여 그 확인의 이익이 있다고 할 것인바, 계쟁 토지에 관하여 국가가 시효취득하였다고 주장하는 경우에 이는 취득시효 완성을 원인으로 한 소유권이전등기청구권이 있다는 주장에 불과한 것이지 위 토지에 관한 임야대장상 등록명의자의 소유를 부인하면서 국가의 소유라 주장하는 것이라 볼 수 없으므로 별도로 국가를 상대로 소유권확인을 구할 이익이 있다고 할 수 없다.

⊙ 대법원 2000. 5. 18. 선고 95재다199 전원합의체 판결[28)]

위험이나 불안을 제거하기 위하여 그 법률관계에 관한 확인판결을 받는 것이 유효·적절한 수단이라고 인정될 때에는 그 법률관계의 확인소송은 즉시확정의 이익이 있다고 보아야 할 것이고, 또 이렇게 보는 것이 확인소송의 분쟁해결 기능과 분쟁예방 기능에도 합치하는 것이라 할 것이지만, 직위해제 또는 면직된 경우에는 징계에 의하여 파면 또는 해임된 경우와는 달리 공직이나 교원으로 임용되는 데에 있어서 법령상의 아무런 제약이 없을 뿐만 아니라, 현행 사립학교법과 같이 교원의 임기만료시에 교원 인사위원회의 심의를 거쳐 당해 교원에 대한 재임용 여부를 결정하도록 하는 의무규정도 없었던 구법 관계하에서 임기가 만료된 이 사건 사립학교 교원들인 원고들에 대하여는 위와 같은 전력이 있으면 공직 또는 교원으로 임용되는 데에 있어서 그러한 전력이 없는 사람보다 사실상 불이익한 장애사유로 작용한다 할지라도 그것만으로는 법률상의 이익이 침해되었다고는 볼 수 없으므로, 그 무효확인을 구할 이익이 없다.

28) 대판 1993. 7. 27, 92다40587; 동 1991. 6. 25, 91다1134; 동 1993. 7. 27, 92다40587 등. 이에 관하여는 이시윤·조관행 공저, 전게서, 188면 참조.

⊙ 대법원 2000. 4. 11. 선고 2000다5640 판결[29)]

확인의 소는 원고의 권리 또는 법률상 지위에 현존하는 불안·위험이 있고 확인판결을 받는 것이 그 분쟁을 근본적으로 해결하는 가장 유효·적절한 수단일 때 허용되는바, 근저당권설정자가 근저당권설정계약에 기한 피담보채무가 존재하지 아니함의 확인을 구함과 함께 그 근저당권설정등기의 말소를 구하는 경우에 근저당권설정자로서는 피담보채무가 존재하지 않음을 이유로 근저당권설정등기의 말소를 구하는 것이 분쟁을 유효·적절하게 해결하는 직접적인 수단이 될 것이므로 별도로 근저당권설정계약에 기한 피담보채무가 존재하지 아니함의 확인을 구하는 것은 확인의 이익이 있다고 할 수 없다.

⊙ 대법원 1993. 1. 15. 선고 92다20149 판결

해고무효확인의 소는 해고, 즉 근로계약관계를 종료시킨 사용자의 일방적인 의사표시라는 과거의 법률행위가 무효라는 점에 대하여 판결로써 공적 확인을 하여 달라는 것이므로, 그 확인심판의 대상(소송물)은 소장의 청구취지에 표시된 해고의 무효 여부 그 자체로 보아야 할 것이고, 판결의 기판력에 의하여 확정되는 사항도 심판의 대상으로서 판결 주문에 포함된 해고처분의 무효 여부에 관한 법률적 판단의 내용이며, 다만 근로계약관계에 기한 원래의 지위를 회복하기 위하여 또는 해고로 인하여 그 외의 권리 또는 법률상의 지위에 대한 현존하는 위험

29) 대판 1995. 8. 11, 94다21559 등.

이나 불안을 제거하기 위하여 위와 같은 과거의 법률행위인 해고에 대하여 무효확인판결을 받는 것이 유효 적절한 수단이 되는 경우에 한하여 확인의 소에 있어서의 적법 요건인 이른바 즉시확정의 이익이 있다고 인정되는 것이나, 판결 주문에 포함된 사항도 아닌 현재의 권리 또는 법률관계의 존부가 해고무효확인청구에 대한 판결에 의하여 어느 한쪽으로 확정되는 관계에 있지는 아니하다.

⊙ 대법원 1982. 6. 8. 선고 81다636 판결[30)]

원고들에 대한 조건부 징계해직처분 및 의원해직처분이 무효임이 확인되거나 또는 취소된다고 할지라도 원고들의 현재 이미 근무정년을 초과하여 피고의 직원으로서의 신분을 회복할 수 없음이 뚜렷하므로 원고들의 위 조건부 징계해직처분 및 의원해직처분의 무효확인을 구하는 주위적 청구부분과 그 취소를 구하는 예비적 청구부분에 관한 소는 결국 그 확인의 이익 또는 권리보호의 요건을 갖추지 못하였다 할 것이고 원고들의 위와 같이 피고의 직원으로서의 신분을 회복하는 것은 이미 불가능하게 되었으나 급료청구소송이나 명예침해 등으로 인한 손해배상청구소송에서는 그 전제로서 위 처분의 무효 또는 취소를 주장하여 능히 구제를 받을 수 있으므로 그 전제문제가 되는 위 조건부 징계해직처분 및 의원해직처분의 무효확인 또는 그

30) 권순일, "해고무효확인소송의 소송물", 민사재판의 제문제 제8권, 634면 이하 참조.

취소판결을 받는 것이 급료청구소송이나 명예침해 등으로 인한 손해배상청구소송에 가장 유효적절한 수단이 된다고는 할 수 없는 것이니 위 처분의 무효 또는 취소만을 따로 독립해서 소송에 의하여 다툴 실익은 없다.

(3) 형성의 소

형성의 소는 원칙적으로 법률에 특별히 규정하고 있는 경우에 한하여 제기할 수 있으며, 이 경우에는 소의 이익이 인정된다.

⊙ 대법원 1995. 1. 12. 선고 94다30348, 30355 판결[31)]

공유물분할은 협의분할을 원칙으로 하고 협의가 성립되지 아니한 때에는 재판상 분할을 청구할 수 있으므로 공유자 사이에 이미 분할에 관한 협의가 성립된 경우에는 일부 공유자가 분할에 따른 이전등기에 협조하지 않거나 분할에 관하여 다툼이 있더라도 그 분할된 부분에 대한 소유권이전등기를 청구하든가 소유권확인을 구함은 별문제이나 또다시 소로써 그 분할을 청구하거나 이미 제기한 공유물분할의 소를 유지함은 허용되지 않는다.

⊙ 대법원 1993. 9. 14. 선고 92다35462 판결[32)]

기존 법률관계의 변동 형성의 효과를 발생함을 목적으로 하는 형성의 소는 법률에 명문의 규정이 있는 경우에 한하여 인

31) 대판 1967. 11. 14, 67다1105 등.
32) 대판 1968. 11. 26, 68다1902, 1903 등.

정되는 것이고 법률상의 근거가 없는 경우에는 허용될 수 없다.

화해조항의 실현을 위하여 부동산을 경매에 붙여 그 경매대금에서 경매비용 등을 공제한 나머지 대금을 원고들 및 피고들에게 배당할 것을 구하는 소는 그 청구의 성질상 형성의 소라 할 것인데 재판상 화해의 실현을 위하여 부동산을 경매에 붙여 대금의 분배를 구하는 소를 제기할 수 있다는 아무런 법률상의 근거가 없으므로 위와 같은 소는 허용될 수 없다.

제2절 소송물론[33)]

현행민사소송법상 소송물에 관한 개념 정의가 없을 뿐만 아니라 그 용어도 통일을 기하지 못하고 논쟁이 심한 상황이다. 소송물의 내용에 관하여는 구실체법설(구소송물이론), 소송법설(신소송물이론), 신실체법설, 상대적 소송물설 등으로 나누어진다. 실체법설은 소송물이란 실체법상의 권리 또는 법률관계의 주장이며, 실체법상의 권리마다 소송물이 별개로 된다는 견해이다. 소송법설은 소송물이란 소송법적 요소인 신청(청구취지)만으로 구성된다는 일원설과 신청과 사실관계에 의해서 판단된다는 이원설로 나누어진다. 신실체법설은 소송물이란 전통적인 민법상의 청구권개념을 수정하여 수정된 의미의 실체법상의 청구권 주장으로 파악하는 견해이다. 상대적 소송물설은 소송물

33) 이에 관한 상세한 내용은 이시윤, “소송물에 관한 연구”, 육법사 참조.

이론을 통일적·절대적으로 구성하지 않고 다양하게 구성하려는 견해이다. 우리나라의 판례는 구실체법설의 입장을 취하고 있지만 조금씩 변화를 보이고 있다[34].

Ⅰ. 소송물의 구별기준[35]

1. 주류적 입장

⊙ 대법원 1992. 3. 27. 선고 91다40696 판결

원고가 매매를 원인으로 한 소유권이전등기를 청구한 데 대하여 원심이 양도담보약정을 원인으로 한 소유권이전등기를 명하였다면 판결주문상으로는 원고가 전부 승소한 것으로 보이기는 하나, 매매를 원인으로 한 소유권이전등기청구와 양도담보약정을 원인으로 한 소유권이전등기청구와는 청구원인사실이 달라 동일한 청구라 할 수 없음에 비추어, 원심은 원고가 주장하지도 아니한 양도담보약정을 원인으로 한 소유권이전등기청구에 관하여 심판하였을 뿐, 정작 원고가 주장한 매매를 원인으로 한 소유권이전등기청구에 관하여는 심판을 한 것으로 볼 수 없어 결국 원고의 청구는 실질적으로 인용한 것이 아니어서 판결의 결과가 불이익하게 되었으므로 원심판결에 처분권주의를 위반한 위법이 있고 따라서 그에 대한 원고의 상소의 이익이

---

34) 이시윤, 신민사소송법, 210면; 호문혁, "19세기 독일에 있어서의 청구권 개념의 생성과 변천", 손해배상법의 제문제, 성헌 황적인박사기념, 601면 이하 참조.

35) 정동윤, "소송물의 식별기준에 관하여 - 한국 및 독일의 대법원판례를 중심으로 -", 민사재판의 제문제 제8권, 617면 이하 참조.

인정된다.

⊙ 대법원 1989. 3. 28. 선고 88다1936 판결[36)]

두 개의 소의 소송물이 동일한 법률사실에 기하고 있더라도 청구원인이 다르다면 그 소송물은 서로 별개라고 할 것이므로 판결이 확정된 전소가 해고기간 동안의 임금을 종전임금에 따라 청구한 것인데 대하여, 후소는 복직의무 불이행 또는 복직거절로 인한 임금상승 누락분을 손해금으로 청구하는 것이라면 양자는 청구취지와 청구원인을 전혀 달리하고 있어 소송물 또한 별개이다.

⊙ 대법원 1976. 10. 12. 선고 76다1313 판결

불법행위로 말미암아 신체의 상해를 입었기 때문에 가해자에게 대하여 손해배상을 청구할 경우에 있어서는 그 소송물인 손해는 통상의 치료비 따위와 같은 적극적 재산상 손해와 일실수익 상실에 따르는 소극적 재산상 손해 및 정신적 고통에 따르는 정신적 손해(위자료)의 3가지로 나누어진다고 볼 수 있고 일실수익상실로 인한 소극적 재산상 손해로서는 예를 들면 일실노임 일실상여금 또는 후급적 노임의 성질을 딴 일실퇴직금 따위가 모두 여기에 포함된다.

⊙ 대법원 1970. 1. 27. 선고 69다1888 판결

본조 소정의 각 재심사유는 개개의 재심사유가 독립된 것으로

---

36) 대판 1963. 7. 25, 63다241 등.

서 어느 한가지 사유를 들어 재심의 소를 제기하였다가 패소판결이 확정되었다고 하더라도 다른 재심사유가 있는 경우에는 그 재심사유로써 다시 재심의 소를 제기할 수 있다고 할 것이다.

⊙ 대법원 1968. 3. 19. 선고 68다123 판결

동일부동산에 대한 소유권이전등기절차 이행청구사건이라도 후소에서는 매매를 전소에서는 취득시효의 완성을 각 그 청구원인으로 한 경우에는 소송물이 별개이므로 후소의 기판력이 전소에 미칠 수 없다.

⊙ 대법원 1963. 1. 31. 선고 62다812 판결

민법 제840조의 각 이혼사유는 그 각 사유마다 독립된 이혼청구원인이 되므로 법원은 원고가 주장한 이혼사유에 관하여서만 심판하여야 한다.

2. 예외적 입장

⊙ 대법원 1992. 2. 25. 선고 91누6108 판결

원심은 이 사건과 같은 과세처분 무효확인 청구의 경우 소송물은 권리 또는 법률관계의 존부확인을 구하는 것이며, 이는 청구취지만으로 소송물의 동일성이 특정된다고 할 것이고, 따라서 당사자가 청구원인에서 무효사유로 내세운 개개의 주장은 공격방어방법에 불과하다고 볼 것이며, 한편 확정된 종국판결은 그 기판력으로서 당사자가 사실심의 변론종결시를 기준으로

그 때까지 제출하지 않은 공격방어방법은 그 뒤 다시 동일한 소송을 제기하여 이를 주장할 수 없는 것인 바, 이 사건의 경우 원고는 당초 소외 극동개발주식회사로부터 이 사건 부동산을 증여받은 점은 인정하는 전제하에, 그러나 이는 조세회피의 목적이 없다는 이유로 이 사건 소를 제기하면서 이제는 원고가 위 부동산을 취득할 때 위 회사는 아직 설립되지도 아니하여 존재하지도 아니하였으므로, 따라서 위 회사가 원고에게 위 부동산을 증여할 수는 없는 것이므로 위 과세처분의 무효확인을 구하고 있으나, 위의 양 소송은 본질적으로 과세처분이 위법하여 무효확인을 구한다는 점에서는 동일하고 다만 그 무효를 주장하는 개개의 공격방어방법에 차이가 있을 뿐이라고 할 것이므로, 따라서 위 확정판결은 이후 개개의 공격방어방법에 차이가 있을 뿐이라고 할 것이므로, 따라서 위 확정판결 이후 다시 동일한 당사자를 상대로 제기한 원고의 이 사건 소는 위 확정판결의 기판력에 저촉될 뿐만 아니라, 설립중의 회사는 권리능력없는 사단으로서 증여 등의 법률행위를 할 수 있을 뿐이므로, 법인설립등기전의 증여를 인정하였다고 하여 중대하고 명백한 하자가 있다고 볼 수도 없어, 원고의 주장은 어느 모로 보나 이유가 없는 것이라고 판단하였다.

⊙ 대법원 1986. 9. 23. 선고 85다353 판결

원고가 제1심에서 사기에 의한 의사표시취소를 원인으로 한 근저당권설정등기의 말소청구와 함께 피담보채무의 부존재를

원인으로 한 근저당권설정등기의 말소청구를 하였다가 청구기각의 본안판결을 받은 후 항소심에서 위 기망을 원인으로 한 말소청구부분만을 유지하고 피담보채무의 부존재를 원인으로 한 말소청구는 철회하여 적법히 취하한 후 다시 같은 청구를 추가한 경우, 위 청구들은 각 그 청구원인을 달리하는 별개의 독립된 소송물로서 선택적 병합관계에 있다고 볼 것이고 동일한 소송물로서 그 공격방법만을 달리하는 것은 아니므로 위 피담보채무의 부존재를 원인으로 한 말소청구는 종국판결인 제1심판결의 선고 후 취하되었다가 다시 제기된 것이어서 재소금지의 원칙에 어긋나는 부적법한 소라 할 것이다.

⦿ 대법원 1983. 3. 22. 선고 82다카1810 전원합의체 판결

회사의 총회결의에 대한 부존재확인청구나 무효확인청구는 모두 법률상 유효한 결의의 효과가 현재 존재하지 아니함을 확인받고자 하는 점에서 동일한 것이므로 예컨대, 사원총회가 적법한 소집권자에 의하여 소집되지 않았을 뿐 아니라 정당한 사원 아닌 자들이 모여서 개최한 집회에 불과하여 법률상 부존재로 볼 수 밖에 없는 총회결의에 대하여는 결의무효 확인을 청구하고 있다고 하여도 이는 부존재확인의 의미로 무효확인을 청구하는 취지라고 풀이함이 타당하므로 적법하다고 할 것이다.

회사의 이사선임 결의가 무효 또는 부존재임을 주장하여 그 결의의 무효 또는 부존재확인을 구하는 소송에서 회사를 대표할 자는 현재 대표이사로 등기되어 그 직무를 행하는 자라고 할 것이고, 그 대표이사가 무효 또는 부존재확인청구의 대상이 된 결의에 의하여 선임된 이사라고 할지라도 그 소송에서 회사를 대표할 수 있는 자임에는 변함이 없다.

상법 제380조, 제190조에 의하면 이사선임결의 무효확인판결이 확정되더라도 그 결의에 의하여 선임된 이사가 그 판결확정전에 회사의 대표자로서 행한 소송행위에는 아무런 영향이 미치지 않음이 명백하고, 상법 제380조의 규정은 결의부존재확인의 소송에도 준용된다 할 것이므로, 이사선임결의 부존재확인소송에 있어서도 결의부존재 확인의 판결은 그 결의에 의하여 선임된 이사가 그 이전에 한 소송행위에는 아무런 영향을 미치지 아니한다.

⊙ 대법원 1981. 12. 22. 선고 80다1548 판결

말소등기청구사건의 소송물은 당해 등기의 말소등기청구권이고, 그 동일성 식별의 표준이 되는 청구원인, 즉 말소등기청구권의 발생원인은 당해 "등기원인의 무효"에 국한되므로, 전소에서 한 사기에 의한 매매의 취소 주장과 후소에서 한 매매의 부존재 또는 불성립의 주장은 다같이 청구원인인 등기원인의 무효를 뒷받침하는, 독립된 공격방어방법에 불과하고, 후소에서의 주장사실은 전소의 변론종결 이전에 발생한 사유이므로 전소와 후소의 소송물은 동일하다.

Ⅱ. 개별적인 경우

1. 점유의 소와 본권의 소

◉ 대법원 1996. 6. 14. 선고 94다53006 판결

소유권에 기하여 미등기 무허가건물의 반환을 구하는 청구취지 속에는 점유권에 기한 반환청구권을 행사한다는 취지가 당연히 포함되어 있다고 볼 수는 없고, 소유권에 기한 반환청구만을 하고 있음이 명백한 이상 법원에 점유권에 기한 반환청구도 구할 수 있는지의 여부를 석명할 의무가 있는 것은 아니다.

2. 등기청구소송

◉ 대법원 2001. 9. 20. 선고 99다37894 전원합의체 판결

【 다수의견 】

진정한 등기명의의 회복을 위한 소유권이전등기청구는 이미 자기 앞으로 소유권을 표상하는 등기가 되어 있었거나 법률에 의하여 소유권을 취득한 자가 진정한 등기명의를 회복하기 위한 방법으로 현재의 등기명의인을 상대로 그 등기의 말소를 구하는 것에 갈음하여 허용되는 것인데, 말소등기에 갈음하여 허용되는 진정명의회복을 원인으로 한 소유권이전등기청구권과 무효등기의 말소청구권은 어느 것이나 진정한 소유자의 등기명의를 회복하기 위한 것으로서 실질적으로 그 목적이 동일하고, 두 청구권 모두 소유권에 기한 방해배제청구권으로서 그 법적 근거와 성질이 동일하므로, 비록 전자는 이전등기, 후자는 말소

등기의 형식을 취하고 있다고 하더라도 그 소송물은 실질상 동일한 것으로 보아야 하고, 따라서 소유권이전등기말소청구소송에서 패소확정판결을 받았다면 그 기판력은 그 후 제기된 진정명의회복을 원인으로 한 소유권이전등기청구소송에도 미친다.

【 별개의견 】

전소인 소유권이전등기 말소등기청구소송과 후소인 진정명의회복을 위한 소유권이전등기청구소송이 그 소송목적이나 법적근거와 성질이 같아서 실질적으로 동일하다고 하더라도, 각기 그 청구취지와 청구원인이 서로 다른 이상, 위 2개의 소의 소송물은 다른 것이므로, 전소의 확정판결의 기판력은 후소에는 미치지 않는다고 보아야 할 것이고, 다만, 이미 전소에 관하여 확정판결이 있고 후소가 실질적으로 전소를 반복하는 것에 불과한 것이라면, 즉, 전소와 후소를 통하여 당사자가 얻으려고 하는 목적이나 사실관계가 동일하고, 전소의 소송과정에서 이미 후소에서와 실질적으로 같은 청구나 주장을 하였거나 그렇게 하는 데 아무런 장애가 없었으며, 후소를 허용함으로써 분쟁이 이미 종결되었다는 상대방의 신뢰를 해치고 상대방의 법적 지위를 불안정하게 하는 경우에는 후소는 신의칙에 반하여 허용되지 않는다고 보아야 한다.

【 반대의견 】

기판력의 범위를 결정하는 소송물은 원고의 청구취지와 청구원인에 의하여 특정되는 것으로서, 사실관계나 법적 주장을 떠

나서 청구취지가 다르다면 소송물이 같다고 할 수 없을 것인바, 소유권이전등기 말소등기청구소송과 진정명의회복을 위한 소유권이전등기청구소송은 우선 그 청구취지가 다르므로, 이러한 법리의 적용을 배제할 만한 상당한 법적 근거가 없다면 각각의 소송물이 다르다고 보아야 한다. 이 두 소송에서 말소등기청구권과 이전등기청구권이 실질적으로는 동일한 목적을 달성하기 위한 것이라 하더라도 각각에 다른 법률효과를 인정하여 별개의 소송물로 취급하는 것도 가능하고, 실체법과 함께 등기절차법의 측면에서 보면 이들 청구권의 법적 근거가 반드시 동일하다고만 볼 수도 없는 것이며, 또한 실제적인 측면을 고려할 때, 소유권이전등기의 말소청구와 함께 진정명의의 회복을 원인으로 하는 소유권이전등기청구를 중첩적으로 허용함이 타당하다.

⊙ 대법원 1999. 9. 17. 선고 97다54024 판결[37)]

말소등기 청구사건의 소송물은 당해 등기의 말소등기청구권이고, 그 동일성 식별의 표준이 되는 청구원인, 즉 말소등기청구권의 발생원인은 당해 '등기원인의 무효'라 할 것이며, 등기원인의 무효를 뒷받침하는 개개의 사유는 독립된 공격방어방법에 불과하여 별개의 청구원인을 구성한다고 볼 수 없다.

⊙ 대법원 1991. 1. 15. 선고 88다카19002, 19019(반소) 판결[38)]

소유권이전등기청구사건에 있어서 등기원인을 달리하는 경우

37) 대판 1993. 6. 29, 93다11050 등.
38) 대판 1981. 1. 13, 80다204, 205 등.

에는 그것이 단순히 공격방어방법의 차이에 불과한 것이 아니므로 대물변제를 등기원인으로 소유권이전등기를 구하는 전소 확정판결의 기판력이 취득시효완성을 청구원인으로 소유권이전등기를 구하는 후소에 미치지는 아니한다.

3. 손해배상청구소송

⊙ 대법원 1976. 10. 12. 선고 76다1313 판결[39)]

불법행위로 말미암아 신체의 상해를 입었기 때문에 가해자에게 대하여 손해배상을 청구할 경우에 있어서는 그 소송물인 손해는 통상의 치료비 따위와 같은 적극적 재산상 손해와 일실수익 상실에 따르는 소극적 재산상 손해 및 정신적 고통에 따르는 정신적 손해(위자료)의 3가지로 나누어진다고 볼 수 있고 일실수익상실로 인한 소극적 재산상 손해로서는 예를 들면 일실노임 일실상여금 또는 후급적 노임의 성질을 딴 일실퇴직금 따위가 모두 여기에 포함된다.

4. 일부청구

⊙ 대법원 2000. 2. 11. 선고 99다10424 판결

불법행위의 피해자가 일부청구임을 명시하여 그 손해의 일부만을 청구한 경우 그 일부청구에 대한 판결의 기판력은 청구의

---

39) 대판 1996. 8. 23, 94다20730 ; 동 1992. 10. 13, 91다27624, 27631 등.

인용 여부에 관계없이 청구의 범위에 한하여 미치는 것이고, 잔액 부분 청구에는 미치지 아니한다.

⦿ 대법원 1980. 11. 25. 선고 80다1671 판결

불법행위로 인한 적극적 손해의 배상을 명한 전 소송의 변론종결 후에 새로운 적극적 손해가 발생한 경우에 그 소송의 변론종결당시 그 손해의 발생을 예견할 수 없었고 또 그 부분 청구를 포기하였다고 볼 수 없는 등 특별한 사정이 있다면 전 소송에서 그 부분에 관한 청구가 유보되어 있지 않다고 하더라도 이는 전 소송의 소송물과는 별개의 소송물이므로 전 소송의 기판력에 저촉되는 것이 아니다.

제3장

소송심리의 진행

소송절차는 시간의 경과로 보면 소장 및 소환장의 송달, 변론준비절차와 변론준비기일의 지정·준비·실시·종료, 판결의 송달, 기간의 경과 등의 형식으로 진행한다. 기일·기간·송달의 개념은 이처럼 절차의 진행을 시간적으로 단계화하여 소송의 신속을 도모하기 위한 점검을 지시하는 기능을 갖고 있지만, 동시에 이것은 당사자에게 변론이나 그 준비의 기회를 절차상 보장하여 충분한 심리를 할 수 있도록 절차를 구성하기 위한 도구도 된다. 이러한 의미에서 절차의 골격을 형성하기 위한 기본적인 도구개념이고, 이것에 관한 규율내용은 심리의 촉진과 충실이라고 하는 두 개의 모순된 요청을 함께 추구하고 조화를 기하지 않으면 아니된다. 소송절차의 정지개념도 당사자에게 절차관여의 기회를 실질적으로 보장하기 위한 것이지만 소송촉진과도 긴밀하게 관련되어 있다.

제1절 소송절차의 진행과 정지

Ⅰ. 송달장소

⊙ 대법원 2004. 10. 15. 선고 2004다11988 판결

구 민사소송법(2002. 1. 26. 법률 제6626호로 전문 개정되기 전의 것) 제171조의2 제2항에서 말하는 '달리 송달할 장소를 알 수 없는 때에 한하여'라 함은 상대방에게 주소보정을 명하거나 직권으로 주민등록표 등을 조사할 필요까지는 없지만 적어도 기록에 현출되어 있는 자료로 송달할 장소를 알 수 없는 경우에 한하여 등기우편에 의한 발송송달을 할 수 있음을 뜻하는 것으로 풀이함이 상당하다.

⊙ 대법원 2001. 9. 7. 선고 2001다30025 판결

민사소송법 제173조에 의한 우편송달은 송달받을 자의 주소 등 송달하여야 할 장소는 밝혀져 있으나 송달받을 자는 물론이고 그 사무원, 고용인, 동거인 등 보충송달을 받을 사람도 없거나 부재하여서 원칙적 송달방법인 교부송달은 물론이고 보충송달도 할 수 없고 따라서 유치송달도 할 수 없는 경우에 할 수 있는 것인바, 여기서 '송달하여야 할 장소'란 실제 송달받을 자의 생활근거지가 되는 주소, 거소, 영업소 또는 사무실 등 송달받을 자가 소송서류를 받아 볼 가능성이 있는 적법한 송달장소를 말하는 것이다.

⊙ 대법원 2004. 10. 15. 선고 2004다11988 판결

기록에 현출되어 있는 소장 부본의 송달장소나 피고의 답변서 발신지 등에 변론기일소환장을 송달하여 보지도 않고 원고의 주소보정서에 기재된 피고의 송달장소로 변론기일소환장을 송달한 후 송달불능되자 곧바로 등기우편에 의한 발송송달을 한 제1심법원의 조치는 위법하다.

⊙ 대법원 2004. 7. 21. 선고 2004마535 판결

송달은 원칙적으로 받을 사람의 주소·거소·영업소 또는 사무소에서 해야 하는데(민사소송법 제183조 제1항 전문), 여기서 말하는 영업소 또는 사무소는 송달 받을 사람 자신이 경영하는 영업소 또는 사무소를 의미하는 것이지 송달 받을 사람의 근무장소는 이에 해당하지 않으며(같은 법 제183조 제2항 참조), 송달 받을 사람이 경영하는, 그와 별도의 법인격을 가지는 회사의 사무실은 송달 받을 사람의 영업소나 사무소라 할 수 없고, 이는 그의 근무장소에 지나지 아니한다.

근무장소에서의 송달을 규정한 민사소송법 제183조 제2항에 의하면, 근무장소에서의 송달은 송달 받을 자의 주소 등의 장소를 알지 못하거나 그 장소에서 송달할 수 없는 때에 한하여 할 수 있는 것이므로 소장, 지급명령신청서 등에 기재된 주소 등의 장소에 대한 송달을 시도하지 않은 채 근무장소로 한 송달은 위법하다.

Ⅱ. 송달방법

⊙ 대법원 2004. 11. 26. 선고 2003다58959 판결

구 민사소송법(2002. 1. 26. 법률 제6626호로 전문 개정되기 전의 것)은 송달은 이를 받을 자의 주소·거소·영업소 또는 사무소에서 하고(제170조 제1항), 송달할 장소에서 송달을 받을 자를 만나지 못한 때에는 그 사무원·고용인 또는 동거자에게 서류를 교부할 수 있다(제172조 제1항)고 하여 보충송달은 송달장소에서 수령대행권이 있는 자에게만 할 수 있다고 규정하고 있는바, 송달장소에 해당하는 사무소 또는 영업소라 함은 송달받을 사람 자신이 경영하는 사무소 또는 영업소를 의미하므로, 송달받을 사람이 회사를 경영하고 있다고 하더라도 별도의 법인격을 가지는 회사의 사무실은 송달받을 사람의 근무장소에 불과하여 송달받을 사람의 사무소나 영업소로 볼 수 없고, 수령대행권이 있는 사무원·고용인 또는 동거자라 함은 송달받을 사람의 사무원·고용인 또는 동거자를 의미하는 것으로 보아야 한다.

⊙ 대법원 2003. 10. 14. 자 2003마1144 결정

민사소송법 제224조 제1항 본문에 의하면, 성질에 어긋나지 아니하는 한, 결정과 명령에는 판결에 관한 규정을 준용하고, 같은 법 제210조 제2항은 판결서는 정본으로 송달하도록 하고 있지만, 같은 법 제178조 제1항이, 송달은 특별한 규정이 없으

면 송달받을 사람에게 서류의 등본 또는 부본을 교부하여 하도록 하고 있으므로, 결정·명령이 집행권원이 되는 등 그 성질상 정본의 송달을 필요로 하거나 또는 특별한 규정이 있는 경우를 제외하고는 결정·명령의 송달은 같은 법 제178조 제1항에 따라 그 등본을 송달하는 방법에 의하더라도 무방하고, 반드시 정본으로 송달하여야 하는 것은 아니다.

Ⅲ. 송달받을 자

⊙ 대법원 2005. 12. 5. 자 2005마1039 결정

송달받을 사람의 동거인에게 송달할 서류가 교부되고 그 동거인이 사리를 분별할 지능이 있는 이상 송달받을 사람이 그 서류의 내용을 실제로 알지 못한 경우에도 송달의 효력은 있다 할 것인바, 이 경우 사리를 분별할 지능이 있다고 하려면, 사법제도 일반이나 소송행위의 효력까지 이해할 수 있는 능력이 있어야 한다고 할 수는 없을 것이지만 적어도 송달의 취지를 이해하고 그가 영수한 서류를 송달받을 사람에게 교부하는 것을 기대할 수 있는 정도의 능력은 있어야 한다고 보아야 한다.

약 8세 3개월인 초등학교 2학년 남자어린이에게 이행권고결정등본을 보충송달한 경우, 남자어린이의 연령, 교육정도, 이행권고결정등본이 가지는 소송법적 의미와 중요성 등에 비추어 볼 때, 그 소송서류를 송달하는 집행관이 남자어린이에게 송달하는 서류의 중요성을 주지시키고 부모에게 이를 교부할 것을 당부하는 등 필요한 조치를 취하였다는 등의 특별한 사정이 없는 한, 그 정도 연령의 어린이의 대부분이 이를 송달받을 사람에게 교부할 것으로 기대할 수는 없다고 보이므로 이행권고결정등본 등을 수령한 남자어린이에게 소송서류의 영수와 관련한 사리를 분별할 지능이 있다고 보기 어렵다.

⊙ 대법원 1976. 4. 27. 선고 76다170 판결

법인에 대한 제1심판결이 공시송달의 방법에 의하여 송달되었음을 알지 못한 여부는 법인의 대표자가 그런 송달이 있었음을 알고 있었는가 여부에 따라 가려진다.

Ⅳ. 소송행위의 추후보완

1. 귀책사유의 의의

⊙ 대법원 2004. 3. 12. 선고 2004다2083 판결

민사소송법 제173조 제1항 소정의 '당사자가 책임질 수 없는 사유'라고 함은 당사자가 그 소송행위를 하기 위하여 일반적으로 하여야 할 주의를 다하였음에도 불구하고 그 기간을 준수할 수 없었던 사유를 가리키는 것이다.

주소변경신고를 하지 않아 결과적으로 항소장 부본 및 원심판결정본이 공시송달의 방법으로 송달되었다고 하더라도 당사자가 책임질 수 없는 사유로 불변기간인 상고기간을 준수할 수 없었던 경우라고 볼 수 없다.

◉ 대법원 1999. 6. 11. 선고 99다9622 판결

민사소송법 제160조 제1항은 "당사자가 그 책임을 질 수 없는 사유로 인하여 불변기간을 준수할 수 없었던 경우에는 그 사유가 없어진 후 2주일 내에 해태된 소송행위를 추완할 수 있다."고 규정하고 있는바, 여기서 말하는 '당사자가 그 책임을 질 수 없는 사유'라고 함은 당사자가 그 소송행위를 하기 위하여 일반적으로 하여야 할 주의를 다하였음에도 불구하고 그 기간을 준수할 수 없었던 사유를 가리키고, 그 당사자에는 당사자 본인뿐만 아니라 그 소송대리인 및 대리인의 보조인도 포함된다.

◉ 대법원 1991. 12. 13. 선고 91다34509 판결

서울에서 수원으로 등기우편물을 발송할 경우 배달까지 4일 정도 소요되는 경우가 약 20퍼센트 정도이고 요즈음은 각종 선전인쇄물 등 우편물이 계속 증가되어 그 배달이 지연되는 경우가 많은 사실 등에 비추어 당사자가 통상의 주의를 기울였다면 배달증명우편으로 발송한 항소장이 항소기간을 지나 배달될지도 모른다는 것을 알 수 있었을 것이고 그러한 경우 조치를 취하여 불변기간의 해태를 피할 수 있었을 것이므로 항소장이 늦게 배달됨으로써 불변기간을 준수할 수 없었다는 점은 당사자가 책임질 수 없는 사유로 인한 것이라고는 볼 수 없다.

◉ 대법원 1991. 2. 8. 선고 90다14294 판결

甲이 주소를 이전하고 다만 주민등록상 전출입신고를 아니한

채 자신의 주소를 이사간 주소로 표시하여 乙을 상대로 소송을 제기하여 동 사건이 항소심에 계속중 乙이 다시 甲을 상대로 이 사건 제소를 하면서 甲의 주소지를 위 주민등록상의 주소로 함으로써, 그 소송서류의 송달이 불능하게 되었고, 이에 제1심 법원이 소송서류의 송달을 공시송달의 방법으로 하여 소송절차가 진행되고, 그 판결 역시 공시송달의 방법으로 송달되었다면, 甲이 이 사건 소송을 면하거나 곤란하게 하기 위하여 이사하였다는 등 특별한 사정이 없는 한 책임질 수 없는 사유로 위 제1심 판결이 선고된 것을 모르고 있었다고 보아야 할 것이고, 乙이 전거한 주소를 알지 못한데 잘못이 없었다고 하더라도 결과는 마찬가지이다.

⊙ 대법원 1990. 12. 11. 선고 90다카21206 판결

원고가 항소장에 지번과 원고의 성명만 기재하고 아파트의 동, 호수표시를 아니하여 사실상 송달이 불가능하다면 송달가능한 주소를 기재하였다고 보기 어려우므로 그 송달불능은 위 원고의 귀책사유에 기인한 것이라고 할 것이나, 그 지번 상에 원고가 거주하는 아파트건물밖에 없고 만일 위 아파트가 소규모의 것으로 관리인에게 그 아파트 내에 거주하는 자의 성명을 문의함으로써 송달이 가능한 상황이었는데도 우편집배원이 위와 같은 방법으로 송달을 시도해 보지도 않고 동, 호수가 기재되지 않았다는 이유만으로 주소불명이라 하여 반송해 버린 것이라면 그 송달불능은 원고의 귀책사유에 기인한 것이라고 볼 수 없다.

원고 스스로 항소장에 현주소가 아닌 곳을 주소로 기재한 제1차적인 잘못이 인정되는 이상, 법원이 소송기록에 나와 있는 원고의 별개주소로 송달을 해보지 아니한 것이 부주의한 처사였고 또 우편집배원이 원고의 현주소를 추적할 수 있음에도 불구하고 이를 하지 않은 것이 불성실한 업무처리였다고 하여도 원고의 책임을 부인할 수 없다.

2. 추후보완 신청권자

⊙ 대법원 1992. 7. 14. 선고 92다2455 판결

실종자에 대하여 공시송달의 방법으로 소송서류가 송달된 끝에 실종자를 피고로 하는 판결이 확정된 경우에는 실종자의 상속인으로서는 실종선고 확정 후에 실종자의 소송수계인으로서 위 확정판결에 대하여 소송행위의 추완에 의한 상소를 하는 것이 가능하다.

3. 추완 상소

⊙ 대법원 2006. 2. 24. 선고 2004다8005 판결

소장부본과 판결정본 등이 공시송달의 방법에 의하여 송달되었다면 특별한 사정이 없는 한 피고는 과실 없이 그 판결의 송달을 알지 못한 것이고, 이러한 경우 피고는 그 책임을 질 수 없는 사유로 인하여 불변기간을 준수할 수 없었던 때에 해당하

여 그 사유가 없어진 후 2주일(그 사유가 없어질 당시 외국에 있었던 경우에는 30일) 내에 추완 항소를 할 수 있는바, 여기에서 '사유가 없어진 후'라 함은 당사자나 소송대리인이 단순히 판결이 있었던 사실을 안 때가 아니고 나아가 그 판결이 공시송달의 방법으로 송달된 사실을 안 때를 가리키는 것으로서, 다른 특별한 사정이 없는 한 통상의 경우에는 당사자나 소송대리인이 그 사건기록의 열람을 하거나 새로이 판결정본을 영수한 때에 비로소 그 판결이 공시송달의 방법으로 송달된 사실을 알게 되었다고 보아야 한다.

⊙ 대법원 1997. 10. 24. 선고 97다20410 판결

민사소송법 제160조소정의 '그 사유가 없어진 때'라 함은 피고가 단순히 판결이 있었던 사실을 안 때가 아니고 나아가 그 판결이 공시송달의 방법으로 송달된 사실을 안 때를 의미하는바, 다른 특별한 사정이 없는 한 통상의 경우에는 피고가 당해 사건 기록을 열람하거나 또는 새로이 판결 정본을 영수한 때에 비로소 그 판결이 공시송달의 방법으로 송달된 사실을 알게 되었다고 봄이 상당하다.

제 4 장

당사자의 변론활동과 법원의 역할

소가 제기되면 법원은 이것에 대하여 심리하지 않으면 안된다. 소송의 심리는 소에 대하여 판결하기 위하여 그 기초가 될 소송자료를 수집하는 것으로 민사소송절차의 가장 중심적인 위치를 차지한다.

소송의 심리는 변론준비절차, 쟁점 및 증거정리절차, 증인 등을 집중적으로 조사하는 변론절차로 진행된다. 소송절차는 소장과 답변서의 제출로부터 시작하여 변론준비절차에서 당사자로 하여금 각자의 주장을 다투도록 하여 쟁점이 무엇인가를 명백히 한다. 여기에서 사실의 존부를 둘러싼 쟁점이 밝혀지면 필요한 증거조사를 하고 변론준비절차를 종결한다. 만일 당사자의 진술을 청취할 필요가 있으면 변론준비기일을 지정하여 당사자를 소환하여 쟁점과 관련한 진술을 듣고 증거신청을 받아 법원에 의한 증거조사를 대비한다. 여기에서 쟁점정리와 관련하여 당사자의 공격·방방법의 제출을 받으면서 법원은 석명권을 행사하고 당사자의 주장을 정확히 받아내어 쟁점을 최소한

도로 만들어 증거조사를 해야 하는 증인 등을 선정하여 간다. 당사자는 이러한 공격·방어방법의 제출을 통하여 사건의 내용을 명백히 하여 가는 주역이다. 한편 법원에 의한 쟁점 및 증거의 정리작업도 중요하기 때문에 이것이 적절하게 행해지게 되면 필요한 증인 등의 심문을 집중적으로 하는 것이 가능하여 심리의 충실과 촉진을 기할 수 있다. 신법은 이러한 쟁점·증거의 정리작업을 중시하면서 그 목적을 효과적으로 달성하기 위하여 준비절차제도를 한층 강화하였다.

제1절 심리과정에 있어서 당사자의 행위

Ⅰ. 부인과 항변

⊙ 대법원 1997. 3. 25. 선고 96다42130 판결

원고가 피고로부터 금전을 지급받기로 하는 약정이 있다고 주장하고 그러한 약정의 존재를 입증한 경우, 약정금 범위 내에서 구체적인 액수 등에 대하여는 더 심리해야 할 것이라 하더라도 원고로서는 일응 그 권리발생의 근거에 대한 주장·입증을 한 것이므로 그 약정에 따른 채무가 불발생한다거나 소멸하였다는 주장은 피고의 항변사항에 속한다.

⊙ 대법원 1990. 5. 25. 선고 89다카24797 판결

원고들이 이사건 토지들에 관하여 부동산소유권이전등기등에 관한특별조치법에 의하여 경료된 피고들의 피상속인 명의의 소

유권보존등기 또는 소유권이전등기가 원인 무효인 등기라고 주장한데 대하여, 피고들이 자기들의 피상속인이 그의 소유인 토지와 원고들의 피상속인 소유인 이사건 토지들을 교환하였다는 사실을 주장한 것은, 원고들의 주장사실을 적극적으로 부인한 것으로 볼 것이지 원고들의 주장에 대하여 항변을 제출한 것으로 볼 것은 아님에도 불구하고, 원심이 인용한 제1심 판결은 피고들의 위와 같은 주장을 항변으로 봄으로써 피고들의 피상속인 명의의 위 각 등기가 실체적 권리관계에 부합하는 것임을 입증할 책임이 피고들에게 있는 것처럼 잘못 판단하였으니 결국 원심판결에는 위 특별조치법에 의하여 경료된 등기의 추정력 및 입증책임에 관한 법리를 오해한 위법을 저지른 것이다.

Ⅱ. 소송에 있어서 형성권의 행사

⊙ 대법원 1982. 5. 11. 선고 80다916 판결

소제기로써 계약해제권을 행사한 후 그 뒤 그 소송을 취하하였다 하여도 해제권은 형성권이므로 그 행사의 효력에는 아무런 영향을 미치지 아니한다.

Ⅲ. 소송계약

⊙ 대법원 1997. 9. 5. 선고 96후1743 판결

소송당사자가 소송 외에서 취하하기로 합의한 경우에는 그 합의는 유효하고 원고에게 권리보호의 이익이 없으므로 원고의

소는 각하되어야 한다.

⊙ 대법원 1993. 5. 14. 선고 92다21760 판결[40)]

특정한 권리나 법률관계에 관하여 분쟁이 있어도 제소하지 아니하기로 합의한 경우 이에 위반하여 제기한 소는 권리보호의 이익이 없다.

⊙ 대법원 1982. 3. 9. 선고 81다1312 판결

소송당사자가 소송 외에서 그 소송을 취하하기로 합의한 경우에는 그 합의는 유효하여 원고에게 권리보호의 이익이 없으므로 원고의 소는 각하되어야 한다.

제2절　변론활동을 지도하는 원칙

제1관　변론주의

변론주의라 함은 소송자료인 사실과 증거의 수집 및 제출의 책임을 당사자에게 맡기고 당사자가 수집·제출한 소송자료만을 재판의 기초로 해야 한다는 원칙이다. 제출주의라고도 하며 소송자료의 탐색을 당사자의 의사에 맡기지 않고 법원의 직책으로 하는 직권탐지주의와 대립된다.

변론주의의 내용은 다음의 세 가지로 요약된다. 첫째 법원은 당사자가 주장하지 아니한 사실을 판결의 기초로 삼아서는 아

40) 대판 1968. 11. 5, 68다1665 참조.

니된다. 둘째 당사자간에 다툼이 없는 사실은 그대로 판결의 기초로 해야 한다. 셋째 당사자간에 다툼이 있는 사실을 인정함에 있어서는 반드시 당사자가 제출한 증거에 의하지 안된다.

Ⅰ. 변론주의의 내용

1. 주장책임

⊙ 대법원 2000. 2. 11. 선고 99다49644 판결

채무불이행으로 인한 손해배상 예정액의 청구와 채무불이행으로 인한 손해배상액의 청구는 그 청구원인을 달리 하는 별개의 청구이므로 손해배상 예정액의 청구 가운데 채무불이행으로 인한 손해배상액의 청구가 포함되어 있다고 볼 수 없고, 채무불이행으로 인한 손해배상액의 청구에 있어서 손해의 발생 사실과 그 손해를 금전적으로 평가한 배상액에 관하여는 손해배상을 구하는 채권자가 주장·입증하여야 하는 것이므로, 채권자가 손해배상책임의 발생원인 사실에 관하여는 주장·입증을 하였더라도 손해의 발생 사실에 관한 주장·입증을 하지 아니하였다면 변론주의의 원칙상 법원은 당사자가 주장하지 아니한 손해의 발생 사실을 기초로 하여 손해액을 산정할 수는 없다.

금전채무 불이행에 관한 특칙을 규정한 민법 제397조는 그 이행지체가 있으면 지연이자 부분만큼의 손해가 있는 것으로 의제하려는 데에 그 취지가 있는 것이므로 지연이자를 청구하는 채권자는 그 만큼의 손해가 있었다는 것을 증명할 필요가

없는 것이나, 그렇다고 하더라도 채권자가 금전채무의 불이행을 원인으로 손해배상을 구할 때에 지연이자 상당의 손해가 발생하였다는 취지의 주장은 하여야 하는 것이지 주장조차 하지 아니하여 그 손해를 청구하고 있다고 볼 수 없는 경우까지 지연이자 부분만큼의 손해를 인용해 줄 수는 없는 것이다.

⊙ 대법원 1996. 12. 19. 선고 94다22927 전원합의체 판결

삼청교육과 관련하여 제기된 국가배상청구에 있어서 국가측의 소멸시효 항변에 대하여 제소자가 국방부장관의 1988. 12. 3.자 담화 발표를 들어 국가가 소멸시효이익을 포기한 것이라고 주장하였을 뿐 대통령의 1988. 11. 26.자 담화 발표에 기한 소멸시효이익 포기의 주장을 한 바는 없으나, 제소자가 대통령의 담화문을 서증으로 제출하였을 뿐만 아니라 대통령의 담화를 기초로 하여 국방부장관의 담화가 발표되었다는 내용의 진술이 기재된 국방부장관에 대한 증인신문조서등본을 서증으로 제출하고 있음에 비추어 제소자는 그와 같은 서증들을 제출함으로써 국가가 대통령의 담화 발표로써 소멸시효이익을 포기하였다는 주장을 한 것으로 보아야 한다는 이유로, 국가가 대통령의 담화로써 소멸시효이익을 포기하였다는 제소자의 주장이 있는 것으로 보아야 한다.

⊙ 대법원 1995. 8. 25. 선고 94다35886 판결[41)]

소멸시효의 기산일은 채무의 소멸이라고 하는 법률효과 발생

41) 대판 1983. 7. 12, 83다카437 등.

의 요건에 해당하는 소멸시효 기간 계산의 시발점으로서 소멸시효 항변의 법률요건을 구성하는 구체적인 사실에 해당하므로 이는 변론주의의 적용 대상이고, 따라서 본래의 소멸시효 기산일과 당사자가 주장하는 기산일이 서로 다른 경우에는 변론주의의 원칙상 법원은 당사자가 주장하는 기산일을 기준으로 소멸시효를 계산하여야 하는데, 이는 당사자가 본래의 기산일보다 뒤의 날짜를 기산일로 하여 주장하는 경우는 물론이고 특별한 사정이 없는 한 그 반대의 경우에 있어서도 마찬가지이다.

⊙ 대법원 1983. 12. 13. 선고 83다카1489 전원합의체 판결

당사자가 변론에서 주장한 주요사실만이 심판의 대상이 되는 것으로서 여기서 주요 사실이라 함은 법률효과를 발생시키는 실체법상의 구성요건 해당사실을 말한다.

2. 자백의 구속력

⊙ 대법원 1983. 2. 8. 선고 82다카1258 판결

변론주의, 당사자주의 또는 처분권주의를 채용하고 있는 우리 민사소송법에 있어서는 주요사실의 존부는 당사자의 주장이 없는 한 이를 판결의 기초로 삼을 수 없고 변론에서 당사자 사이에 다툼이 없는 사실에 대하여는 이와 배치되는 사실을 인정할 수 없는 기속을 받는다.

Ⅱ. 변론주의의 적용범위

1. 원칙

⊙ 대법원 2002. 8. 23. 선고 2000다66133 판결[42)]

민사소송상 변론주의는 권리의 발생, 소멸이라는 법률효과 판단의 요건이 되는 주요사실에 대한 주장·입증에 관한 것으로서 그 주요사실의 존부를 확인하는데 있어 도움이 됨에 그치는 간접사실이나 그의 증빙자료에 대하여는 적용되지 아니한다.

2. 간접사실에 대하여 변론주의가 적용되는 여부

주장책임은 주요사실에 관해서만 적용된다. 따라서 간접사실은 당사자가 변론으로 진술하지 않아도 증언 등에 의해서 변론에 현출되면 판결의 기초로 해도 좋다. 이처럼 어떤 사실이 주요사실인가 간접사실인가는 변론주의의 적용을 결정하는 기준으로 된다.

⊙ 대법원 2002. 6. 28. 선고 2000다62254 판결[43)]

법률상의 요건사실에 해당하는 주요사실에 대하여 당사자가 주장하지도 아니한 사실을 인정하여 판단하는 것은 변론주의에 위배된다고 할 것이나, 당사자의 주요사실에 대한 주장은 직접

---

42) 대판 1987. 2. 24, 86다카1625; 동 1994. 10. 11, 94다24626 등.

43) 대판 1995. 4. 28. 선고 94다16083 판결 ; 동 1999. 7. 27. 선고 98다46167 판결 ; 동 2001. 2. 23. 선고 2000다70804 판결 ; 동 1993. 4. 13. 선고 92다23315, 92다23322 판결 참조.

적으로 명백히 한 경우뿐만 아니라 당사자가 법원에 서증을 제출하며 그 입증취지를 진술함으로써 서증에 기재된 사실을 주장하거나 그 밖에 당사자의 변론을 전체적으로 관찰하여 간접적으로 주장한 것으로 볼 수 있는 경우에도 주요사실의 주장이 있는 것으로 보아야 할 것이고, 민사소송에 있어서 변론주의는 주요사실에 대하여서만 인정될 뿐 주요사실의 존부를 추인케 하는 간접사실에 대하여는 그 적용이 없는 것이라 할 것이다.

⊙ 대법원 2000. 2. 11. 선고 99다49644 판결

채무불이행으로 인한 손해배상예정액의 청구와 채무불이행으로 인한 손해배상액의 청구는 그 청구원인을 달리 하는 별개의 청구이므로 손해배상예정액의 청구 가운데 채무불이행으로 인한 손해배상액의 청구가 포함되어 있다고 볼 수 없고, 채무불이행으로 인한 손해배상액의 청구에 있어서 손해의 발생사실과 그 손해를 금전적으로 평가한 배상액에 관하여는 손해배상을 구하는 채권자가 주장·입증하여야 하는 것이므로, 채권자가 손해배상책임의 발생원인 사실에 관하여는 주장·입증을 하였더라도 손해의 발생사실에 관한 주장·입증을 하지 아니하였다면 변론주의의 원칙상 법원은 당사자가 주장하지 아니한 손해의 발생 사실을 기초로 하여 손해액을 산정할 수는 없다.

⊙ 대법원 2000. 1. 28. 선고 99다35737 판결

간접사실에 대한 자백은 법원이나 당사자를 구속하지 아니한다.

⊙ 대법원 1998. 3. 13. 선고 97다45259 판결

금전채무부존재확인소송에 있어서는, 채무자인 원고가 먼저 청구를 특정하여 채무발생원인사실을 부정하는 주장을 하면 채권자인 피고는 권리관계의 요건사실에 관하여 주장·입증책임을 부담한다.

⊙ 대법원 1995. 8. 25. 선고 94다35886 판결

소멸시효의 기산일은 채무의 소멸이라고 하는 법률효과 발생의 요건에 해당하는 소멸시효기간 계산의 시발점으로서 소멸시효 항변의 법률요건을 구성하는 구체적인 사실에 해당하므로 이는 변론주의의 적용 대상이고, 따라서 본래의 소멸시효 기산일과 당사자가 주장하는 기산일이 서로 다른 경우에는 변론주의의 원칙상 법원은 당사자가 주장하는 기산일을 기준으로 소멸시효를 계산하여야 하는데, 이는 당사자가 본래의 기산일보다 뒤의 날짜를 기산일로 하여 주장하는 경우는 물론이고 특별한 사정이 없는 한 그 반대의 경우에 있어서도 마찬가지이다.

⊙ 대법원 1992. 2. 14. 선고 91다31494 판결

변론주의의 원칙상 당사자가 주장하지 아니한 사실을 기초로 법원이 판단할 수 없음은 소론과 같다 하더라도 소송물의 전제가 되는 권리관계나 법률효과를 인정하는 진술은 권리자백으로서 법원을 기속하는게 아니므로 청구의 객관적 실체가 동일하다고 보여지는 한 법원은 원고가 청구원인으로 주장하는 실체적 권리관계에 대한 정당한 법률해석에 의하여 판결 할 수 있다 할 것이다.

원고가 소장에서 이 사건 피고 회사의 설립이 모집설립임을 전제로 하여 회사설립절차 중 창립총회가 개최되지 아니하였음을 그 무효사유로 주장하고 있으나 한편 원고의 1988. 2. 20. 및 1988. 9. 19. 준비서면 등에 의하면 원고는 피고 회사의 설립은 원래 발기설립으로 하여야 하나 편의상 모집설립의 절차를 취하였는바, 이는 탈법적 방법으로 그 설립이 선량한 풍속 기타 사회질서 강행법규 또는 주식회사의 본질에 반하여 설립된 회사로서 그 설립이 당연무효라고 주장하면서 청구원인을 보충하고 있어 원고의 이 사건 청구는 피고 회사의 설립무효를 구하는 것으로서 창립총회 개최의 결여를 그 무효사유의 하나로 들고 있으나 동시에 발기설립의 실체로서의 하자도 무효사유로 주장하고 있는 취지이므로 원심이 피고 회사 설립의 무효사유를 위 창립총회의 결여를 덧붙인 외에 발기설립절차의 하자로 인정하였다 하더라도 이는 원고 청구의 범위 내에 속하는 사항에 대한 판단이어서 정당하고 거기에 소론과 같이 변론주의의 법리를 오해한 위법이 있다 할 수 없다.

⊙ 대법원 1991. 7. 26. 선고 91다5631 판결

소멸시효에 있어서 그 시효기간이 만료되면 권리는 당연히 소멸하지만 그 시효의 이익을 받는 자가 소송에서 소멸시효의 주장을 하지 아니하면 그 의사에 반하여 재판할 수 없고, 그 시효이익을 받는 자는 시효기간 만료로 인하여 소멸하는 권리의 의무자를 말한다.

⊙ 대법원 1983. 6. 28. 선고 83다191 판결

불법행위로 인한 일실수익의 현가산정에 있어서 기초사실인 수입, 가동연한, 공제할 생활비 등은 사실상의 주장이지만 현가산정방식에 관한 주장(호프만식에 의할 것이냐 또는 라이프니쯔식에 의할 것이냐에 관한 주장)은 당사자의 평가에 지나지 않는 것이므로 당사자의 주장에 불구하고 법원은 자유로운 판단에 따라 채용할 수 있고 이를 변론주의에 반한 것이라 할 수 없다.

⊙ 대법원 1971. 4. 20. 선고 71다278 판결

판결의 기초가 되는 법률효과의 존부의 판단에 직접 필요한 요건사실은 당사자가 주장하는 사실관계를 그 토대로 삼아야 할 것이나 그 기본사실의 경위, 내용 등에 관해서는 당사자의 주장 유무 여하에 불구하고 법원이 증거에 의하여 자유로이 사실을 인정할 수 있다.

Ⅲ. 변론주의의 예외

1. 직권탐지주의

⊙ 대법원 1981. 2. 10. 선고 80다2189 판결

법규의 존재여부는 법원의 직권탐지사항이므로 외국인토지법령상 외국인의 권리취득을 제한하는 지정지구로 규정된 지역내의 토지에 대하여 원심이 그 토지가 외국인토지법령상 외국인

의 권리취득이 제한되었다는 점에 대하여 아무런 입증이 없다고 하였음은 위법이다.

2. 직권조사사항

⊙ 대법원 1998. 8. 21. 선고 97다37821 판결

신의성실의 원칙에 반하는 것은 강행규정에 위배되는 것으로서 당사자의 주장이 없더라도 법원이 직권으로 판단할 수 있으므로 원심법원이 직권으로 신의칙에 의하여 신용보증책임을 감액한데에 변론주의를 위배한 위법은 없다.

⊙ 대법원 1996. 10. 25. 선고 96다30113 판결

민법상의 과실상계제도는 채권자가 신의칙상 요구되는 주의를 다하지 아니한 경우 공평의 원칙에 따라 손해의 발생에 관한 채권자의 그와 같은 부주의를 참작하게 하려는 것이므로 단순한 부주의라도 그로 말미암아 손해가 발생하거나 확대된 원인을 이루었다면 피해자에게 과실이 있는 것으로 보아 과실상계를 할 수 있고, 피해자에게 과실이 인정되면 법원은 손해배상의 책임 및 그 금액을 정함에 있어서 이를 참작하여야 하며, 배상의무자가 피해자의 과실에 관하여 주장하지 않는 경우에도 소송자료에 의하여 과실이 인정되는 경우에는 이를 법원이 직권으로 심리·판단하여야 한다.

⊙ 대법원 1996. 5. 14. 선고 95다50875 판결

민법 제406조 제2항 소정의 채권자취소권의 행사기간은 제소

기간이므로 법원은 그 기간의 준수 여부에 관하여 직권으로 조사하여 그 기간이 도과된 후에 제기된 채권자취소의 소는 부적법한 것으로 각하하여야 한다. 따라서 그 기간 준수 여부에 대하여 의심이 있는 경우에는 법원이 필요한 정도에 따라 직권으로 증거조사를 할 수 있으나, 법원에 현출된 모든 소송자료를 통하여 살펴보았을 때 그 기간이 도과되었다고 의심할 만한 사정이 발견되지 않는 경우까지 법원이 직권으로 추가적인 증거조사를 하여 기간 준수 여부를 확인하여야 할 의무는 없다.

⊙ 대법원 1981. 6. 23. 선고 81다124 판결

민사소송에 있어서 기판력의 저촉여부와 같은 권리보호요건의 존부는 법원의 직권조사사항이나 이는 소위 직권탐지사항과 달라서 그 요건 유무의 근거가 되는 구체적인 사실에 관하여 사실심의 변론종결 당시까지 당사자의 주장이 없는 한 법원은 이를 고려할 수 없고, 또 다툼이 있는 사실에 관하여는 당사자의 입증을 기다려서 판단함이 원칙이라 할 것이다.

제2관 석명권

Ⅰ. 석명권의 의의

변론주의는 사안의 해명을 당사자의 변론에 맡기고 있다. 여기에서 당사자가 변론을 정확하고 충분히 수행하도록 하기 위하여 법원이 소송지휘권의 한 작용으로서 당사자에 대하여 갖

는 권능을 석명권이라 한다. 이러한 석명권은 변론주의의 형식적인 적용에 의한 불합리를 시정하고 공평한 재판을 가능하게 하기 위한 제도이다.

⊙ 대법원 1964. 12. 8. 선고 64다1003 판결

석명권은 당사자의 진술에 모순·흠결이 있거나 애매하여 그 진술의 취지를 알 수 없을 때 또는 거증책임 있는 당사자에게 그 입증을 촉구하기 위하여 행사하는 것이다[44].

Ⅱ. 석명권의 범위

⊙ 대법원 1998. 5. 12. 선고 96다47913 판결

부동산에 관한 매매계약의 해제로 인한 원상회복의무가 이행불능이 되어 이행불능 당시 가액의 반환채권이 인정되는 경우, 법원으로서는 이행불능 당시의 당해 부동산의 가액에 관한 원고의 주장·입증이 미흡하더라도 적극적으로 석명권을 행사하여 주장을 정리함과 함께 입증을 촉구하여야 하고, 경우에 따라서는 직권으로라도 그 가액을 심리·판단하여야 한다.

⊙ 대법원 1998. 2. 27. 선고 97다38442 판결

입증촉구에 관한 법원의 석명권은 소송의 정도로 보아 당사자가 무지, 부주의 또는 오해로 인하여 입증하지 아니하는 것이 명백한 경우에 한하여 인정되는 것이고 다툼이 있는 사실에 관

---

44) 석명권이 석명의무라는 취지의 판결로는 대법원 1953. 3. 5, 4285민상146.

하여 입증이 없는 모든 경우에 법원이 심증을 얻을 때까지 입증을 촉구하여야 하는 것은 아니고, 또한 당사자가 입증 취지로 제출하고 있는 자료가 있다고 할지라도 그 안에 특별한 내용이 담겨 있지 않거나 이미 제출된 증거를 보충하는 취지에 불과한 경우에는 변론의 전취지로서 참작될 수 있을 터이므로 법원이 이를 반드시 증거로 제출하도록 촉구할 석명의무를 부담하는 것은 아니다.

⊙ 대법원 1996. 6. 11. 선고 94다55545, 55552 판결[45]

부동산 소유자가 점유자 내지 그 점유승계자 등을 상대로 그 동안 수없이 그 부동산에 대하여 명도요구를 하였고, 점유자 내지 그 점유승계자들 또한 소유자에게 그 부동산에 대한 임대·교환·불하 등의 요구를 하였던 점 등으로 미루어 보면, 점유자와 그 점유승계자들의 점유는 소유의 의사가 있는 점유가 아니고 평온한 점유도 아니라는 소유자의 주장은 그 점유승계자들이 그 부동산에 관한 소유권을 승인함으로써 시효가 중단되었다는 주장으로도 볼 수 있으므로, 석명권을 적절히 행사하여 소유자의 주장 취지를 명확히 한 다음 이에 대하여 심리 판단을 하여야 한다.

⊙ 대법원 1995. 5. 12. 선고 94다6802 판결

소의 변경이 교환적인가 또는 추가적인가의 여부는 기본적으

45) 대판 1994. 10. 7, 94다13244, 13251 등.

로 당사자의 의사해석에 의할 것이므로 당사자가 구청구를 취하한다는 명백한 의사표시 없이 새로운 청구원인을 주장하는 등으로 그 변경 형태가 불명할 경우에는 사실심법원으로서는 과연 청구변경의 취지가 무엇인가 즉, 교환적인가 또는 추가적인가의 점에 대하여 석명으로 이를 밝혀 볼 의무가 있다.

⊙ 대법원 1990. 6. 12. 선고 89다카28225 판결

물품대금청구소송에서 피고가 공급물에 하자가 있음을 이유로 계약을 취소하였다고 주장하는 경우 원심으로서는 석명권을 행사하여 위 주장이 하자담보책임에 기한 계약해제의 주장인지의 여부를 밝혀 계약해제 여부를 판단하였어야 함에도 불구하고 원심이 이 점을 간과한 것은 석명권불행사와 심리미진의 위법을 저지른 것이다.

⊙ 대법원 1990. 1. 25. 선고 88다카31637 판결

청구원인이 착오기재로 인하여 청구취지 및 증거내용과 모순되는 경우 석명권을 행사하여 청구의 범위를 명확히 하지 않은 위법이 있다.

⊙ 대법원 1987. 12. 22. 선고 85다카2453 판결

불법행위로 인하여 손해가 발생한 사실이 인정되는 경우에는 법원은 손해액에 관한 당사자의 주장과 입증이 미흡하더라도 적극적으로 석명권을 행사하여 입증을 촉구하여야 하고 경우에 따라서는 직권으로라도 손해액을 심리 판단하여야 한다.

⊙ 대법원 1987. 5. 26. 선고 86다카2950 판결

소송당사자가 경매대금에 관하여 변제충당의 법률효과를 주장하고 있고 경매대금이 피담보채무전액을 만족시키기에 부족한 것이라면 법원으로서는 그 당사자가 변제충당의 내용, 방법에 관하여 구체적으로 주장, 입증하지 아니하고 있다 하더라도 석명권을 행사하여 소송관계를 명료히 한 다음 그에 대한 당부를 판단하여야 한다.

⊙ 대법원 1987. 3. 10. 선고 86므132 판결[46)]

사실심 재판장은 다툼이 있는 사실로서 입증이 없는 모든 경우에 반드시 당사자의 입증을 촉구하여야 하는 것은 아니고, 소송의 정도로 보아 당사자가 부주의 또는 오해로 인하여 입증하지 아니하는 것이 명백한 경우에 한하여 입증을 촉구할 의무가 있을 뿐, 당사자가 자기주장에 대한 입증자료를 제출하고 있는 경우에는 더 이상의 입증을 촉구하지 아니하여도 위법이라고 할 수는 없다.

⊙ 대법원 1966. 6. 9. 선고 66다615 판결

원고가 본건 토지에 관한 소유권이 원고에게 있다고 하면서 전보배상으로 토지의 시가에 해당하는 금원을 청구함은 부당하다고 할 것이나 원고가 전보배상이라고 주장하는 것은 법률적 주장으로 원심으로서는 이 견해에 구애를 받을 필요는 없는 것이고, 더

---

46) 대판 1981. 7. 14, 80다2360 등.

욱 원고가 본건 토지에 관한 소유권이 아직 자기에게 있다는 주장을 시종일관 상고이유에 이르기까지 주장하고 있음이 뚜렷하므로 원고의 주장은 원고 소유의 본건 토지에 관한 피고조합의 불법점거에 의한 손해배상청구를 구하는 취지도 아울러 하는 것이 아닌가 의심이 가는 바이므로 원심으로서는 이점에 관하여 원고에게 석명을 구하여 주장의 취지를 명확히 했어야 할 것이다.

Ⅲ. 석명권의 행사

⊙ 대법원 2005. 3. 11. 선고 2002다60207 판결[47]

법원의 석명권 행사는 당사자의 주장에 모순된 점이 있거나 불완전, 불명료한 점이 있을 때에 이를 지적하여 정정·보충할 수 있는 기회를 주고 계쟁 사실에 대한 증거의 제출을 촉구하는 것을 그 내용으로 하는 것으로서 당사자가 주장하지도 아니한 법률효과에 관한 요건사실이나 독립된 공격방어방법을 시사하여 그 제출을 권유함과 같은 행위를 하는 것은 변론주의의 원칙에 위배되는 것으로서 석명권 행사의 한계를 일탈하는 것이지만, 당사자가 어떠한 법률효과를 주장하면서 미처 깨닫지 못하고 그 요건사실 일부를 빠뜨린 경우에는 법원은 그 누락사실을 지적하고, 당사자가 이 점에 관하여 변론을 하지 아니하는 취지가 무엇인지를 밝혀 당사자에게 그에 대한 변론을 할 기회를 주어야 할 의무가 있다.

---

47) 대판 1995. 2. 28, 94누4352; 동 2004. 3. 12, 2001다79013 등 참조.

⊙ 대법원 2001. 10. 9. 선고 2001다15576 판결

법원의 석명권 행사는 당사자의 주장에 모순된 점이 있거나 불완전·불명료한 점이 있을 때에 이를 지적하여 정정·보충할 수 있는 기회를 주고, 계쟁 사실에 대한 증거의 제출을 촉구하는 것을 그 내용으로 하는 것으로, 당사자가 주장하지도 아니한 법률효과에 관한 요건사실이나 독립된 공격방어방법을 시사하여 그 제출을 권유함과 같은 행위를 하는 것은 변론주의의 원칙에 위배되는 것으로 석명권 행사의 한계를 일탈하는 것이다.

⊙ 대법원 2000. 10. 10. 선고 2000다19526 판결[48)]

법원의 석명권 행사는 당사자의 주장에 모순된 점이 있거나 불완전·불명료한 점이 있을 때에 이를 지적하여 정정·보충할 수 있는 기회를 주고 다툼이 있는 사실에 대한 증거의 제출을 촉구하는 것을 그 내용으로 하는 것으로서 당사자가 주장하지도 아니한 법률효과에 관한 요건사실이나 독립된 공격방어방법을 시사하여 그 제출을 권유하는 행위는 변론주의의 원칙에 위배되는 것으로서 석명권 행사의 한계를 일탈하는 것이다.

⊙ 대법원 1996. 6. 14. 선고 94다53006 판결

소유권에 기하여 미등기 무허가건물의 반환을 구하는 청구취지 속에는 점유권에 기한 반환청구권을 행사한다는 취지가 당연히 포함되어 있다고 볼 수는 없고, 소유권에 기한 반환청구만

48) 대판 1997. 12. 26. 선고 97다39742 판결 ; 1998. 4. 28. 선고 98다4712 판결 ; 1999. 7. 9. 선고 98다13754 판결 등 참조.

을 하고 있음이 명백한 이상 법원에 점유권에 기한 반환청구도 구하는지의 여부를 석명할 의무가 있는 것은 아니다.

Ⅳ. 지적의무

⊙ 대법원 2003. 1. 10. 선고 2002다41435 판결[49)]

소유권보존등기의 말소등기청구소송의 제1심에서 승소한 원고가 원심인 항소심에서 자기 앞으로 소유권을 표상하는 등기가 되어 있지 않았고 법률에 의하여 소유권을 취득하지도 않았다는 종전의 주장을 그대로 유지한 채 진정명의회복을 위한 소유권이전등기절차의 이행을 청구하는 새로운 청구를 제기한 경우, 원심으로서는 원고의 소변경신청에 법률적 모순이 있음을 지적하고 원고에게 의견을 진술할 기회를 부여함으로써 원고로 하여금 청구와 주장을 법률적으로 합당하게 정정할 수 있는 기회를 부여하여야 함에도 이러한 조치를 취하지 아니한 위법이 있다.

⊙ 대법원 1995. 12. 26. 선고 95누14220 판결

이미 두 차례의 전심절차에서 심사청구가 적법한 기간 내에 제기되었음을 전제로 본안판결을 한 바 있음을 감안하면, 원심으로서는 마땅히 처분에 대한 심사청구가 적법한 기간 내에 제

49) 대판 1987. 6. 9, 86다카2600; 동 1994. 10. 14, 94다10153; 동 1995. 5. 12, 94다6802; 동 2002. 1. 25, 2001다11055; 동 2002. 10. 11, 2002다40098, 40104; 동 2001. 8. 21, 2000다36484; 동(전) 2001. 9. 20, 99다37894; 동 2002. 9. 24, 2001다20103 참조.

기되었는지 여부에 관하여 석명을 구하고 입증을 촉구하여야 함에도, 이에 이르지 아니한 채 적법한 전심절차를 거치지 아니하였음을 들어 소를 부적법 각하한 것은 행정소송법 제8조에 의하여 준용되는 민사소송법 제126조 제4항 소정의 당사자가 명백히 간과한 것으로 인정되는 법률적 관점에 관하여 당사자에게 의견진술의 기회를 주지 아니한 잘못이 있다.

⊙ 대법원 1993. 12. 7. 선고 93다25165 판결

소송수행과정이나 심리과정에 비추어 볼 때 원심이 수취인란 등의 보충 여부를 재판의 기초로 삼기 위하여는 원고가 이 점에 관하여 변론을 하지 않는 진의가 무엇인지 밝혀보고 원고로 하여금 이 점에 관하여 변론을 할 기회를 주었어야 함에도 불구하고 이에 이르지 아니한 채 이 점을 재판의 기초로 삼아 판시와 같이 판단하였음은 석명의무를 다하지 아니하여 심리를 제대로 하지 아니한 것이라 할 것이다.

제3관 적시제출주의

Ⅰ. 의의

적시제출주의라 함은 당사자가 공격방어방법을 소송의 정도에 따라 적절한 시기에 제출할 것을 요구하는 주의를 말한다. 신민사소송법 제146조는 공격 또는 방어의 방법은 변론종결에 이르기까지 어느 때라도 제출할 수 있도록 하여 적시제출주의

를 채택하였다. 종래의 수시제출주의는 당사자의 주의력을 산만하게 하여 적시에 공격방어방법에 제출에 의한 변론의 집중을 어렵게 만들고, 수시제출의 자유가 악의의 당사자에 의하여 소송지연의 도구로 남용되는 폐해가 많아 신법은 선진국의 입법추세에 맞추어 적시제출주의로 입장을 변경하였다.

Ⅱ. 실기한 공격방어방법의 각하

⊙ 대법원 2000. 4. 7. 선고 99다53742 판결[50)]

법원은 당사자의 고의 또는 중대한 과실로 시기에 늦게 제출한 공격 또는 방어방법이 그로 인하여 소송의 완결을 지연하게 하는 것으로 인정될 때에는 이를 각하할 수 있고, 이는 독립된 결정의 형식으로 뿐만 아니라, 판결이유 중에서 판단하는 방법에 의할 수도 있으나, 실기한 공격방어방법이라고 하더라도 어차피 기일의 속행을 필요로 하고 그 속행기일의 범위 내에서 공격방어방법의 심리도 마칠 수 있거나 그 내용이 이미 심리를 마친 소송자료의 범위 안에 포함되어 있는 때에는 소송의 완결을 지연시키는 것으로 볼 수 없으므로 이를 각하할 수 없다.

⊙ 대법원 1999. 7. 27. 선고 98다46167 판결

법원은 당사자의 고의 또는 중대한 과실로 시기에 늦게 제출한 공격 또는 방어방법이 그로 인하여 소송의 완결을 지연하게

---

50) 대판 1999. 7. 27, 98다46167.

하는 것으로 인정될 때에는 이를 각하할 수 있고, 이는 독립된 결정의 형식으로 뿐만 아니라 판결 이유 중에서 판단하는 방법에 의하여도 할 수 있으나, 법원이 당사자의 공격방어방법에 대하여 각하결정을 하지 아니한 채 그 공격방어방법에 관한 증거조사까지 마친 경우에 있어서는 더 이상 소송의 완결을 지연할 염려는 없어졌으므로, 그러한 상황에서 새삼스럽게 판결이유에서 당사자의 공격방어방법을 각하하는 판단은 할 수 없고, 더욱이 실기한 공격방어방법이라 하더라도 어차피 기일의 속행을 필요로 하고 그 속행기일의 범위 내에서 공격방어방법의 심리도 마칠 수 있거나 공격방어방법의 내용이 이미 심리를 마친 소송자료의 범위 안에 포함되어 있는 때에는 소송의 완결을 지연시키는 것으로 볼 수 없으므로, 이와 같은 경우에도 각하할 수 없다.

제4관 기일의 해태

⊙ 대법원 2006. 10. 27. 선고 2004다69581 판결

변론준비절차는 원칙적으로 변론기일에 앞서 주장과 증거를 정리하기 위하여 진행되는 변론전 절차에 불과할 뿐이어서 변론준비기일을 변론기일의 일부라고 볼 수 없고 변론준비기일과 그 이후에 진행되는 변론기일이 일체성을 갖는다고 볼 수도 없는 점, 변론준비기일이 수소법원 아닌 재판장 등에 의하여 진행되며 변론기일과 달리 비공개로 진행될 수 있어서 직접주의와 공개주의가 후퇴하는 점, 변론준비기일에 있어서 양쪽 당사자의 불출석이 밝혀진 경우 재판장 등은 양쪽의 불출석으로 처리하여 새로운 변론준비기일을 지정하는 외에도 당사자 불출석을 이유로 변론준비절차를 종결할 수 있는 점, 나아가 양쪽 당사자 불출석으로 인한 취하간주제도는 적극적 당사자에게 불리한 제도로서 적극적 당사자의 소송유지의사 유무와 관계없이 일률적으로 법률적 효과가 발생한다는 점까지 고려할 때 변론준비기일에서 양쪽 당사자 불출석의 효과는 변론기일에 승계되지 않는다.

양쪽 당사자가 변론준비기일에 한 번, 변론기일에 두 번 불출석하였다고 하더라도 변론준비기일에서 불출석의 효과가 변론기일에 승계되지 아니하므로 소 취하한 것으로 볼 수 없다.

⊙ 대법원 1990. 2. 23. 선고 89다카19191 판결

민사소송법 제241조 제1, 2항에서 규정한 당사자가 변론기일에 출석하더라도 변론하지 아니한 때라는 것은 기일이 개시되어 변론에 들어갔으나 변론을 하지 아니한 경우를 말하는 것이지, 변론에 들어가기도 전에 재판장이 출석한 당사자의 동의를 얻어 기일을 연기하고 출석한 당사자에게 변론의 기회를 주지 아니함으로써 변론을 하지 아니한 경우에는 출석한 당사자가 변론하지 아니한 때에 해당하지 않는다.

제5장

증명활동과 사실인정

재판은 구체적 사실에 법규를 적용하는 것이므로 적용할 법규의 존부 및 해석과 더불어 법규의 적용대상이 될 사실관계의 확정이 필요하다. 그런데 사실관계에 관하여 당사자간에 다툼이 있는 경우에는 법원이 그 존부를 확정하여야 하는 바, 이때에 객관성과 합리성의 보장을 위하여 사실인정의 자료로서 증거가 요구되며 또한 그 조사절차가 문제된다. 증거의 필요성은 사실에 관하여서 뿐만 아니라 예외적으로 법규와 경험법칙에 관하여서도 문제된다.

제1절 총설

Ⅰ. 증거능력

위법하게 수집한 증거의 증거능력에 관하여는 실체적 진실발견을 중시하는 적극설, 개인의 인격권을 중시하는 소극설, 두 견해의 조화를 추구하는 절충설로 나누어지나 판례는 적극설의 입장을 취하고 있다.

⊙ 대법원 1992. 11. 10. 선고 92다22107 판결

판결서 중에서 한 사실판단을 그 사실을 증명하기 위하여 이용하는 것을 불허하는 것은 아니어서 이를 이용하는 경우에 판결서도 그 한도 내에서 보고문서라고 할 것이고 판결서가 확정되지 아니한 것이라고 하여 증거로 사용될 수 없다고 할 수 없으며 다만 신빙성이 문제될 수 있을 뿐이다.

⊙ 대법원 1981. 4. 14. 선고 80다2314 판결

우리 민사소송법은 증거에 관하여 자유심증주의를 채택하고 있기 때문에 상대방의 부지중 비밀로 대화를 녹음한 소위 녹음테이프를 위법으로 수집되었다는 이유만으로 증거능력이 없다고는 단정할 수 없다.

Ⅱ. 증명과 소명

⊙ 대법원 1992. 7. 28. 선고 91다41897 판결

섭외사건에 관하여 적용할 준거외국법의 내용을 증명하기 위한 증거방법과 절차에 관하여 우리나라의 민사소송법에 어떤 제한도 없으므로 자유로운 증명으로 충분하다.

제2절 불요증사실

증명의 대상으로 되는 것은 보통 사실이고, 그 중에서도 변론주의의 적용을 받는 경우에는 당사자의 변론에 나타나지 않는 사실은 처음부터 판결의 기초로 될 수 없으므로 증명의 대상이 되지 않는다. 변론에 나타난 사실 중 당사자간에 다툼이 없는 사실 및 법원에 현저한 사실도 증거에 의한 인정을 필요로 하지 않는다.

Ⅰ. 재판상자백

재판상 자백이란 소송당사자가 변론 또는 준비절차에서 자기에게 불리한 사실을 인정하는 진술이다.

1. 자백의 방법 - 선행자백

⊙ 대법원 1992. 8. 14. 선고 92다14724 판결

재판상 자백의 일종인 소위 선행자백은 당사자 일방이 자기에게 불리한 사실상의 진술을 자진하여 한 후 상대방이 이를 원용함으로써 그 사실에 관하여 당사자 쌍방의 주장이 일치함을 요하므로 그 일치가 있기 전에는 이를 선행자백이라 할 수 없고, 따라서 일단 자기에게 불리한 사실을 진술한 당사자도 그 후 그 상대방의 원용이 있기 전에는 그 자인한 진술을 철회하고 이와 모순된 진술을 자유로이 할 수 있다.

2. 자백의 구속력

⊙ 대법원 2000. 1. 28. 선고 99다35737 판결

간접사실에 대한 자백은 법원이나 당사자를 구속하지 아니한다.

3. 자백의 취소

⊙ 대법원 2004. 6. 11. 선고 2004다13533 판결

재판상의 자백에 대하여 상대방의 동의가 없는 경우에는 자백을 한 당사자가 그 자백이 진실에 부합되지 않는다는 것과 자백이 착오에 기인한다는 사실을 증명한 경우에 한하여 이를 취소할 수 있으나, 이때 진실에 부합하지 않는다는 사실에 대한 증명은 그 반대되는 사실을 직접증거에 의하여 증명함으로써 할 수 있지만 자백사실이 진실에 부합하지 않음을 추인할 수 있는 간접사실의 증명에 의하여도 가능하다고 할 것이고, 또한 자백이 진실에 반한다는 증명이 있다고 하여 그 자백이 착오로 인한 것이라고 추정되는 것은 아니지만 그 자백이 진실과 부합되지 않는 사실이 증명된 경우라면 변론의 전취지에 의하여 그 자백이 착오로 인한 것이라는 점을 인정할 수 있다.

⊙ 대법원 2000. 9. 8. 선고 2000다23013 판결

재판상의 자백에 대하여 상대방의 동의가 없는 경우에는 자백을 한 당사자가 그 자백이 진실에 부합되지 않는다는 것과 자백이 착오에 기인한다는 사실을 증명한 경우에 이를 취소할

수 있는 바, 이때 진실에 부합하지 않는다는 사실에 대한 증명은 그 반대되는 사실을 직접증거에 의하여 증명함으로써 할 수 있지만, 자백사실이 진실에 부합하지 않음을 추인할 수 있는 간접사실의 증명에 의하여도 가능하다고 할 것이고, 또 자백이 진실에 반한다는 증명이 있다고 하여 그 자백이 착오로 인한 것이라고 추정되는 것은 아니지만 그 자백이 진실과 부합되지 않는 사실이 증명된 경우라면 변론의 전취지에 의하여 그 자백이 착오로 인한 것이라는 점을 인정할 수 있다.

⊙ 대법원 1994. 9. 27. 선고 94다22897 판결[51)]

자백을 취소하는 당사자는 그 자백이 진실에 반한다는 것 외에 착오로 인한 것임을 아울러 증명하여야 하고, 진실에 반하는 것임이 증명되었다고 하여 착오로 인한 자백으로 추정되지는 아니한다.

재판상 자백의 취소는 반드시 명시적으로 하여야만 하는 것은 아니고 종전의 자백과 배치되는 사실을 주장함으로써 묵시적으로도 할 수 있다.

자백은 사적 자치의 원칙에 따라 당사자의 처분이 허용되는 사항에 관하여 그 효력이 발생하는 것이므로, 일단 자백이 성립되었다고 하여도 그 후 그 자백을 한 당사자가 위 자백을 취소하고 이에 대하여 상대방이 이의를 제기함이 없이 동의하면 반진실, 착오의 요건은 고려할 필요 없이 자백의 취소를 인정하여

51) 대판 1987. 7. 7, 87다카69 등.

야 할 것이나, 위 자백의 취소에 대하여 상대방이 아무런 이의를 제기하고 있지 않다는 점만으로는 그 취소에 동의하였다고 볼 수는 없다.

⊙ 대법원 1992. 2. 14. 선고 91다31494 판결

변론주의의 원칙상 당사자가 주장하지 아니한 사실을 기초로 법원이 판단할 수 없는 것이지만 소송물의 전제가 되는 권리관계나 법률효과를 인정하는 진술은 권리자백으로서 법원을 기속하는게 아니므로 청구의 객관적 실체가 동일하다고 보여지는 한 법원은 원고가 청구원인으로 주장하는 실체적 권리관계에 대한 정당한 법률해석에 의하여 판결할 수 있다.

⊙ 대법원 1990. 12. 11. 선고 90다7104 판결

이행불능에 관한 주장은 법률적 효과에 관한 진실을 한 것에 불과하고 사실에 관한 진술을 한 것이라고는 볼 수 없으므로 그 진술은 자유로이 철회할 수 있고 법원도 이에 구속되지 않는다고 할 것인바, 따라서 자백의 취소에 관한 규정이 적용될 여지가 없다.

⊙ 대법원 1989. 5. 9. 선고 87다카749 판결

소유권에 기한 이전등기말소청구소송에 있어서 피고가 원고 주장의 소유권을 인정하는 진술은 그 소 전제가 되는 소유권의 내용을 이루는 사실에 대한 진술로 볼 수 있으므로 이는 재판상 자백이다.

◉ 대법원 1971. 2. 23. 선고 70다44, 70다45 판결

법인 아닌 사단 또는 재단의 존재 여부 그 대표자의 자격에 관한 사항은 소송당사자능력 또는 소송능력에 관한 사항으로서 직권조사항이고 소송당사자의 자백에 구애되지 않는다.

Ⅱ. 자백간주

◉ 대법원 1997. 2. 28. 선고 96다53789 판결

민사소송법 제139조에 의하면 당사자가 공시송달에 의하지 아니한 적법한 소환을 받고도 변론기일에 출석하지 아니하고 답변서 기타 준비서면마저 제출하지 아니하여 상대방이 주장한 사실을 명백히 다투지 아니한 때에는 그 사실을 자백한 것으로 간주하도록 되어 있으므로, 그 결과 의제자백이 된 피고들과 원고의 주장을 다툰 피고들 사이에서 동일한 실체관계에 대하여 서로 배치되는 내용의 판단이 내려진다고 하더라도 이를 위법하다고 할 수 없다.

◉ 대법원 1989. 7. 25. 선고 89다카4045 판결

제1심에서 원고의 주장사실을 명백히 다투지 아니하여 의제자백으로 패소한 피고가 항소심에서도 원고 청구기각의 판결을 구하였을 뿐 원고가 청구원인으로 주장한 사실에 대하여는 아무런 답변도 진술하지 않았다면 그 사실을 다툰 것으로 인정되지 않는 한 항소심에서도 의제자백이 성립한다.

⊙ 대법원 1988. 2. 23. 선고 87다카961 판결

민사소송법 제139조 소정의 의제자백의 요건이 구비되어 일단 의제자백으로서의 효과가 발생한 때에는 그 이후의 기일에 대한 소환장이 송달불능으로 되어 공시송달하게 되었다고 하더라도 이미 발생한 의제자백의 효과가 상실되는 것은 아니라고 할 것이므로 위 규정에 의하여 자백한 것으로 간주하여야 할 사실을 증거판단하여 의제자백에 배치되는 사실인정을 하는 것은 위법이라고 할 것이다.

Ⅲ. 현저한 사실

⊙ 대법원 1999. 12. 7. 선고 99다41886 판결

통계청이 정기적으로 조사·작성하는 한국인의 생명표에 의한 남녀별 각 연령별 기대여명은 법원에 현저한 사실이므로 불법행위로 인한 피해자의 일실 수입 등 손해액을 산정함에 있어 기초가 되는 피해자의 기대여명은 당사자가 제출한 증거에 구애됨이 없이 그 손해 발생 시점과 가장 가까운 때에 작성된 생명표에 의하여 확정할 수 있다.

⊙ 대법원 1996. 7. 18. 선고 94다20051 전원합의체 판결

【 다수의견 】

민사소송법 제261조 소정의 '법원에 현저한 사실'이라 함은 법관이 직무상 경험으로 알고 있는 사실로서 그 사실의 존재에

관하여 명확한 기억을 하고 있거나 또는 기록 등을 조사하여 곧바로 그 내용을 알 수 있는 사실을 말한다.

【 반대의견 】

일반적으로 법원에 현저한 사실이라 함은 민사소송법상 불요증사실의 하나로서(제261조) 판결을 하여야 할 법원의 법관이 직무상 경험으로 그 사실의 존재에 관하여 명확한 기억을 하고 있는 사실을 말하므로, 법관이 직무상 안 사실이라고 하더라도 명확한 기억을 하고 있지 아니하면 법원에 현저한 사실에 속한다고 할 수 없다.

【 다수의견 】

피해자의 장래수입상실액을 인정하는 데 이용되는 직종별임금실태조사보고서와 한국직업사전의 각 존재 및 그 기재 내용을 법원에 현저한 사실로 보아, 그를 기초로 피해자의 일실수입을 산정한 조치는, 객관적이고 합리적인 방법에 의한 것이라고 보여지므로 옳다.

【 반대의견 】

직종별임금실태조사보고서는 법관이 그 기재 내용을 기억할 수 없거나 또는 다른 사건의 증거조사 과정을 통하여 그 일부를 기억할 수 있을 뿐이므로 이를 전연 별개의 사건에서 법원에 현저한 사실이라고 하여 판결의 기초로 삼을 수 없고, 뿐만 아니라 이를 다수의견과 같이 법원에 현저한 사실에 속한다고 보게 되면 변론에 전혀 현출되지 아니하였음에도 불구하고 사실심 법원이 그 사실을 피해자의 수입을 인정하는 자료로 이용하게 됨으로써 소송당사자가 예상하지 못한 불이익한 재판을 받게 될 우려가 있다.

제1관 자유심증주의

자유심증주의라 함은 사실판단에 있어서 증거방법의 한정이나 증거력의 법정 등 증거법칙의 제한을 받지 않고 변론전체의 취지와 증거조사의 결과를 참작하여 자유로운 심증으로 사실을 인정하는 원칙을 말한다.

Ⅰ. 자유심증주의의 의의

⊙ 대법원 1982. 8. 24. 선고 82다카317 판결

민사소송법 제187조가 선언하고 있는 자유심증주의는 증거의 증거력을 법정하지 아니하고 오로지 법관의 자유로운 판단에 맡기는 것을 말하기는 하나 이는 형식적, 법률적인 증거규칙으로부터의 해방을 뜻할 뿐 법관의 자의적인 판단을 용인한다는 것이 아니므로 적법한 증거조사 절차를 거친 증거능력있는 적법한 증거에 의하여 사회정의와 형평의 이념에 입각하여 논리와 경험의 법칙에 따라 사실주장의 진실여부를 판단하여야 할 것이며 비록 사실의 인정이 사실심의 전권에 속한다고 하더라도 역시 이와 같은 제약에서 벗어날 수 없는 것이다.

1. 변론전체의 취지

⊙ 대법원 1983. 7. 12. 선고 83다카308 판결

증거원인으로서의 변론의 취지는 변론과정에서의 당사자의 진술내용 및 그 시기, 태도 등과 그 변론과정에서 직접 얻은 인상등 일체의 자료 또는 상황을 말하는 것이므로 그 성질에 비추어 변론의 취지만으로는 사실을 인정할 수 없고 다만 사실인정의 자료가 되는 다른 증거방법의 보충적 권능을 다할 뿐이다.

2. 증거조사의 결과

⊙ 대법원 2000. 1. 21. 선고 97다1013 판결

처분문서의 진정성립이 인정되면 반증에 의하여 그 기재 내용과 다른 특별한 명시적 또는 묵시적 약정이 있었다는 사실이 인정되지 아니하는 한 법원은 그 문서의 기재 내용에 따른 의사표시의 존재와 내용을 인정하여야 하고, 합리적인 이유 설시도 없이 이를 배척하여서는 아니 된다.

⊙ 대법원 1999. 5. 25. 선고 99다1789 판결

자유심증주의를 채택하고 있는 우리 민사소송법하에서 상대방 부지 중 비밀리에 상대방과의 대화를 녹음하였다는 이유만으로 그 녹음테이프가 증거능력이 없다고 단정할 수 없고, 그 채증 여부는 사실심 법원의 재량에 속하는 것이다.

⊙ 대법원 1988. 11. 8. 선고 87다카683 판결

증거의 취사와 사실의 인정은 사실심의 전권에 속하는 것으로서 이것이 자유심증주의의 한계를 벗어나지 않는 한, 적법한 상고이유로 삼을 수가 없다.

⊙ 대법원 1983. 5. 24. 선고 80다1030 판결

당사자 일방이 상대방으로부터 제출된 증거를 자기의 이익으로 원용한 흔적이 없으므로 법원이 그 증거들에 대한 판단을 한 바 없다 하여 증거공통의 원칙에 저촉된다거나 증거판단을 유탈한 것이라고 탓할 수 없다.

Ⅱ. 자유심증주의의 예외 - 증명방해

⊙ 대법원 1999. 4. 13. 선고 98다9915 판결

당사자 일방이 입증을 방해하는 행위를 하였더라도 법원으로서는 이를 하나의 자료로 삼아 자유로운 심증에 따라 방해자측에게 불리한 평가를 할 수 있음에 그칠 뿐 입증책임이 전환되거나 곧바로 상대방의 주장 사실이 증명된 것으로 보아야 하는 것은 아니다.

⊙ 대법원 1995. 3. 10. 선고 94다39567 판결

의료분쟁에 있어서 의사측이 가지고 있는 진료기록 등의 기재가 사실인정이나 법적 판단을 함에 있어 중요한 역할을 차지

하고 있는 점을 고려하여 볼 때, 의사측이 진료기록을 변조한 행위는, 그 변조이유에 대하여 상당하고도 합리적인 이유를 제시하지 못하는 한, 당사자간의 공평의 원칙 또는 신의칙에 어긋나는 입증방해행위에 해당한다 할 것이고, 법원으로서는 이를 하나의 자료로 하여 자유로운 심증에 따라 의사측에게 불리한 평가를 할 수 있다.

Ⅲ. 자유심증의 정도

⊙ 대법원 1960. 3. 31. 선고 4292민상247 판결

증거취사와 사실인정은 사실심인 원심의 자유심증에 일임된 바이나 그 사실인정에 있어서의 심증형성을 위한 증거력 평가는 증거자료의 내용검토와 각종 자료의 내용의 비교 등으로서 수다한 증거자료가 전달되고 서설하는 것에 대한 우리들의 실생활면에서 생기하는 실정률의 고저, 환언하면 실험측상의 개연성의 강약을 비교·검토하는 것이요, 그 고도의 개연성에 대한 확신을 소위 사실인정이라 하며, 만일 그 개인성이 우리 실험측에 비하여 저도임에도 불구하고 이로서 사실인정의 척도로 한 때에는 자유심증의 범위를 이탈한 것이다.

⊙ 대법원 1997. 12. 12. 선고 97다36507 판결[52)]

동일한 사항에 관하여 상이한 수개의 감정 결과가 있을 때

---

52) 대판 1992. 10. 27, 91다39368; 동 1995. 8. 25, 94다34562 등 참조.

그 중 하나에 의하여 사실을 인정하였다면 그것이 경험칙이나 논리법칙에 위배되지 않는 한 적법하다.

⊙ 대법원 1996. 4. 12. 선고 95다45125 판결

처분문서라 하더라도 그 기재 내용과 다른 특별한 명시적, 묵시적 약정이 있는 사실이 인정될 경우에는 그 기재 내용의 일부를 달리 인정할 수 있고, 또 작성자의 법률행위 해석에 있어서도 경험칙과 논리법칙에 어긋나지 않는 범위 내에서 자유로운 심증으로 판단할 수 있다.

사실심법원이 증거들을 종합하여 사실인정을 하는 경우에는 각 증거 중 서로 모순되는 부분과 불필요한 부분은 제거하고 그 중 필요하고 공통된 부분만을 모아서 이를 판단자료에 공용하는 것이므로, 처분문서 등 특별한 증거가 아닌 한 어느 증거 내용 중 법원이 인정한 사실과 저촉되는 부분에 대하여는 특히 이를 채택하지 않는다는 명시가 없어도 그 증거가치를 부정한 것이라 봄이 상당하고, 따라서 사실심법원이 증거 중 그 인정사실과 저촉되는 부분을 배척하는 취지를 명시하지 않았거나 그 배척 이유를 설시하지 않았다 하여 판단유탈의 위법이 있다고 할 수 없다.

⊙ 대법원 1995. 8. 22. 선고 95다12040 판결

처분문서라 하더라도 거기에 기재된 작성자의 법률행위를 어떻게 해석할 것인가 하는 것은 별도의 판단 문제로서 경험법칙

과 논리법칙에 반하지 않는 범위 내에서 자유로운 심증으로 판단할 수 있다.

⊙ 대법원 1990. 11. 27. 선고 88다카12759, 88다카12766 판결

처분문서는 그 성립의 진정함이 인정되는 이상 법원은 그 기재내용을 부정할 만한 분명하고도 수긍할 수 있는 반증이 없는 한 그 기재내용에 의하여 그 의사표시의 존재 및 내용을 인정하여야 하고 이를 믿기 어려운 수긍할 수 있는 이유의 설시 없이는 그 기재내용을 배척할 수 없는 것이다.

제2관 주장책임

⊙ 대법원 1997. 4. 25. 선고 96다46484 판결

시효중단사유의 주장·입증책임은 시효완성을 다투는 당사자가 지며, 그 주장책임의 정도는 취득시효가 중단되었다는 명시적인 주장을 필요로 하는 것이 아니라 중단사유에 속하는 사실만 주장하면 주장책임을 다한 것으로 보아야 한다.

⊙ 대법원 1990. 2. 27. 선고 89다카19412 판결

매매계약서에 매수인이 계약사항을 불이행시에는 매도인이 일방적으로 해약하여도 이의할 수 없고 납부한 계약금을 매도인의 소유로 한다고 규정하고 있는 경우에도 위와 같은 약정에 따라 위 계약금이 위약금으로서 몰취되었다는 권리멸각사유는 매도인에게 그 주장책임이 있다.

제3관 증명책임

증명책임이란 소송의 최종단계에 이르러서도 주요사실의 존재가 확정되지 않는 경우에 누가 불이익을 부담할 것인가의 문제이다.

Ⅰ. 증명책임의 분배

객관적증명책임이란 어떤 사실의 존부가 불명한 경우에 정립된 증명책임규범에 의해서 받는 당사자의 불이익이다. 따라서 누가 증명책임을 부담하는가는 곧 소송의 승패에 직결되기 때문에 중요한 역할을 한다. 여기에서 증명책임은 합리적으로 분배할 필요가 있고, 그 이념이 정의나 형평사상에 기초해야 할 것이다.

⊙ 대법원 2006. 1. 13. 선고 2005다51013, 51020 판결

임차인은 임차건물의 보존에 관하여 선량한 관리자의 주의의무를 다하여야 하고, 임차인의 임차물반환채무가 이행불능이 된 경우, 임차인이 그 이행불능으로 인한 손해배상책임을 면하려면 그 이행불능이 임차인의 귀책사유로 말미암은 것이 아님을 입증할 책임이 있다.

⊙ 대법원 2004. 8. 20. 선고 2002다20353 판결

화해계약이 성립되면 특별한 사정이 없는 한, 그 창설적 효력

에 의하여 종전의 법률관계를 바탕으로 한 권리의무관계는 소멸되고 계약 당사자 간에는 종전의 법률관계가 어떠하였느냐를 묻지 않고 화해계약에 의하여 새로운 법률관계가 생기는 것이므로, 화해계약의 의사표시에 착오가 있더라도 이것이 당사자의 자격이나 목적인 분쟁 이외의 사항에 관한 것이 아니고 분쟁의 대상인 법률관계 자체에 관한 것일 때에는 이를 취소할 수 없고, 화해계약의 의사표시에 있어 중요 부분에 관한 착오의 존재 및 이것이 당사자의 자격이나 목적인 분쟁 이외의 사항에 관한 것이라는 점은 착오를 이유로 화해계약의 취소를 주장하는 자가 입증하여야 한다.

⊙ 대법원 2001. 4. 24. 선고 2000다41875 판결

채무자가 자기의 유일한 재산인 부동산을 매각하여 소비하기 쉬운 금전으로 바꾸거나 타인에게 무상으로 이전하여 주는 행위는 특별한 사정이 없는 한 채권자에 대하여 사해행위가 된다고 볼 것이므로 채무자의 사해의 의사는 추정되는 것이고, 이를 매수하거나 이전 받은 자가 악의가 없었다는 입증책임은 수익자에게 있다.

⊙ 대법원 2001. 1. 19. 선고 2000다57351 판결

임차인의 임차물 반환채무가 이행불능이 된 경우 임차인이 그 이행불능으로 인한 손해배상책임을 면하려면 그 이행불능이 임차인의 귀책사유로 말미암은 것이 아님을 입증할 책임이 있

으며, 임차건물이 화재로 소훼된 경우에 있어서 그 화재의 발생원인이 불명인 때에도 임차인이 그 책임을 면하려면 그 임차건물의 보존에 관하여 선량한 관리자의 주의의무를 다하였음을 입증하여야 한다.

⊙ 대법원 1998. 3. 13. 선고 97다45259 판결

금전채무부존재확인소송에 있어서는, 채무자인 원고가 먼저 청구를 특정하여 채무발생원인사실을 부정하는 주장을 하면 채권자인 피고는 권리관계의 요건사실에 관하여 주장·입증책임을 부담한다.

⊙ 대법원 1994. 2. 8. 선고 93다13605 판결

미성년자가 책임능력이 있어 그 스스로 불법행위책임을 지는 경우에도 그 손해가 당해 미성년자의 감독의무자의 의무위반과 상당인과관계가 있으면 감독의무자는 일반불법행위자로서 손해배상책임이 있고 이 경우에 그러한 감독의무위반사실 및 손해발생과의 상당인과관계의 존재는 이를 주장하는 자가 입증하여야 한다.

⊙ 대법원 1993. 9. 28. 선고 93다20832 판결

어떠한 법률행위가 조건의 성취시 법률행위의 효력이 발생하는 소위 정지조건부 법률행위에 해당한다는 사실은 그 법률행위로 인한 법률효과의 발생을 저지하는 사유로서 그 법률효과의 발생을 다투려는 자에게 주장입증책임이 있다.

◉ 대법원 1992. 12. 24. 선고 92다36403 판결[53)]

농지에 관하여 소유권이전등기가 경료되어 있으면 그 등기 당시 이미 농지개혁법 소정의 농지소재지증명이 구비되어 있었던 것으로 추정되고, 나아가 위 농지소재지증명을 구비한 자는 농지를 자경 또는 자영할 의사가 있었다고 추정되는 것이며, 또한 농지개혁법 소정의 위 농지소재지증명 등에 관한 사항은 법원의 직권조사사항이 아니라 당사자의 공격방어자료에 불과한 것으로 그 증명이 없었다는 사실은 이를 다투는 상대방에게 그 입증책임이 있다.

◉ 대법원 1992. 5. 22. 선고 92다2295 판결

어떠한 의사표시가 비진의 의사표시로서 무효라고 주장하는 경우에 그 입증책임은 그 주장자에게 있다.

◉ 대법원 1990. 11. 27. 선고 90다카25222 판결[54)]

매매를 원인으로 한 소유권이전등기청구에 있어 매수인은 매매계약 사실을 주장, 입증하면 특별한 사정이 없는 한 매도인은 소유권이전등기의무가 있는 것이며, 매도인이 매매대금의 일부를 수령한 바 없다면 동시이행의 항변을 제기하여야 하는 것이고, 법원은 매수인의 이와 같은 항변이 있을 때에 비로소 대금지급 사실의 유무를 심리할 수 있는 것이다.

---

53) 대판 1992. 4. 10, 91다34127 참조.

54) 대판 1967. 9. 19. 선고 67다1231 판결 등.

⊙ 대법원 1990. 3. 27. 선고 88다카181 판결

대리권이 있다는 것과 표현대리가 성립한다는 것은 그 요건사실이 다르므로 유권대리의 주장이 있으면 표현대리의 주장이 당연히 포함되는 것은 아니고 이 경우 법원이 표현대리의 성립 여부까지 판단해야 하는 것은 아니다.

Ⅱ. 증명책임의 완화

1. 등기의 추정력

⊙ 대법원 1997. 10. 16. 선고 95다57029 전원합의체 판결

구 부동산소유권이전등기등에관한특별조치법(1977. 12. 31. 법률 제3094호, 실효)에 의한 등기는 같은 법 소정의 적법한 절차에 따라 마쳐진 것으로서 실체관계에 부합하는 등기로 추정되므로 등기의 말소를 소구하는 자에게 적극적으로 추정을 번복시킬 주장·입증책임이 있지만, 등기의 기초가 된 보증서나 확인서의 실체적 기재 내용이 진실이 아님을 의심할 만큼 증명이 있는 때에는 등기의 추정력은 번복된 것으로 보아야 하고 이러한 보증서 등의 허위성의 입증 정도가 법관이 확신할 정도가 되어야만 하는 것은 아니다.

⊙ 대법원 1997. 6. 24. 선고 97다2993 판결

부동산에 관하여 소유권이전등기가 마쳐져 있는 경우에는 그 등기 명의자는 제3자에 대하여서뿐 아니라 그 전 소유자에 대

하여서도 적법한 등기원인에 의하여 소유권을 취득한 것으로 추정되므로 이를 다투는 측에서 그 무효사유를 주장·입증하여야 하고, 부동산 등기는 현재의 진실한 권리상태를 공시하면 그에 이른 과정이나 태양을 그대로 반영하지 아니하였어도 유효한 것으로서, 등기 명의자가 전 소유자로부터 부동산을 취득함에 있어 등기부상 기재된 등기원인에 의하지 아니하고 다른 원인으로 적법하게 취득하였다고 하면서 등기원인 행위의 태양이나 과정을 다소 다르게 주장한다고 하여 이러한 주장만 가지고 그 등기의 추정력이 깨어진다고 할 수는 없으므로, 이러한 경우에도 이를 다투는 측에서 등기 명의자의 소유권이전등기가 전 등기 명의인의 의사에 반하여 이루어진 것으로서 무효라는 주장·입증을 하여야 한다.

2. 자주점유의 추정정도

⊙ 대법원 1997. 8. 21. 선고 95다28625 전원합의체 판결

【 다수의견 】

점유자가 점유 개시 당시에 소유권 취득의 원인이 될 수 있는 법률행위 기타 법률요건이 없이 그와 같은 법률요건이 없다는 사실을 잘 알면서 타인 소유의 부동산을 무단점유한 것임이 입증된 경우, 특별한 사정이 없는 한 점유자는 타인의 소유권을 배척하고 점유할 의사를 갖고 있지 않다고 보아야 할 것이므로 이로써 소유의 의사가 있는 점유라는 추정은 깨어졌다고 할 것이다.

【 보충의견 1 】

점유자가 점유 개시 당시에 소유권 취득의 원인이 될 수 있는 법률행위 기타 법률요건이 없이 그와 같은 법률요건이 없다는 사실을 알면서 타인 소유의 부동산을 무단점유한 경우에 그 점유자가 정상적인 사고와 행동을 하는 평균인이라면, 동산과는 달리 은닉하여 소유권자의 추급을 회피할 수도 없는 부동산을 점유 개시 당시부터 진정한 소유자의 소유권을 배척하고 점유할 의사를 갖고 있었던 것이 아니라, 오히려 진정한 소유자가 그 반환을 구하는 경우에 이를 반환할 것이지만 그 동안 일시적으로 사용하겠다는 의사나 장차 그 소유권자로부터 본권을 취득할 의사로 점유를 개시하였다고 보는 것이 사회통념과 우리의 생활경험에 합치하는 것이고, 그것이 바로 평균인의 보편적 도의관념이라고 할 것이므로, 타인 소유의 부동산을 무단점유한 것임이 증명된 경우에는 그 점유자의 소유의 의사의 추정이 깨어진다고 봄이 마땅하다.

【 보충의견 2 】

점유 권원이라 함은 점유 취득의 원인이 된 사실관계라는 의미로 이해할 수 있고, 이와 같은 점유 취득의 원인이 된 권원에는 매매, 임대차 등과 같은 법률행위와 무주물 선점, 매장물 발견 등과 같은 비법률행위도 있을 수 있으며, 그것은 적법한 권원과 부적법한 권원이 있을 수 있는데, 점유 '취득의 원인'이 된 사실관계가 없는 이른바 무단점유는 권원 그 자체가 없는 점유이고, 점유를 권원과의 관계에서 고찰하여 볼 때, 권원이 없음이 밝혀진 경우와 권원의 존부가 불분명한 경우 및 권원이 있음이 밝혀진 경우로 나누어 볼 수 있고 권원이 있음이 밝혀진 경우도 그 권원의 성질이 불분명한 경우와 그 성질이 분명한 경우로 나눌 수 있는데, 이 경우 자주점유의 추정이 깨어지지 아니하는 것은 권원의 존부가 불분명한 경우와 권원이 있어도 그 성질이 불분명한 경우에 한하며, 반면 권원의 성질이 분명한 경우에는 그 성질에 따라 자주점유 여부가 결정될 것이므로 점유의 추정은 유지될 수 없는 것이고 권원이 없는 점유의 권원의 성질의 불분명 여부는 생각할 수 없기 때문에 권원이 없음이 밝혀진 경우에도 자주점유의 추정은 깨어진다 할 것이다.

【 별개의견 】

일반적으로 타인 소유의 토지를 일시 사용하는 것을 소유자가 용인할 것으로 기대하고 하는 태양의 무단점유는 소유의사 요건을 충족하지 못할 것이고, 동산 절도는 물론 부동산의 경우에도 위 소유의사가 객관적으로 표출된 무단점유의 경우에는 소유의사를 인정해야 할 것이며 그 성질이 불분명한 경우는 이를 추정해야 할 것이지만, 타인 소유 지상의 주택만이 매도되는 경우에는 특별한 사정이 없는 한 매수인은 그 주택의 부지에 대하여 점용권만을 매수하는 것으로 보아야 할 것이므로 이러한 경우 그 토지의 점유는 소유자를 배제하여 자기의 소유물처럼 배타적 지배를 행사하려는 것이 아니고 권원의 성질상 타인 소유임을 용인한 타주점유로 봄이 상당하다.

【 반대의견 】

점유 개시 당시에 소유권 취득의 원인이 될 수 있는 법률행위 기타 법률요건이 없이 그와 같은 법률요건이 없다는 사실을 잘 알면서 타인 소유의 부동산을 무단점유한 것임이 입증되었다고 하더라도 그와 같은 입증이 있다는 것만으로 점유자의 점유가 권원의 객관적 성질상 소유의 의사가 없는 점유라고 단정할 수는 없으며, 또 다른 부가적 사정 없이 단순히 점유자가 점유 개시 당시에 소유권 취득의 원인이 될 수 있는 법률행위 기타 법률요건이 없이 그와 같은 법률요건이 없다는 사실을 잘 알면서 타인 소유의 부동산을 무단점유 하였다는 사정만으로 외형적·객관적으로 보아 점유자가 진정한 소유자라면 통상 취하지 아니할 태도를 나타내거나 소유자라면 당연히 취했을 것으로 보이는 행동을 취하지 아니한 경우에 해당된다고 볼 수도 없고, 점유취득시효에 있어서는 점유자가 선의임을 그 요건으로 삼지 않고 있어 악의의 점유자도 자주점유라면 시효취득을 할 수 있는 것이므로, 위와 같은 법률요건이 없다는 사실을 잘 알면서 점유한다는 것은 그 점유가 악의의 점유라는 것을 의미하는 것일 수는 있어도 그 점유가 자주 또는 타주점유인지 여부와는 직접적인 관련이 없는 것이므로 이러한 사정만으로 자주점유의 추정을 깨뜨리는 사정이 입증되었다고 볼 수는 없다.

⊙ 대법원 1987. 10. 13. 선고 86다카2928 전원합의체 판결

【 다수의견 】

임야소유권이전등기에관한특별조치법(법률 제2111호)에 의한 소유권보존등기가 경료된 임야에 관하여서는 그 임야를 사정받은 사람이 따로 있는 것으로 밝혀진 경우라도 그 등기는 동법 소정의 적법한 절차에 따라 마쳐진 것으로서 실체적 권리관계에 부합하는 등기로 추정된다 할 것이므로 위 특별조치법에 의하여 경료된 소유권보존등기의 말소를 소구하려는 자는 그 소유권보존등기 명의자가 임야대장의 명의변경을 함에 있어 첨부한 원인증서인 위 특별조치법 제5조 소정의 보증서와 확인서가 허위 내지 위조되었다던가 그 밖에 다른 어떤 사유로 인하여 그 소유권보존등기가 위 특별조치법에 따라 적법하게 이루어진 것이 아니라는 주장과 입증을 하여야 한다.

【 반대의견 】

우리의 법제상 부동산등기는 그 기재사항에 관한 사실상의 추정력을 갖는데 그치는 것이지 그 이상의 법률상의 추정력을 갖는 것은 아니어서 등기사항도 반증이 없는 한도내에서 진실개연성이 있을 뿐이고 적극적으로 등기사항이 법에 따라 적법하게 이루어진 것이 아니라는 사실이 입증(증명)될 때까지의 진실추정력을 갖는 것은 아니라 할 것이며 또 위 특조법에 의한 등기의 진실개연성이 일반 부동산등기의 진실개연성에 비추어 더욱 현저하다고 볼 수 없을 뿐만 아니라 위 특조법에 의한 등

기에 일반 부동산에 관한 소유권보존등기의 추정력에 비하여 우월한 추정력을 부여하여야 함이 옳다는 합리적인 근거를 어디에서도 찾아볼 수 없고 보증인들의 보증서에 바탕하여 이루어진 등기에 우월한 추정력을 부여하는 것은 결과적으로 법관의 자유심증권에 큰 영향을 미치게 될 것이므로 위 특조법에 의한 소유권보존등기명의자라 하더라도 보존등기하기 이전의 소유자로부터 소유권의 양도를 받은 것이라는 주장이 있고 전 소유자가 보존등기명의자에 대한 양도사실을 부인하는 경우에는 보존등기가 있음으로 말미암아 보존등기명의자의 소유로 추정할 수 있는 추정력은 깨어진다고 보아야 할 것이다.

⊙ 대법원 1986. 6. 10. 선고 84다카1773 전원합의체 판결

구 토지조사령(1912.8.13 제령 제2호)에 의한 토지조사부에 토지소유자로 등재되어 있는 자는 재결에 의하여 사정내용이 변경되었다는 등의 반증이 없는 이상 토지소유자로 사정받고 그 사정이 확정된 것으로 추정할 것이다.

Ⅲ. 현대형소송에 있어서 증명책임

1. 공해소송

⊙ 대법원 2004. 11. 26. 선고 2003다2123 판결

공해로 인한 손해배상청구소송에 있어서는 가해행위와 손해발생 사이의 인과관계의 고리를 모두 자연과학적으로 증명하는

것은 곤란 내지 불가능한 경우가 대부분이고, 가해기업은 기술적・경제적으로 피해자보다 원인조사가 용이할 뿐 아니라 자신이 배출하는 물질이 유해하지 않다는 것을 입증할 사회적 의무를 부담한다고 할 것이므로, 가해기업이 배출한 어떤 물질이 피해 물건에 도달하여 손해가 발생하였다면 가해자측에서 그 무해함을 입증하지 못하는 한 책임을 면할 수 없다고 봄이 사회형평의 관념에 적합하다.

여천공단 내 공장들의 폐수 배출과 재첩 양식장에 발생한 손해 사이에 인과관계가 일응 증명되었으므로, 위 공장들이 반증으로 그 폐수 중에 재첩 양식장에 피해를 발생시킨 원인물질이 들어 있지 않거나 원인물질이 들어 있다고 하더라도 재첩 양식에 피해를 일으킬 정도의 농도가 아니라는 사실을 증명하거나, 또는 재첩 양식장의 피해가 전적으로 다른 원인에 의한 것임을 증명하지 못하는 한 그 책임을 면할 수 없다.

⊙ 대법원 1993. 2. 23. 선고 92다52122 판결

피해자인 원고의 손해가 자연력인 태풍(해일)에 의한 침수와 가해자인 피고측의 위와 같은 과실행위가 경합되어 발생된 경우 가해자의 배상범위는 손해의 공평한 부담이라는 견지에서 손해발생에 대하여 자연력이 기여하였다고 인정되는 부분을 공제한 나머지 부분으로 제한하여야 할 것인바, 기록에 비추어 보면 원심이 이 사건 태풍의 발생경위와 그 결과, 피고의 과실내용, 원고의 손해내역 등 모든 사정을 참작하여 이 사건 재해로 원고가입은 손해 중 해일과 침수로 인한 손해와 위 아이빔이나 석괴 등으로 인한 손해의 비율을 각 50퍼센트씩으로 판단하였음은 수긍할 수 있다.

⊙ 대법원 1984. 6. 12. 선고 81다558 판결

일반적으로 불법행위로 인한 손해배상청구사건에 있어서 가해행위와 손해발생간의 인과관계의 입증책임은 청구자인 피해자가 부담하나, 수질오탁으로 인한 이 사건과 같은 공해로 인한 손해배상청구 소송에 있어서는 기업이 배출한 원인물질이 물을 매체로 간접적으로 손해를 끼치는 수가 많고 공해문제에 관하여는 현재의 과학수준으로 해명할 수 없는 분야가 있기 때문에 가해행위와 손해발생 간의 인과관계의 고리를 모두 자연과학적으로 증명하는 것은 곤란 내지 불가능한 경우가 대부분이므로 피해자에게 사실적 인과관계의 존재에 관한 엄밀한 과학적 증명을 요구함은 공해의 사법적 구제의 사실상 거부가 될 우려가 있는 반면에 가해기업은 기술적 경제적으로 피해자 보다 원인조사가 훨씬 용이할 뿐 아니라 그 원인을 은폐할 염려가 있어, 가해기업이 배출한 어떤 유해한 원인물질이 피해물건에 도달하여 손해가 발생하였다면 가해자측에서 그 무해함을 입증하지 못하는 한 책임을 면할 수 없다고 봄이 사회형평의 관념에 적합하다.

수질오탁으로 인한 공해소송인 이 사건에서 (1)피고공장에서 김의 생육에 악영향을 줄 수 있는 폐수가 배출되고 (2)그 폐수

중 일부가 유류를 통하여 이사건 김양식장에 도달하였으며 (3) 그후 김에 피해가 있었다는 사실이 각 모순없이 증명된 이상 피고공장의 폐수배출과 양식 김에 병해가 발생함으로 말미암은 손해간의 인과관계가 일응 증명되었다고 할 것이므로, 피고가 (1)피고 공장폐수 중에는 김의 생육에 악영향을 끼칠 수 있는 원인물질이 들어 있지 않으며 (2)원인물질이 들어 있다 하더라도 그 해수혼합율이 안전농도 범위내에 속한다는 사실을 반증을 들어 인과관계를 부정하지 못하는 한 그 불이익은 피고에게 돌려야 마땅할 것이다.

2. 제조물책임소송

⊙ 대구지법 2005. 6. 21. 선고 2004가단29429, 145901 판결

제조물의 결함을 입증함에 있어서는 제조물책임의 특성상 소비자측에서 사고가 제조업자의 배타적 지배하에 있는 영역에서 발생한 것임을 입증하고 그러한 사고가 어떤 자의 과실 없이는 통상 발생하지 않는다고 하는 사정을 증명하면, 제조업자측에서 그 사고가 제품의 결함이 아닌 다른 원인으로 말미암아 발생한 것임을 입증하지 못하는 이상 제품의 결함으로 인하여 사고가 발생하였다고 추정하여야 한다.

⊙ 대법원 2000. 2. 25. 선고 98다15934 판결

물품을 제조·판매한 자에게 손해배상책임을 지우기 위하여서는 결함의 존재, 손해의 발생 및 결함과 손해의 발생과의 사이에 인과관계의 존재가 전제되어야 하는 것은 당연하지만, 고도의 기술이 집약되어 대량으로 생산되는 제품의 경우, 그 생산 과정은 대개의 경우 소비자가 알 수 있는 부분이 거의 없고, 전문가인 제조업자만이 알 수 있을 뿐이며, 그 수리 또한 제조업자나 그의 위임을 받은 수리업자에 맡겨져 있기 때문에, 이러한 제품에 어떠한 결함이 존재하였는지, 나아가 그 결함으로 인하여 손해가 발생한 것인지 여부는 전문가인 제조업자가 아닌 보통인으로서는 도저히 밝혀 낼 수 없는 특수성이 있어서 소비자 측이 제품의 결함 및 그 결함과 손해의 발생과의 사이의 인과관계를 과학적·기술적으로 완벽하게 입증한다는 것은 지극히 어려우므로, 텔레비전이 정상적으로 수신하는 상태에서 발화·폭발한 경우에 있어서는, 소비자 측에서 그 사고가 제조업자의 배타적 지배하에 있는 영역에서 발생한 것임을 입증하고, 그러한 사고가 어떤 자의 과실 없이는 통상 발생하지 않는다고 하는 사정을 증명하면, 제조업자 측에서 그 사고가 제품의 결함이 아닌 다른 원인으로 말미암아 발생한 것임을 입증하지 못하는 이상, 위와 같은 제품은 이를 유통에 둔 단계에서 이미 그 이용시의 제품의 성상이 사회통념상 당연히 구비하리라고 기대되는 합리적 안전성을 갖추지 못한 결함이 있었고, 이러한 결함으로 말미암아 사고가 발생하였다고 추정하여 손해배상책임을 지울 수 있도록 입증책임을 완화하는 것이 손해의 공평·타당한 부담을 그 지도원리로 하는 손해배상제도의 이상에 맞는다.

3. 의료과오소송

⊙ 대법원 2006. 9. 28. 선고 2004다61402 판결

의료진의 주의의무 위반으로 인한 불법행위의 책임을 묻기 위해서는 의료행위상 주의의무의 위반, 손해의 발생 및 그 양자 사이에 인과관계가 존재한다는 점이 각 입증되어야 할 것인바, 의료행위의 속성상 환자의 구체적인 증상이나 상황에 따라 위험을 방지하기 위하여 요구되는 최선의 조치를 취하여야 할 주의의무를 부담하는 의료진이 환자의 기대에 반하여 환자의 치료에 전력을 다하지 아니한 경우에는 그 업무상 주의의무를 위반한 것이라고 보아야 할 것이지만, 그러한 주의의무 위반과 환자에게 발생한 악결과(惡結果) 사이에 상당인과관계가 인정되지 않는 경우에는 그에 관한 손해배상을 구할 수 없다. 다만, 그 주의의무 위반의 정도가 일반인의 처지에서 보아 수인한도를 넘어설 만큼 현저하게 불성실한 진료를 행한 것이라고 평가될 정도에 이른 경우라면 그 자체로서 불법행위를 구성하여 그로 말미암아 환자나 그 가족이 입은 정신적 고통에 대한 위자료의 배상을 명할 수 있으나, 이때 그 수인한도를 넘어서는 정도로 현저하게 불성실한 진료를 하였다는 점은 불법행위의 성립을 주장하는 피해자들이 이를 입증하여야 한다.

원심판결이 의료진이 전신마취 후 마취 회복 기간이 경과하도록 기면(嗜眠) 또는 혼미(昏迷)의 의식상태에 놓인 환자에 대한 사후 관리를 함에 있어 최선의 조치를 다하지 않았다고 보아 위자료의 배상책임을 인정한 것을 그 주의의무 위반의 정도가 일반인의 수인한도를 넘어서는 것인지 여부에 관하여 심리를 제대로 하지 않았다.

⊙ 대법원 2004. 10. 28. 선고 2002다45185 판결[55]

의사가 진찰·치료 등의 의료행위를 함에 있어서는 사람의 생명·신체·건강을 관리하는 업무의 성질에 비추어 환자의 구체적인 증상이나 상황에 따라 위험을 방지하기 위하여 요구되는 최선의 조치를 취하여야 할 주의의무가 있고, 의사의 이와 같은 주의의무는 의료행위를 할 당시 의료기관 등 임상의학 분야에서 실천되고 있는 의료행위의 수준을 기준으로 삼되 그 의료수준은 통상의 의사에게 의료행위 당시 일반적으로 알려져 있고 또 시인되고 있는 이른바 의학상식을 뜻하므로 진료환경 및 조건, 의료행위의 특수성 등을 고려하여 규범적인 수준으로 파악되어야 한다.

한편 의료행위는 고도의 전문적 지식을 필요로 하는 분야로서 전문가가 아닌 일반인으로서는 의사의 의료행위의 과정에 주의의무 위반이 있는지의 여부나 그 주의의무 위반과 손해발생 사이에 인과관계가 있는지 여부를 밝혀내기가 극히 어려운 특수성이 있으므로 수술 도중 환자에게 사망의 원인이 된 증상이 발생한 경우 그 증상 발생에 관하여 의료상의 과실 이외의 다른 원인이 있다고 보기 어려운 간접사실들을 입증함으로써

55) 대판 2001. 3. 23, 2000다20755; 동 2000. 7. 7, 99다66328 등 참조.

그와 같은 증상이 의료상의 과실에 기한 것이라고 추정하는 것도 가능하다고 하겠으나, 그 경우에도 의사의 과실로 인한 결과 발생을 추정할 수 있을 정도의 개연성이 담보되지 않는 사정들을 가지고 막연하게 중한 결과에서 의사의 과실과 인과관계를 추정함으로써 결과적으로 의사에게 무과실의 입증책임을 지우는 것까지 허용되는 것은 아니라고 할 것이다.

⊙ 대법원 2004. 3. 12. 선고 2003다16771 판결

고도의 기술이 집약되어 대량으로 생산되는 제품의 결함을 이유로 그 제조업자에게 손해배상책임을 지우는 경우 그 제품의 생산과정은 전문가인 제조업자만이 알 수 있어서 그 제품에 어떠한 결함이 존재하였는지, 그 결함으로 인하여 손해가 발생한 것인지 여부는 일반인으로서는 밝힐 수 없는 특수성이 있어서 소비자 측이 제품의 결함 및 그 결함과 손해의 발생과의 사이의 인과관계를 과학적·기술적으로 입증한다는 것은 지극히 어려우므로 그 제품이 정상적으로 사용되는 상태에서 사고가 발생한 경우 소비자 측에서 그 사고가 제조업자의 배타적 지배하에 있는 영역에서 발생하였다는 점과 그 사고가 어떤 자의 과실 없이는 통상 발생하지 않는다고 하는 사정을 증명하면, 제조업자 측에서 그 사고가 제품의 결함이 아닌 다른 원인으로 말미암아 발생한 것임을 입증하지 못하는 이상 그 제품에게 결함이 존재하며 그 결함으로 말미암아 사고가 발생하였다고 추정하여 손해배상책임을 지울 수 있도록 입증책임을 완화하는

것이 손해의 공평·타당한 부담을 그 지도원리로 하는 손해배상제도의 이상에 맞다.

◉ 대법원 2003. 11. 27. 선고 2001다20127 판결

의료행위상의 주의의무 위반으로 인한 손해배상청구에서 피해자측에서 일련의 의료행위 과정에 있어서 저질러진 일반인의 상식에 바탕을 둔 의료상의 과실 있는 행위를 입증하고 그 결과와 사이에 일련의 의료행위 외에 다른 원인이 개재될 수 없다는 점, 이를테면 환자에게 의료행위 이전에 그러한 결과의 원인이 될 만한 건강상의 결함이 없었다는 사정을 증명한 경우에는 의료상 과실과 결과 사이의 인과관계를 추정하여 손해배상책임을 지울 수 있도록 입증책임을 완화할 것이나, 이 경우에도 일련의 의료행위 과정에 있어서 일반인의 상식에 바탕을 둔 의료상 과실의 존재는 환자측에서 입증하여야 하는 결과 의료과정에서 어떠한 주의의무 위반의 잘못을 인정할 수 없다면 그 청구는 배척될 수밖에 없다.

◉ 대법원 1999. 6. 11. 선고 99다3709 판결

원래 의료행위에 있어서 주의의무 위반으로 인한 불법행위 또는 채무불이행으로 인한 책임이 있다고 하기 위하여는, 다른 경우에 있어서와 마찬가지로, 의료행위상의 주의의무의 위반, 손해의 발생 및 주의의무의 위반과 손해의 발생 사이의 인과관계의 존재가 전제되어야 한다고 할 것이나, 의료행위가 고도의 전문적 지식을 필요로 하는 분야이고 그 의료의 과정은 대개의

경우 환자 본인이 그 일부를 알 수 있는 외에 의사만이 알 수 있을 뿐이며 치료의 결과를 달성하기 위한 의료기법은 의사의 재량에 달려 있기 때문에, 손해 발생의 직접적인 원인이 의료상의 과실로 말미암은 것인지의 여부는 전문가인 의사가 아닌 보통인으로서는 도저히 밝혀낼 수 없는 특수성이 있어서 환자측이 의사의 의료행위상의 주의의무 위반과 손해의 발생과의 사이의 인과관계를 의학적으로 완벽하게 입증한다는 것은 극히 어려운 일이므로, 의료사고가 발생한 경우 피해자측에서 일련의 의료행위 과정에 있어서 저질러진 일반인의 상식에 바탕을 둔 의료상의 과실이 있는 행위를 입증하고 그 결과와 사이에 일련의 의료행위 외에 다른 원인이 개재될 수 없다는 점, 이를테면 환자에게 의료행위 이전에 그러한 결과의 원인이 될 만한 건강상의 결함이 없었다는 사정을 증명한 경우에는, 의료행위를 한 측이 그 결과가 의료상의 과실로 말미암은 것이 아니라 전혀 다른 원인으로 말미암은 것이라는 입증을 하지 아니하는 이상, 의료상 과실과 결과 사이의 인과관계를 추정하여 손해배상책임을 지울 수 있도록 입증책임을 완화하는 것이 손해의 공평·타당한 부담을 그 지도원리로 하는 손해배상제도의 이상에 맞는다.

⊙ 대법원 1998. 7. 24. 선고 98다12270 판결

의사가 진찰·치료 등의 의료행위를 함에 있어서는 사람의 생명·신체·건강을 관리하는 업무의 성질에 비추어 환자의 구체적인 증상이나 상황에 따라 위험을 방지하기 위하여 요구되

는 최선의 조치를 취하여야 할 주의의무가 있고, 의사의 이와 같은 주의의무는 의료행위를 할 당시 의료기관 등 임상의학 분야에서 실천되고 있는 의료행위의 수준을 기준으로 삼되, 그 의료수준은 통상의 의사에게 의료행위 당시 일반적으로 알려져 있고 또 시인되고 있는 이른바 의학상식을 뜻하므로 진료환경 및 조건, 의료행위의 특수성 등을 고려하여 규범적인 수준으로 파악되어야 한다.

치료 당시의 의료수준에 비추어 패혈증을 의심하고 그에 필요한 처치를 시작하거나 처치가 가능한 병원으로 전원시켜야 할 주의의무를 위반하였다.

법원의 감정촉탁에 대한 의료기관의 회보결과 및 법원의 사실조회에 대한 대한의사협회장의 회보결과는 사실인정에 관하여 특별한 지식과 경험을 요하는 경우에 법관이 그 특별한 지식, 경험을 이용하는데 불과한 것이며, 의료과오가 있었는지 여부는 궁극적으로는 그 당시 제반 사정을 참작하여 경험칙에 비추어 규범적으로 판단할 수밖에 없으므로, 위 각 회보결과에 의료과오의 유무에 관한 견해가 포함되어 있다고 하더라도 법원이 의사에게 과실이 있는지 여부를 판단함에 있어서 그 견해에 기속되지 아니한다.

⊙ 대법원 1995. 2. 10. 선고 93다52402 판결

원래 의료행위에 있어서 주의의무 위반으로 인한 불법행위 또는 채무불이행으로 인한 책임이 있다고 하기 위하여는 다른

경우와 마찬가지로 의료행위상의 주의의무의 위반, 손해의 발생 및 주의의무의 위반과 손해의 발생과의 사이의 인과관계의 존재가 전제되어야 한다고 할 것이다. 그러나 의료행위가 고도의 전문적 지식을 필요로하는 분야이고, 그 의료의 과정은 대개의 경우 환자본인이 그 일부를 알 수 있는 외에 의사만이 알 수 있을 뿐이며, 치료의 결과를 달성하기 위한 의료기법은 의사의 재량에 달려 있기 때문에 손해발생의 직접적인 원인이 의료상의 과실로 말미암은 것인지 여부는 전문가인 의사가 아닌 보통인으로서는 도저히 밝혀낼 수 없는 특수성이 있어서 환자측이 의사의 의료행위상의 주의의무위반과 손해의 발생과 사이의 인과관계를 의학적으로 완벽하게 입증한다는 것은 극히 어려우므로, 이 사건에 있어서와 같이 환자가 치료도중에 사망한 경우에 있어서는 피해자측에서 일련의 의료행위 과정에 있어서 저질러진 일반인의 상식에 바탕을 둔 의료상의 과실있는 행위를 입증하고 그 결과와 사이에 일련의 의료행위외에 다른 원인이 개재될 수 없다는 점, 이를테면 환자에게 의료행위 이전에 그러한 결과의 원인이 될 만한 건강상의 결함이 없었다는 사정을 증명한 경우에 있어서는, 의료행위를 한 측이 그 결과가 의료상의 과실로 말미암은 것이 아니라 전혀 다른 원인으로 말미암은 것이라는 입증을 하지 아니하는 이상, 의료상 과실과 결과 사이의 인과관계를 추정하여 손해배상책임을 지울 수 있도록 입증책임을 완화하는 것이 손해의 공평·타당한 부담을 그 지도원리로 하는 손해배상제도의 이상에 맞는다고 하지 않을 수 없다.

제3절 증거조사절차

제1관 증거조사의 개시

1. 증거의 採否

⊙ 대법원 1991. 7. 26. 선고 90다19121 판결

당사자의 주장사실에 대한 유일한 증거가 아닌 한 증거의 채부는 법원이 자유로이 결정할 수 있는 재량사항이다.

2. 유일한 증거

⊙ 대법원 1976. 1. 27. 선고 75다1703 판결

유일한 증거라 함은 당사자의 입증책임이 있는 사항에 관한 유일한 증거를 말하고 상대방의 주장을 부인한 당사자의 신청증거는 반증에 불과하여 유일한 증거에 해당하지 아니한다.

제2관 증거조사의 실시

Ⅰ. 증인심문

⊙ 대법원 1971. 11. 30. 선고 71다1745 판결

증인이 당사자와 친족관계에 있다 할지라도 증인을 신문할 당시 그와 같은 사실이 드러나 있지 아니하였다면 재판장이 진술거부권행사 여부를 물어보지 아니하였다 하여 위법이 아니다.

Ⅱ. 감정

⊙ 대법원 1999. 7. 13. 선고 97다57979 판결

감정의견이 소송법상 감정인 신문이나 감정의 촉탁방법에 의한 것이 아니고 소송 외에서 전문적인 학식 경험이 있는 자가 작성한 감정의견을 기재한 서면이라 하더라도 그 서면이 서증으로 제출되었을 때 법원이 이를 합리적이라고 인정하면 이를 사실인정의 자료로 할 수 있다.

⊙ 대법원 1989. 6. 27. 선고 88다카14076 판결

감정은 법원이 어떤 사항을 판담함에 있어 특별한 지식과 경험을 필요로 하는 경우 그 판단의 보조수단으로서 이를 이용하는데에 지나지 않으므로 동일한 사실에 관하여 상반되는 수개의 감정결과가 있을 때에 법원이 그 중 하나를 채용하여 사실을 인정하였다면 그것이 경험칙이나 논리법칙에 위배되지 않는 한 적법하고 어느 하나를 채용하고 그 나머지를 배척하는 이유를 구체적으로 명시할 필요가 없다.

Ⅲ. 서증

1. 서증신청의 절차

⊙ 대법원 1999. 11. 12. 선고 99다38224 판결

민사소송법 제326조 제1항에 의하여 문서는 원본·정본 또는 인증있는 등본을 제출하는 것이 원칙이나, 사본을 원본에 갈음

하여 또는 사본 그 자체를 원본으로서 제출할 수도 있다고 할 것인바, 상대방이 원본의 존재나 성립을 인정하고 사본으로써 원본에 갈음하는 것에 대하여 이의가 없는 경우에는 사본을 원본에 갈음하여 제출할 수 있고, 이와 같은 경우에는 그 원본이 제출된 경우와 동일한 효과가 생긴다고 할 것이며, 반면에 사본을 원본으로서 제출하는 경우에는 그 사본이 독립한 서증이 된다고 할 것이나 그 대신 이에 의하여 원본이 제출된 것으로 되지는 아니하고, 이 때에는 증거에 의하여 사본과 같은 원본이 존재하고 또 그 원본이 진정하게 성립하였음이 인정되어야 하는 것이다.

⊙ 대법원 1995. 5. 3. 자 95마415 결정

법원이 문서제출명령을 발함에 있어서는 먼저 당해 문서의 존재와 소지가 증명되어야 하고 그 입증책임은 원칙으로 신청인에게 있다.

2. 문서의 증거력

(1) 성립의 인부

⊙ 대법원 2005. 12. 9. 선고 2004다40306 판결

문서에 대한 진정성립의 인정여부는 법원이 모든 증거자료와 변론 전체의 취지에 터 잡아 자유심증에 따라 판단하게 되는 것이고, 사문서의 진정성립에 관한 증명 방법에 관하여는 특별한 제한이 없으나 그 증명 방법은 신빙성이 있어야 하고, 증인

의 증언에 의하여 그 진정성립을 인정하는 경우 그 신빙성 여부를 판단함에 있어서는 증언 내용의 합리성, 증인의 증언 태도, 다른 증거와의 합치 여부, 증인의 사건에 대한 이해관계, 당사자와의 관계 등을 종합적으로 검토하여야 한다.

⊙ 대법원 2003. 4. 8. 선고 2001다29254 판결

문서에 대한 진정성립의 인정 여부는 법원이 모든 증거자료와 변론의 전취지에 터잡아 자유심증에 따라 판단하게 되는 것이고, 처분문서는 진정성립이 인정되면 그 기재 내용을 부정할 만한 분명하고도 수긍할 수 있는 반증이 없는 이상 문서의 기재 내용에 따른 의사표시의 존재 및 내용을 인정하여야 한다는 점을 감안하면 처분문서의 진정성립을 인정함에 있어서는 신중하여야 할 것이다.

⊙ 대법원 2002. 8. 23. 선고 2000다66133 판결[56]

서증은 문서에 표현된 작성자의 의사를 증거자료로 하여 요증사실을 증명하려는 증거방법이므로 우선 그 문서가 증거신청당사자에 의하여 작성자로 주장되는 자의 의사에 기하여 작성된 것임이 밝혀져야 하고, 이러한 형식적 증거력이 인정된 다음 비로소 작성자의 의사가 요증사실의 증거로서 얼마나 유용하느냐에 관한 실질적 증명력을 판단하여야 하는 것이고, 문서의 제출 또는 송부는 원본, 정본 또는 인증등본으로 하여야 하는 것

56) 대판 1997. 4. 11, 96다50520 참조.

이므로, 원본, 정본 또는 인증등본이 아니고 단순한 사본만에 의한 증거의 제출은 정확성의 보증이 없어 원칙적으로 부적법하며, 다만 이러한 사본의 경우에도 동일한 내용인 원본의 존재와 원본의 성립의 진정에 관하여 다툼이 없고 그 정확성에 문제가 없기 때문에 사본을 원본의 대용으로 하는데 관하여 상대방으로부터 이의가 없는 경우에는, 구 민사소송법 제326조 제1항 위반사유에 관한 책문권이 포기 혹은 상실되어 사본만의 제출에 의한 증거의 신청도 허용된다고 할 것이나, 원본의 존재 및 원본의 성립의 진정에 관하여 다툼이 있고 사본을 원본의 대용으로 하는 데 대하여 상대방으로부터 이의가 있는 경우에는 사본으로써 원본을 대신할 수 없으며, 반면에 사본을 원본으로서 제출하는 경우에는 그 사본이 독립한 서증이 되는 것이나 그 대신 이에 의하여 원본이 제출된 것으로 되지는 아니하고, 이때에는 증거에 의하여 사본과 같은 원본이 존재하고 또 그 원본이 진정하게 성립하였음이 인정되지 않는 한 그와 같은 내용의 사본이 존재한다는 것 이상의 증거가치는 없다고 할 것이다. 다만, 서증사본의 신청당사자가 문서 원본을 분실하였다든가, 선의로 이를 훼손한 경우, 또는 문서제출명령에 응할 의무가 없는 제3자가 해당 문서의 원본을 소지하고 있는 경우, 원본이 방대한 양의 문서인 경우 등 원본 문서의 제출이 불가능하거나 비실제적인 상황에서는 원본의 제출이 요구되지 아니한다고 할 것이지만, 그와 같은 경우라면 해당 서증의 신청당사자가 원본 부제출에 대한 정당성이 되는 구체적 사유를 주장·입증하여야 할 것이다.

⊙ 대법원 1994. 11. 8. 선고 94다31549 판결

사문서에 있어서 그 진정성립을 상대방이 다툴 경우에는 제출자가 이를 입증하여야 한다.

⊙ 대법원 1989. 9. 12. 선고 88다카5836 판결

매도증서, 차용금증서 및 저당권말소등기신청서에 등기소의 등기제의 기재가 첨가됨으로써 사문서와 공문서의 양자로 구성된 문서는 공증에 관한 문서와는 달라 그 공성부분의 성립에 다툼이 없다 하여 바로 사문서 부분인 매도증서, 차용금증서 및 저당권말소등기신청서 자체의 진정성립이 추정되거나 인정될 수는 없다.

(2) 처분문서의 증거력

⊙ 대법원 2000. 1. 21. 선고 97다1013 판결[57)]

처분문서의 진정성립이 인정되면 반증에 의하여 그 기재 내용과 다른 특별한 명시적 또는 묵시적 약정이 있었다는 사실이 인정되지 아니하는 한 법원은 그 문서의 기재 내용에 따른 의사표시의 존재와 내용을 인정하여야 하고, 합리적인 이유 설시도 없이 이를 배척하여서는 아니 된다.

---

57) 대판 1996. 9. 10, 95누7239; 동 1991. 7. 12, 91다8418; 동 1990. 12. 11, 90다8589 등 참조.

⊙ 대법원 1987. 6. 23. 선고 87다카400 판결

어떤 문서가 처분문서라고 할 수 있기 위하여는 증명하고자 하는 공법상 또는 사법상의 행위가 그 문서에 의하여 행하여졌음을 필요로 하고 그 문서의 내용이 작성자 자신의 법률행위에 관한 것이라 할지라도 그 법률행위를 외부적 사실로서 보고, 기술하고 있거나 그에 관한 의견이나 감상을 기재하고 있는 경우에는 처분문서가 아니라 보고문서라고 할 것인바, 과거에 체결된 매매계약의 이행여부와 그 계약이 유효하게 존속하는가 여부에 관한 기억내용 및 의견을 기재한 것일 뿐 이에 의하여 증명하고자 하는 어떤 행위가 행하여진 것이 아님이 분명한 문서는 보고문서라고 할 것이다.

(3) 문서의 실질적 증거력

⊙ 대법원 1980. 9. 9. 선고 79다1281 전원합의체 판결[58)]

【 다수의견 】

서증의 실질적 증거력에 관하여는 의사표시 기타 법률행위가 기재된 처분문서와 작성자의 견문, 판단, 감정 등을 기재 보고하는 보고문서간의 차이가 있어 처분문서는 그 성립이 인정되면 증서기재의 법률행위가 있었던 것으로 되나 보고문서는 그 성립이 인정되더라도 문서기재의 사실이 진실한가의 여부는 재판관의 자유심증에 의하는 것임은 이론의 여지가 없으며 판결

---

58) 박우동, "판결서의 증거력", 민사판례연구 4권 참조.

서가 처분문서이기는 하나 그것은 그 판결이 있었던가 또 어떠한 내용의 판결이 있었던가의 사실을 증명하기 위한 처분문서라는 뜻일 뿐 판결서 중에서 한 사실판단을 그 사실을 증명하기 위하여 이용을 불허하는 것이 아니어서 이를 이용하는 경우에는 판결서도 그 한도내에서 보고문서이다.

【 반대의견 】

판결서에 실질적 증거력을 인정할 것인가 아닌가의 문제는 판결서를 보고문서의 성질을 띠는 처분문서로 보느냐 그렇지 않은 처분문서로 보느냐의 문제로 돌아가는 바, 판결서는 그 본질이 법원의 의사표시이지 작성자의 견문, 판단, 감정등을 기재 보고하는 것을 본질로 하는 것이 아니다. 그러므로 다수설과 같이 처분문서인 판결서에 보고문서의 성질을 부여할 것이 아니다.

따라서 판결서는 처분문서로서 그 성립이 인정되면 그 기재의 의사표시나 법률행위가 있었던 사실을 완전히 증명하게 되는 것이므로 그 판결이 있었던 사실, 그밖에 이에 부수하는 사실(그 작성의 장소, 일시 등)을 입증하는 증거력은 있다고 할 것이나 판결이 인정한 사실을 입증하기 위하여는 실질적 증거력이 없다고 할 것이다.

⊙ 대법원 1997. 6. 24. 선고 97다2993 판결

매도증서와 같은 처분문서는 진정성립이 인정되는 이상 그 기재 내용을 부정할 만한 분명하고도 수긍할 수 있는 반증이 없는 한 그 문서에 표시된 의사표시의 존재 및 내용을 인정하

여야 하는 것이다.

⊙ 대법원 1997. 6. 13. 선고 96재다462 판결[59)]

사문서에 날인된 작성 명의인의 인영이 그의 인장에 의하여 현출된 것이라면 특단의 사정이 없는 한 그 인영의 진정성립, 즉 날인행위가 작성 명의인의 의사에 기한 것임이 추정되고, 일단 인영의 진정성립이 추정되면 민사소송법 제329조에 의하여 그 문서 전체의 진정성립이 추정되나, 그와 같은 추정은 그 날인행위가 작성 명의인 이외의 자에 의하여 이루어진 것임이 밝혀지거나 작성 명의인의 의사에 반하여 혹은 작성 명의인의 의사에 기하지 않고 이루어진 것임이 밝혀진 경우에는 깨어진다.

⊙ 대법원 1997. 4. 11. 선고 96다50520 판결

서증은 문서에 표현된 작성자의 의사를 증거자료로 하여 요증사실을 증명하려는 증거방법이므로 우선 그 문서가 증거신청 당사자에 의하여 작성자로 주장되는 자의 의사에 기하여 작성된 것임이 밝혀져야 하고, 이러한 형식적 증거력이 인정된 다음 비로소 작성자의 의사가 요증사실의 증거로서 얼마나 유용하느냐에 관한 실질적 증명력을 판단하여야 한다.

⊙ 대법원 1995. 11. 10. 선고 95다4674 판결

매매계약서 중 일부 내용의 변조 여부가 다투어지는 경우 매도인이 그 성립을 부인한다고 하더라도, 법원으로서는 의당 그

---

59) 대판 1995. 6. 30, 94다41324 등; 이시윤·조관행 공저, 전게서, 430면 참조.

서증의 인부를 함에 있어서 매도인의 인영날인 사실까지 부인하는지 여부를 석명하여 매도인이 그 인영의 진정을 인정한다면 그 진정성립이 추정되는 것이므로, 그 이후에 그 문서의 변조가 있었는지 여부에 관하여는 매도인이 입증을 하여 밝혀야 한다.

⊙ 대법원 1996. 4. 9. 선고 96다1320 판결

당사자 사이에 계약의 해석을 둘러싸고 이견이 있어 처분문서에 나타난 당사자의 의사해석이 문제되는 경우, 그 해석은 그 문언의 내용, 그와 같은 약정이 이루어진 동기와 경위, 그 약정에 의하여 달성하려는 목적, 당사자의 진정한 의사 등을 종합적으로 고찰하여 논리와 경험칙에 따라 합리적으로 해석하여야 한다. 의사표시 해석에 있어서 당사자의 진정한 의사를 알 수 없다면, 의사표시의 요소가 되는 것은 표시행위로부터 추단되는 효과의사 즉 표시상의 효과의사이고 표의자가 가지고 있던 내심적 효과의사가 아니므로, 당사자의 내심의 의사보다는 외부로 표시된 행위에 의하여 추단된 의사를 가지고 해석함이 상당하다.

⊙ 대법원 1994. 6. 10. 선고 94다1883 판결

호적에 기재된 사항은 일응 진실에 부합하는 것이라는 추정을 받는다 할 것이나, 그 기재에 반하는 증거가 있거나, 그 기재가 진실이 아니라고 볼만한 특별한 사정이 있는 때에는 그

추정을 번복할 수 있다.

⊙ 대법원 1993. 8. 24. 선고 93다4151 전원합의체 판결[60)]

【 다수의견 】

민사소송에서의 입증책임의 분배에 관한 일반 원칙에 따르면 권리를 주장하는 자가 권리발생의 요건사실을 주장 입증하여야 하는 것이므로, 어음의 소지인이 어음채무자에 대하여 어음상의 청구권을 행사하는 경우에도 어음채무발생의 근거가 되는 요건사실, 즉 그 어음채무자가 어음행위를 하였다는 점은 어음 소지인이 주장 입증하여야 된다고 볼 것이다. 배서의 자격수여적 효력에 관하여 규정한 어음법 제16조 제1항은 어음상의 청구권이 적법하게 발생한 것을 전제로 그 권리의 귀속을 추정하는 규정일 뿐, 그 권리의 발생 자체를 추정하는 규정은 아니라고 해석되므로, 위 법조항에 규정된 "적법한 소지인으로 추정한다"는 취지는 피위조자를 제외한 어음채무자에 대하여 어음상의 청구권을 행사할 수 있는 권리자로 추정된다는 뜻에 지나지 아니하고, 더 나아가 자신의 기명날인이 위조된 것임을 주장하는 사람에 대하여까지도 어음채무의 발생을 추정하는 것은 아니라고 할 것이다. 그렇다면 어음에 어음채무자로 기재되어 있는 사람이 자신의 기명날인이 위조된 것이라고 주장하는 경우에는 그 사람에 대하여 어음채무의 이행을 청구하는 어음의 소지인이 그 기명날인이 진정한 것임을 증명하지 않으면 안된다

60) 정동윤, "배서가 위조된 경우의 입증책임", 법률신문 2264호 참조.

고 볼 수밖에 없다.

피고 명의의 배서란에 찍힌 피고 명의의 인영이 피고의 인장에 의한 것임을 피고가 인정하고 있으므로 그 배서부분이 진정한 것으로 추정되기는 하지만, 그 인영이 작성명의인인 피고 이외의 사람이 날인한 것으로 밝혀질 때에는 위와 같은 추정은 깨어지는 것이므로, 이와 같은 경우에는 이 사건 어음을 증거로 제출한 원고가 작성명의인인 피고로부터 날인을 할 권한을 위임받은 사람이 날인을 한 사실까지 입증하여야만 그 배서부분이 진정한 것임이 증명된다.

【 별개의견 】

어음의 점유자가 배서의 연속에 의하여 그 권리를 증명하는 때에는 이를 적법한 소지인으로 추정한다고 한 어음법 제16조 제1항의 규정은, 배서가 연속된 어음소지인의 어음상 권리행사를 손쉽게 할 수 있게 함으로써 어음의 생명인 유통성을 보장하려는 정책적 고려에서, 어음의 소지 및 배서의 연속이라는 외형적 사실을 바탕으로 하여 어음소지인의 적법한 권리취득 및 그 전제가 되는 어음채무의 발생 즉 어음채무자의 기명날인의 진정을 추정함으로써 어음권리자의 권리발생의 요건사실에 대하여 입증책임의 전환을 규정한 것으로 보는 것이 위 어음법 규정의 진정한 취지에 부합하는 해석이므로 형식적으로 연속되어 있는 배서가 위조된 경우 이를 주장하는 사람이 그 위조사실을 입증하여야 한다.

Ⅳ. 검증

⊙ 대법원 1999. 5. 25. 선고 99다1789 판결[61)]

자유심증주의를 채택하고 있는 우리 민사소송법 하에서 상대방 부지 중 비밀리에 상대방과의 대화를 녹음하였다는 이유만으로 그 녹음테이프가 증거능력이 없다고 단정할 수 없고, 그 채증 여부는 사실심 법원의 재량에 속하는 것이다. 그리고 녹음테이프에 대한 증거조사는 검증의 방법에 의하여야 할 것이다.

61) 대판 1981. 4. 14, 80다2314; 동 1998. 12. 23, 97다38435 참조.

소송의 종료

소제기에 의하여 개시되는 소송계속은 본안에 대한 종국판결이 내려짐으로써 종료되는 것이 보통이다. 다만 하급심에서 종국판결이 있더라도 상소의 가능성이 있으므로 종국판결의 선고만으로 소송계속이 종료되는 것이 아니라 그 판결의 확정에 의하여 종료된다. 그러나 민사소송에서는 판결을 기다리지 않고 당사자가 주도적으로 소송을 종료시킬 수 있다. 이러한 당사자의 자주적 소송종료행위에는 소의 취하, 청구의 포기·인락, 재판상의 화해 등이 있다. 그 밖에 당사자의 지위가 혼동되어 2당사자대립구조가 소멸됨으로써 소송종료가 되는 소송종료선언제도가 있다.

제4편

제 1 장

소송종료선언

소송종료선언이라 함은 소송이 확정적으로 종료하였음을 종국판결로써 선언하는 제도이다. 이것은 종래 판례를 통하여 인정된 제도를 민사소송규칙에서 명문으로 규정한 것으로 일종의 확인판결이다.

⊙ 대법원 2003. 1. 24. 선고 2002다56987 판결[1)]

항소심에서 청구가 교환적으로 변경된 경우에는 구청구는 취하되고 신청구가 심판의 대상이 되는 것이므로, 원고들의 소의 교환적 변경으로 구청구인 손해배상청구는 취하되고 신청구인 정리채권확정청구가 심판의 대상이 되었음에도 원심이 신청구에 대하여는 아무런 판단도 하지 아니한 채(신청구에 대하여는 재판의 탈루에 해당되어 원심에 그대로 계속되어 있다.) 구청구에 대하여 심리 · 판단한 것은 소의 변경의 효력에 관한 법리를

1) 대판 1980. 11. 11, 80다1182 참조.

오해한 위법이 있어 원고들의 피고에 대한 손해배상청구소송은 원고들의 소의 변경으로 종료되었음을 선언하기로 한다.

⊙ 대법원 2001. 3. 9. 선고 2000다58668 판결

재판상의 화해를 조서에 기재한 때에는 그 조서는 확정판결과 동일한 효력이 있고 당사자간에 기판력이 생기는 것이므로 확정판결의 당연무효 사유와 같은 사유가 없는 한 재심의 소에 의하여만 효력을 다툴 수 있는 것이나, 당사자 일방이 화해조서의 당연무효 사유를 주장하며 기일지정신청을 한 때에는 법원으로서는 그 무효사유의 존재 여부를 가리기 위하여 기일을 지정하여 심리를 한 다음 무효사유가 존재한다고 인정되지 아니한 때에는 판결로써 소송종료선언을 하여야 하고, 이러한 이치는 재판상 화해와 동일한 효력이 있는 조정조서에 대하여도 마찬가지라 할 것이다.

⊙ 대법원 1962. 6. 14. 선고 62마6 판결

청구의 인낙이 변론조서에 기재가 되면 따로 인낙조서의 작성이 없는 경우라도 인정판결과 같은 효력이 생기고 그것으로써 소송은 종료되며 만약 청구의 인낙이 변론조서에 기재되었음에도 불구하고 소송이 진행된 경우 법원은 인낙으로 인한 소송종료를 판결로 선고하여야 한다.

제 2 장

당사자의 행위에 의한 소송의 종료

제1절 소의 취하

소의 취하라 함은 원고가 법원에 대하여 요구한 심판의 일부 또는 전부를 철회하는 소송상의 의사표시이다.

Ⅰ. 소취하의 합의

⊙ 대법원 1982. 3. 9. 선고 81다1312 판결

소송당사자가 소송 외에서 그 소송을 취하하기로 합의한 경우에는 그 합의는 유효하여 원고에게 권리보호의 이익이 없으므로 원고의 소는 각하되어야 한다.

Ⅱ. 소취하의 절차

⊙ 대법원 2001. 10. 26. 선고 2001다37514 판결

민사소송법 제239조 제3항은 “소의 취하는 서면으로 하여야

한다."고 규정하고 있을 뿐, 그 제출인이나 제출방법에 관하여는 따로 규정하는 바가 없고, 상대방이나 제3자에 의한 제출을 불허하는 규정도 찾아볼 수 없으므로, 당사자가 소취하서를 작성하여 제출할 경우 반드시 취하권자나 그 포괄승계인만이 이를 제출하여야 한다고 볼 수는 없고, 제3자에 의한 제출도 허용되며, 나아가 상대방에게 소취하서를 교부하여 그로 하여금 제출하게 하는 것도 상관없다고 할 것이다.

Ⅲ. 소취하의 요건

1. 피고의 동의

⊙ 대법원 1968. 4. 23. 선고 68다217, 68다218 판결

피고가 본안 전 항변으로 소각하를, 본안에 관하여 청구기각을 각 구한 경우에는 본안에 관한 것은 예비적으로 청구한 것이므로 원고는 피고의 동의 없이 소취하를 할 수 있다.

2. 소송행위로서 유효한 요건을 갖출 것

⊙ 대법원 1997. 10. 24. 선고 95다11740 판결

소의 취하는 원고가 제기한 소를 철회하여 소송계속을 소멸시키는 원고의 법원에 대한 소송행위이고 소송행위는 일반 사법상의 행위와는 달리 내심의 의사보다 그 표시를 기준으로 하여 효력 유무를 판정할 수밖에 없는 것인바, 원고 소송대리인으로부터 소송대리인 사임신고서 제출을 지시받은 사무원은 원고

소송대리인의 표시기관에 해당되어 그의 착오는 원고 소송대리인의 착오라고 보아야 하므로, 사무원의 착오로 원고 소송대리인의 의사에 반하여 소를 취하하였다고 하여도 이를 무효라고 볼 수는 없다.

Ⅳ. 소취하의 효과 – 재소금지

판결이 확정되기 전까지는 상소심에서도 취하할 수 있는 자유를 주면서도 본안에 관한 종국판결이 있은 뒤에 소를 취하한 자는 동일한 소를 다시 제기할 수 없도록 하였는데 이를 재소금지라 한다. 제도적 취지는 종국판결 선고 후에 소를 취하한 다음 다시 재소의 제기를 허용할 경우에 본안판결에 이르기까지 법원이 들인 노력과 비용이 헛되게 될 뿐 아니라, 법원의 종국판결이 당사자에 의하여 농락당하는 것을 방지하기 위하여서이다.

1. 당사자의 동일

⊙ 대법원 1996. 9. 20. 선고 93다20177, 20184 판결

채권자대위권에 의한 소송이 제기된 사실을 피대위자가 알게 된 이상, 그 대위소송에 관한 종국판결이 있은 후 그 소가 취하된 때에는 피대위자도 민사소송법 제240조 제2항소정의 재소금지규정의 적용을 받아 그 대위소송과 동일한 소를 제기하지 못한다.

2. 청구의 동일

⊙ 대법원 1989. 10. 10. 선고 88다카18023 판결

민사소송법 제240조 제2항의 규정은 임의의 소 취하에 의하여 그 때까지의 국가의 노력을 헛수고로 돌아가게 한 자에 대한 제재적 취지에서 그가 다시 동일한 분쟁을 문제삼아 소송제도를 농락하는 것과 같은 부당한 사태의 발생을 방지할 목적에서 나온 것이므로 여기에서 동일한 소라 함은 반드시 기판력의 범위나 중복제소금지의 경우의 그것과 같이 풀이할 것은 아니고, 따라서 당사자와 소송물이 동일하더라도 재소의 이익이 다른 경우에는 동일한 소라고 할 수 없는 반면, 후소가 전소의 소송물을 선결적 법률관계 내지 전제로 하는 것일 때에는 비록 소송물은 다르지만 본안의 종국판결 후에 전소를 취하한 자는 전소의 목적이었던 권리 내지 법률관계의 존부에 대하여는 다시 법원의 판단을 구할 수 없는 관계상 위 제도의 취지와 목적에 비추어 후소에 대하여도 동일한 소로서 판결을 구할 수 없다고 풀이함이 상당하다.

3. 권리보호이익의 동일

⊙ 대법원 1998. 3. 13. 선고 95다48599, 48605 판결

민사소송법 제240조 제2항은 "본안에 대한 종국판결이 있은 후 소를 취하한 자는 동일한 소를 제기하지 못한다."라고 규정하고 있는바, 이는 소취하로 인하여 그 동안 판결에 들인 법원

의 노력이 무용화되고 종국판결이 당사자에 의하여 농락당하는 것을 방지하기 위한 제재적 취지의 규정이므로, 본안에 대한 종국판결이 있은 후 소를 취하한 자라 할지라도 이러한 규정의 취지에 반하지 아니하고 소제기를 필요로 하는 정당한 사정이 있다면 다시 소를 제기할 수 있다.

4. 본안에 관한 종국판결후의 소취하

⊙ 대법원 2000. 12. 22. 선고 2000다46399 판결

종국판결 후 소를 취하하였다가 피고가 그 소 취하의 전제조건인 약정을 위반하여 약정이 해제 또는 실효되는 사정변경이 생겼음을 이유로 다시 동일한 소를 제기하는 것은 재소금지의 원칙에 위배되지 않는다.

⊙ 대법원 1998. 3. 13. 선고 95다48599, 48605 판결

민사소송법 제240조 제2항은 "본안에 대한 종국판결이 있은 후 소를 취하한 자는 동일한 소를 제기하지 못한다."라고 규정하고 있는바, 이는 소취하로 인하여 그 동안 판결에 들인 법원의 노력이 무용화되고 종국판결이 당사자에 의하여 농락당하는 것을 방지하기 위한 제재적 취지의 규정이므로, 본안에 대한 종국판결이 있은 후 소를 취하한 자라 할지라도 이러한 규정의 취지에 반하지 아니하고 소제기를 필요로 하는 정당한 사정이 있다면 다시 소를 제기할 수 있다.

부동산 공유자들이 제기한 명도청구소송에서 제1심 종국판결 선고 후 항소심 계속중 소송당사자 상호간의 지분 양도·양수에 따라 소취하 및 재소가 이루어진 경우, 그로 인하여 그 때까지의 법원의 노력이 무용화된다든가 당사자에 의하여 법원이 농락당한 것이라 할 수 없고, 소송 계속중 부동산의 공유지분을 양도함으로써 그 권리를 상실한 공유자가 더 이상 소를 유지할 필요가 없다고 생각하고 소를 취하한 것이라면 그 지분을 양도받은 자에게 소취하에 대한 책임이 있다고 할 수 없을 뿐만 아니라, 공유지분 양수인으로서는 자신의 권리를 보호하기 위하여 양도받은 공유지분에 기하여 다시 소를 제기할 필요도 있어 그 양수인의 추가된 점포명도청구는 그 공유지분의 양도인이 취하한 전소와는 권리보호의 이익을 달리하여 재소금지의 원칙에 위배되지 아니한다.

⊙ 대법원 1989. 7. 11. 선고 87다카2406 판결

소의 취하는 원고가 제기한 소를 철회하는 법원에 대한 단독적 소송행위로서 소송물을 이루는 실체법상의 권리를 포기하는 것과 같은 처분행위와는 다르고 본안에 대한 종국판결이 있은 후 소를 취하한 자가 동일한 소를 제기하지 못하는 이른바 재소금지의 효과는 소송법상의 효과임에 그치고 실체법상의 권리관계에 영향을 주는 것은 아니므로 재소금지의 효과를 받는 권리관계라고 하여 실체법상으로도 권리가 소멸하는 것은 아니다.

Ⅴ. 착오로 인한 소취하의 효력

⊙ 대법원 1997. 10. 24. 선고 95다11740 판결

소의 취하는 원고가 제기한 소를 철회하여 소송계속을 소멸시키는 원고의 법원에 대한 소송행위이고 소송행위는 일반 사법상의 행위와는 달리 내심의 의사보다 그 표시를 기준으로 하여 효력 유무를 판정할 수밖에 없는 것인바, 원고 소송대리인으로부터 소송대리인 사임신고서 제출을 지시받은 사무원은 원고 소송대리인의 표시기관에 해당되어 그의 착오는 원고 소송대리인의 착오라고 보아야 하므로, 사무원의 착오로 원고 소송대리인의 의사에 반하여 소를 취하하였다고 하여도 이를 무효라고 볼 수는 없다.

제2절 청구의 포기와 인낙

청구의 포기라 함은 스스로 자기의 소송상의 청구가 이유없음을 인정하는 법원에 대한 일방적 의사표시이고, 청구의 인락이란 피고가 자기에 대한 원고의 소송상의 청구가 이유있음을 인정하는 법원에 대한 일방적인 의사표시이다. 청구의 포기나 인락이 있으면 당사자들의 소송물에 관한 분쟁은 해소되기 때문에 법원은 청구의 당부에 관하여 심리판단할 필요가 없게 된다.

◉ 대법원 2005. 12. 23. 선고 2004다55698 판결

매매계약의 무효 또는 해제를 원인으로 한 매매대금반환청구에 대한 인낙조서의 기판력은 그 매매대금반환청구권의 존부에 관하여만 발생할 뿐, 그 전제가 되는 선결적 법률관계인 매매계약의 무효 또는 해제에까지 발생하는 것은 아니므로 소유권이전등기청구권의 존부를 소송물로 하는 후소는 전소에서 확정된 법률관계와 정반대의 모순되는 사항을 소송물로 하는 것이라 할 수 없으며, 기판력이 발생하지 않는 전소와 후소의 소송물의 각 전제가 되는 법률관계가 매매계약의 유효 또는 무효로 서로 모순된다고 하여 전 에서의 인낙조서의 기판력이 후소에 미친다고 할 수 없다.

◉ 대법원 2004. 9. 24. 선고 2004다28047 판결

주주총회결의의 부존재·무효를 확인하거나 결의를 취소하는 판결이 확정되면 당사자 이외의 제3자에게도 그 효력이 미쳐 제3자도 이를 다툴 수 없게 되므로, 주주총회결의의 하자를 다투는 소에 있어서 청구의 인낙이나 그 결의의 부존재·무효를 확인하는 내용의 화해·조정은 할 수 없고, 가사 이러한 내용의 청구인낙 또는 화해·조정이 이루어졌다 하여도 그 인낙조서나 화해·조정조서는 효력이 없다.

◉ 대법원 1996. 8. 23. 선고 94다49922 판결

부동산의 처분에 관한 사무를 위임하면서 그 위임사무 처리

를 위하여 소유권이전등기를 넘겨주기로 한 약정은 매매와는 서로 다른 법률관계임이 분명하고, 그와 같은 약정을 원인으로 한 소유권이전등기청구권과 매매를 원인으로 하는 소유권이전등기청구권은 별개의 소송물이므로, 비록 매매로 인한 소유권이전등기청구를 인낙하는 인낙조서가 준재심소송에서 취소되고 그 청구를 기각하는 판결이 선고되어 확정되었다고 하여도 그 기판력은 위와 같은 약정으로 인한 소유권이전등기청구권의 존부에 미친다고 볼 수 없다.

제3절 재판상의 화해

재판상의 화해는 당사자가 법관의 면전에서 서로 양보하여 다툼을 해결하는 것을 말한다. 재판상의 화해에는 소송상의 화해와 제소전 화해로 나누어진다.

Ⅰ. 소송상의 화해

1. 화해의 성질

⊙ 대법원 2001. 4. 27. 선고 99다17319 판결

재판상 화해 또는 제소전 화해는 확정판결과 동일한 효력이 있으며 당사자 간의 사법상의 화해계약이 그 내용을 이루는 것이면 화해는 창설적 효력을 가져 화해가 이루어지면 종전의 법

률관계를 바탕으로 한 권리의무관계는 소멸하나, 재판상 화해 등의 창설적 효력이 미치는 범위는 당사자가 서로 양보를 하여 확정하기로 합의한 사항에 한하며, 당사자가 다툰 사실이 없었던 사항은 물론 화해의 전제로서 서로 양해하고 있는데 지나지 않은 사항에 관하여는 그러한 효력이 생기지 않는다.

2. 요건

⊙ 대법원 2005. 6. 10. 선고 2005다1486 판결

재판상 화해에 있어서 법원에 계속중인 다른 소송을 취하하기로 하는 내용의 화해조서가 작성되었다면 당사자 사이에는 법원에 계속중인 다른 소송을 취하하기로 하는 합의가 이루어졌다 할 것이므로, 다른 소송이 계속중인 법원에 취하서를 제출하지 않는 이상 그 소송이 취하로 종결되지는 않지만 위 재판상 화해가 재심의 소에 의하여 취소 또는 변경되는 등의 특별한 사정이 없는 한 그 소송의 원고에게는 권리보호의 이익이 없게 되어 그 소는 각하되어야 한다.

3. 효과

⊙ 대법원 2000. 3. 10. 선고 99다67703 판결

재판상의 화해를 조서에 기재한 때에는 그 조서는 확정판결과 동일한 효력이 있고 당사자간에 기판력이 생기는 것이므로 확정판결의 당연무효사유와 같은 사유가 없는 한 재심의 소에 의하여만 효력을 다툴 수 있는 것이나, 당사자 일방이 화해조서의 당연무효사유를 주장하며 기일지정신청을 한 때에는 법원으로서는 그 무효사유의 존재 여부를 가리기 위하여 기일을 지정하여 심리를 한 다음 무효사유가 존재한다고 인정되지 아니한 때에는 판결로써 소송종료선언을 하여야 한다.

⊙ 대법원 1999. 10. 8. 선고 98다38760 판결

재판상화해조서는 확정판결과 같은 효력이 있어 기판력이 생기는 것이므로 그 내용이 강행법규에 위반된다 할지라도, 화해조서가 준재심절차에 의하여 취소되지 아니하는 한, 그 당사자 사이에서는 그 화해가 무효라는 주장을 할 수 없으나, 기판력은 재판상화해의 당사자가 아닌 제3자에 대하여까지 미친다고 할 수 없다.

⊙ 대법원 1996. 11. 15. 선고 94다35343 판결

재판상 화해가 실효조건의 성취로 실효되거나 준재심에 의하여 취소된 경우에는 화해가 없었던 상태로 돌아가므로 화해 성립 전의 법률관계를 다시 주장할 수 있다.

⊙ 대법원 1988. 8. 9. 선고 88다카2332 판결

재판상의 화해가 성립되면 그것은 확정판결과 같은 효력이 있는 것이므로 그것을 취소변경하려면 재심의 소에 의해서만 가능하다 할 것이나 재판상의 화해의 내용은 당사자의 합의에 따라 자유로 정할 수 있는 것이므로 화해조항 자체로서 특정한

제3자의 이의가 있을 때에는 화해의 효력을 실효시키기로 하는 내용의 재판상의 화해가 성립되었다면 그 조건의 성취로써 화해의 효력은 당연히 소멸된다 할 것이고 그 실효의 효력은 언제라도 주장할 수 있다.

⊙ 대법원 1981. 12. 22. 선고 78다2278 판결

재판상 화해의 당사자는 소송당사자 아닌 보조참가인이나 제3자도 될 수 있고, 또 재판상 화해를 위하여 필요한 경우에는 소송물 아닌 권리 내지 법률관계를 첨가할 수도 있으므로, 재판상 화해의 효력이 반드시 원래의 소송당사자 사이의 소송물에만 국한되어 미치는 것이라고 할 수 없고, 그 효력은 화해조서에 기재된 화해의 내용에 따라 그 조서에 기재된 당사자에게 미치는 것이라고 할 것이다. 따라서 원고 갑과 피고 을, 병의 3인이 당사자로 되어 이루어진 재판상 화해가 계쟁토지는 갑, 을, 병의 각 3분의 1 지분의 공유임을 확인한다는 내용이라면 을이 병과 함께 같은 피고의 지위에 있었다하더라도 위 재판상 화해의 효력은 을, 병 사이에서도 발생된다 할 것이다.

Ⅱ. 제소전화해

1. 절차

⊙ 대법원 1998. 10. 9. 선고 96다44051 판결

제소전화해에 있어서는 종결될 본안 소송이 계속되었던 것이 아니고 종결된 것은 제소전화해절차뿐이므로, 이러한 제소전

화해절차의 특성상 민사소송법 제431조의 규정에도 불구하고 제소전화해조서를 대상으로 한 준재심의 소에서는 민사소송법 제430조가 적용될 여지는 없고, 재심사유가 인정되는 이상 그 화해의 내용 되는 법률관계의 실체 관계의 부합 여부를 따질 수도 없어 화해조서를 취소할 수밖에 없다.

2. 효력

⊙ 대법원 1996. 3. 22. 선고 95다14275 판결

제소전화해에 있어서는 종결될 소송이 계속되었던 것이 아니고 종결된 것은 화해절차뿐이므로, 재심사유가 있어 준재심의 소에 의하여 제소전화해를 취소하는 준재심 판결이 확정된다 하여도 부활될 소송이 없음은 물론, 그 화해절차는 화해가 성립되지 아니한 것으로 귀착되어 그 제소전화해에 의하여 생긴 법률관계가 처음부터 없었던 것과 같이 되는 것뿐이다.

준재심 확정판결에 의해 실효된 제소전화해에 따라 이루어진 소유권이전등기 또는 이에 터잡아 경료된 소유권이전등기의 말소등기절차 이행을 구하는 소송에서, 그 소송의 피고는 그 소유권이전등기가 실체관계에 부합하는 유효한 등기라는 주장을 할 수 있고, 그와 같은 주장이 준재심 확정판결의 기판력에 저촉되어 허용할 수 없는 것은 아니다.

⊙ 대법원 1994. 12. 9. 선고 94다17680 판결

부동산에 관한 소유권이전등기가 제소전화해조서의 집행으로 이루어진 것이라면 제소전화해가 이루어지기 전에 제출할 수 있었던 사유에 기한 주장이나 항변은 그 기판력에 의하여 차단되므로 그와 같은 사유를 원인으로 제소전화해의 내용에 반하는 주장을 하는 것은 허용되지 않는다 할 것이나, 제소전화해가 이루어진 이후에 새로 발생한 사실을 주장하여 제소전 화해에 반하는 청구를 하여도 이는 제소전화해의 기판력에 저촉되는 것은 아니라고 할 것이다. 갑과 을 사이에 갑이 병으로부터 부동산을 매수하였으나 소유권이전등기를 마치지 않는 상태에서 부동산을 을에게 매도하기로 하되 등기명의를 병에서 직접 을 앞으로 제소전화해절차를 통하여 소유권이전등기를 마침과 동시에 을이 갑에게 잔대금을 지급하기로 약정하였는데, 을이 당초의 약정과 달리 잔대금을 지급하지 아니한 상태에서 병을 상대로 제소전화해신청을 하여 그 화해조서에 기하여 소유권이전등기를 마친 경우, 을 명의의 소유권이전등기가 병과 을 사이에 제소전화해에 의하여 이루어진 것이라 할지라도 이는 갑과 을 사이에 체결된 매매계약과 당사자들 사이에 이루어진 중간등기생략에 관한 합의에 의한 것이라면 그 매매계약상의 갑의 채무는 을이 그 부동산에 관하여 소유권이전등기를 마침으로써 전부 이행되었다고 할 것이니 을이 당초의 약정과는 달리 소유권이전등기를 마친 후에도 갑에게 잔대금을 지급하지 아니한 경우에는 갑은 적법한 최고절차를 거쳐 매매계약을 해제하고 계약 당사자로서 을에게 직접 매매계약 해제를 원인으로 한 원상회복으로서 소유권이전등기의 말소등기절차의 이행을 구할 수 있다.

제 3 장

종국판결에 의한 종료

제1절 총 설

Ⅰ. 종국판결과 중간판결

⊙ 대법원 1995. 2. 14. 선고 93재다27, 34(반소) 전원합의체 판결

원래 종국판결이라 함은 소 또는 상소에 의하여 계속중인 사건의 전부 또는 일부에 대하여 심판을 마치고 그 심급을 이탈시키는 판결이라고 이해하여야 할 것이다. 대법원의 환송판결도 당해 사건에 대하여 재판을 마치고 그 심급을 이탈시키는 판결인 점에서 당연히 제2심의 환송판결과 같이 종국판결로 보아야 할 것이다. 따라서 위의 견해와는 달리 대법원의 환송판결을 중간판결이라고 판시한 종전의 대법원판결은 이를 변경하기로 하는바, 이 점에 관하여는 관여 대법관 전원의 의견이 일치되었다.

【 다수의견 】

재심제도의 본래의 목적에 비추어 볼 때 재심의 대상이 되는 "확정된 종국판결"이란 당해 사건에 대한 소송절차를 최종적으로 종결시켜 그것에 하자가 있다고 하더라도 다시 통상의 절차로는 더 이상 다툴 수 없는 기판력이나 형성력, 집행력을 갖는 판결을 뜻하는 것이라고 이해하여야 할 것이다. 대법원의 환송판결은 형식적으로 보면 "확정된 종국판결"에 해당하지만, 여기서 종국판결이라고 하는 의미는 당해 심급의 심리를 완결하여 사건을 당해 심급에서 이탈시킨다는 것을 의미하는 것일 뿐이고 실제로는 환송받은 하급심에서 다시 심리를 계속하게 되므로 소송절차를 최종적으로 종료시키는 판결은 아니며, 또한 환송판결도 동일절차 내에서는 철회, 취소될 수 없다는 의미에서 기속력이 인정됨은 물론 법원조직법 제8조, 민사소송법 제406조 제2항 후문의 규정에 의하여 하급심에 대한 특수한 기속력은 인정되지만 소송물에 관하여 직접적으로 재판하지 아니하고 원심의 재판을 파기하여 다시 심리판단하여 보라는 종국적 판단을 유보한 재판의 성질상 직접적으로 기판력이나 실체법상 형성력, 집행력이 생기지 아니한다고 하겠으므로 이는 중간판결의 특성을 갖는 판결로서 "실질적으로 확정된 종국판결"이라 할 수 없다. 종국판결은 당해 심급의 심리를 완결하여 심급을 이탈시킨다는 측면에서 상소의 대상이 되는 판결인지 여부를 결정하는 기준이 됨은 분명하지만 종국판결에 해당하는 모든 판결이 바로 재심의 대상이 된다고 이해할 아무런 이유가 없다.

통상의 불복방법인 상소제도와 비상의 불복방법인 재심제도의 본래의 목적상의 차이에 비추어 보더라도 당연하다. 따라서 환송판결은 재심의 대상을 규정한 민사소송법 제422조 제1항 소정의 "확정된 종국판결"에는 해당하지 아니하는 것으로 보아야 할 것이어서, 환송판결을 대상으로 하여 제기한 이 사건 재심의 소는 부적법하므로 이를 각하하여야 한다.

【 별개의견 】

대법원의 소부에서 종전의 대법원의 법령해석과 배치되는 재판을 하였다 하여 그것이 법원조직법 제7조 제1항 제3호 소정의 "종전에 대법원에서 판시한 헌법 · 법률 · 명령 또는 규칙의 해석적용에 관한 의견을 변경할 필요가 있음을 인정한 경우"에 해당한다고 볼 수 없고, 나아가 그것이 민사소송법 제422조 제1항 제1호 소정의 "법률에 의하여 판결법원을 구성하지 아니한 때"에 해당한다고 보아서도 아니된다. 그렇다면 재심대상판결의 판시가 종전의 대법원판례와 상반되어 실질적으로 판례를 변경하는 것인데도 전원합의체가 아닌 소부에서 재판하였다는 것은 적법한 재심사유가 될 수 없으므로 결국 이 사건 재심의 소는 부적법하여 각하될 수 밖에 없다.

【 반대의견 】

환송판결의 기속력은 민사소송법 제406조 제2항 후문과 법원조직법 제8조에 의하여 하급심은 물론 이를 탓할 수 없는 환송법원 자신에게도 미쳐 결국 대법원 환송판결은 그 사건의 재상고심에서 대법원의 전원합의체에까지 기속력이 미친다는 것이 당원의 견해인바, 환송판결은 소송종료를 저지시킬 뿐만 아니라 이와 같이 기속력이 있어 파기당한 당사자에게 그 법률상 이해관계가 막대하므로 이를 실효시키려는 재심이 특별히 부정될 이유가 없는 것이다. 1981. 9. 8. 선고 80다3271 전원합의체 판결로 대법원의 환송판결이 확정된 종국판결에 해당함에는 이론이 있을 수 없게 된 마당에 환송판결의 기속력의 성질에 관하여 당원이 이미 중간판결설을 배척하였음에도 불구하고 다시 환송판결에는 기판력, 집행력, 형성력이 없고 실질적으로 중간판결의 특성을 갖는다는 이유로 여전히 그 재심을 허용하지 않으려는 것은 위 전원합의체판결의 근본취지에 배치될 뿐만 아니라 이론적으로도 일관성을 잃고 있다는 것을 지적하지 않을 수 없다. 대법원의 환송판결은 확정된 종국판결로서 재심대상이 되므로 이 사건 재심사유의 존부 및 당부 판단에 나아가 그 결론에 따라 재심의 소의 각하, 기각 또는 인용의 판결을 하여야 할 것이다.

Ⅱ. 재판의 탈루

⊙ 대법원 2002. 5. 14. 선고 2001다73572 판결[2)]

판결에는 법원의 판단을 분명하게 하기 위하여 결론을 주문에 기재하도록 되어 있으므로 재판의 탈루가 있는지 여부는 우

---

2) 대판 1968. 5. 28, 68다508 참조.

선 주문의 기재에 의하여 판정하여야 하고, 주문에 청구의 전부에 대한 판단이 기재되어 있으나 이유 중에 청구의 일부에 대한 판단이 빠져 있는 경우에는 어쨌든 주문에는 청구의 전부에 대한 판시가 있다고 할 수 있으므로 이유를 붙이지 아니한 위법이 있다고 볼 수 있을지언정 재판의 탈루가 있다고 볼 수는 없다.

⊙ 대법원 1989. 11. 28. 선고 89다카11777 판결

원고가 변론기일에서 진술한 청구취지정정신청서에 의하여 지연손해금 청구일부를 확장하였음에도 불구하고 원심이 이에 대하여 아무런 판단을 하지 않았더라도 이는 이른바 재판의 탈루에 해당하는 것으로서 그 부분소송은 아직 원심에 계속중이라고 할 것이므로 적법한 상고대상이 되지 아니한다.

제2절 판결의 성립

Ⅰ. 판결서의 기재사항

⊙ 대법원 1995. 6. 30. 선고 94다55118 판결

판결의 주문은 간결하고 명확하여야 하며 주문 자체로서 내용이 특정될 수 있어야 하나, 일체의 관계가 명료하게 되어야 하는 것은 아니고 판결의 주문이 어떠한 범위에서 당사자의 청구를 인용하고 배척한 것인가를 그 이유와 대조하여 짐작할 수

있는 정도로 표시되고 집행에 의문이 없을 정도로 이를 명확히 특정하면 된다.

◉ 대법원 1992. 10. 27. 선고 92다23780 판결

민사소송법 제193조 제2항은 판결이유의 기재에서는 주문이 정당함을 인정할 수 있는 한도에서 당사자의 주장과 기타 공격 또는 방어방법의 전부에 관하여 판단을 표시하도록 규정하고 있는바, 이는 당사자에게 판결의 주문이 어떠한 이유와 근거에 의하여 나온 것인지 그 내용을 알려 주어 당사자로 하여금 판결에 승복할 것인지 여부에 관한 결단을 내릴 수 있게 하고, 상소법원으로 하여금 원심법원이 어떠한 사실상 및 법률상의 이유에 의하여 재판하였는가를 알 수 있게 하며, 또 판결의 기판력이나 형성력에서 주관적 범위와 객관적 범위를 명확하게 특정하려는 데 그 의의가 있다고 할 것이므로 민사판결의 이유는 이에 필요한 범위 안에서는 빠짐없이 그 판단을 기재하여야 하나 이와 같은 요건이 충족되는 한 이를 간략하게 기재하였다고 하여 위 법조에 위반되었다고 할 수는 없다.

Ⅱ. 판결의 송달

◉ 대법원 1979. 9. 25. 선고 78다2448 판결

피고에게 송달되는 판결정본을 원고가 집배인으로부터 수령하여 자기 처를 통하여 피고의 처에게 교부하고 다시 피고의 처가 이를 피고에게 교부한 경우에 위 판결정본의 피고에 대한

송달은 그 절차를 위배한 것이어서 부적법한 송달이다.

불변기간인 항소 제기기간에 관한 규정은 성질상 강행규정이므로 그 기간 계산의 기산점이 되는 판결정본의 송달의 하자는 이에 대한 책문권의 포기나 상실로 인하여 치유될 수 없다.

제3절 판결의 효력

판단내용의 통용성으로서는 동일절차 내에서 작용하는 것으로서 기속력이 있고, 다른 소송절차에 있어서 일정한 범위로 작용하는 것으로서 기판력, 집행력, 형성력 등이 있다.

제1관 기속력 - 판결의 경정

⊙ 대법원 2000. 5. 30. 자 2000그37 결정

판결의 위산, 오기 기타 이에 유사한 오류가 있는 것이 명백한 때 행하는 판결의 경정은, 일단 선고된 판결에 대하여 그 내용을 실질적으로 변경하지 않는 범위 내에서 그 표현상의 기재 잘못이나 계산의 착오 또는 이와 유사한 오류를 법원 스스로가 결정으로써 정정 또는 보충하여 강제집행이나 호적의 정정 또는 등기의 기재 등 이른바 광의의 집행에 지장이 없도록 하자는 데 그 취지가 있다. 피고의 주민등록상의 주소가 누락된 채 보정된 송달장소만이 기재된 판결이 선고된 후 원고가 위 송달

장소를 피고의 현재의 주민등록상 주소로 바꾸어 달라는 판결경정신청을 한 경우에 법원은 판결상의 피고와 주민등록표상의 명의자가 동일인인지 여부를 심리하여 만약 양자가 동일인이라면 마땅히 판결경정을 허용함으로써 강제집행에 지장이 없도록 하여야 한다.

⦿ 대법원 2000. 5. 24. 자 98마1839 결정

판결이나 화해조서의 위산, 오기 기타 이에 유사한 오류가 있는 것이 명백한 때 행하는 경정결정은, 일단 선고된 판결이나 성립된 화해에 대하여 그 내용을 실질적으로 변경하지 않는 범위 내에서 그 표현상의 기재 잘못이나 계산의 착오 또는 이와 유사한 오류를 법원 스스로가 결정으로써 정정 또는 보충하여 강제집행이나 호적의 정정 또는 등기의 기재 등 이른바 광의의 집행에 지장이 없도록 하자는 데 그 취지가 있다. 판결이나 화해조서의 경정이 가능한 오류에는 그것이 법원의 과실로 인하여 생긴 경우뿐만 아니라 당사자의 청구에 잘못이 있어 생긴 경우도 포함된다고 할 것이며, 경정결정을 함에 있어서는 그 소송 전 과정에 나타난 자료는 물론 경정대상인 판결이나 화해 이후에 제출되어진 자료도 다른 당사자에게 아무런 불이익이 없는 경우나 이를 다툴 수 있는 기회가 있었던 경우에는 소송경제상 이를 참작하여 그 오류가 명백한지 여부를 판단할 수 있다고 할 것이다.

⊙ 대법원 1999. 12. 10. 선고 99다42346 판결

채권가압류결정의 경정결정이 확정되는 경우 당초의 채권가압류결정은 그 경정결정과 일체가 되어 처음부터 경정된 내용의 채권가압류결정이 있었던 것과 같은 효력이 있으므로, 원칙적으로 당초의 채권가압류결정 정본이 제3채무자에게 송달된 때에 소급하여 경정된 내용의 채권가압류결정의 효력이 발생한다. 채권가압류결정은 제3채무자를 심문하지 아니한 채 이루어지고, 제3채무자에게 송달함으로써 그 효력이 발생하는바, 직접의 당사자가 아닌 제3채무자는 피보전권리 존재와 내용을 모르고 있다가 채권가압류결정 정본의 송달을 받고 비로소 이를 알게 되는 것이 일반적이기 때문에 당초의 채권가압류결정에 위산, 오기 기타 이에 유사한 오류가 있는 것이 객관적으로는 명백하다 하더라도 제3채무자의 입장에서는 당초의 가압류결정 그 자체만으로 거기에 위산, 오기 기타 이에 유사한 오류가 있다는 것을 알 수 없는 경우가 있을 수 있는데, 그와 같은 경우에까지 일률적으로 채권가압류결정의 경정결정이 확정되면 당초의 채권가압류결정이 송달되었을 때에 소급하여 경정된 내용의 채권가압류결정이 있었던 것과 같은 효력이 있다고 하게 되면 순전히 타의에 의하여 다른 사람들 사이의 분쟁에 편입된 제3채무자 보호의 견지에서 타당하다고 할 수 없으므로, 제3채무자의 입장에서 볼 때에 객관적으로 경정결정이 당초의 채권가압류결정의 동일성에 실질적으로 변경을 가하는 것이라고 인정되는 경우에는 경정결정이 제3채무자에게 송달된 때에 비로

소 경정된 내용의 채권가압류결정의 효력이 발생한다고 보아야 한다. 당초의 채권가압류결정 중 채무자의 상호 '만성기계산업 주식회사'를 경정결정에 의하여 '민성산업기계 주식회사'로 경정한 경우, 당초의 채권가압류결정에 기재된 채무자의 상호 아래 채무자의 주소와 대표이사의 성명이 정확하게 기재되었다 하더라도 제3채무자의 거래상황 등에 비추어 제3채무자의 입장에서 볼 때에 객관적으로 위와 같은 채무자 상호의 경정은 당초의 채권가압류결정의 동일성에 실질적으로 변경을 가하는 것이라고 인정된다는 이유로, '민성산업기계 주식회사'를 채무자로 하는 채권가압류결정의 효력은 경정결정이 제3채무자에게 송달된 때 발생한다.

⊙ 대법원 1992. 1. 29. 자 1마748 결정

판결경정결정은 원칙적으로 당해 판결을 한 법원이 하는 것이고, 상소의 제기로 본안사건이 상소심에 계속된 경우에는 당해 판결의 원본이 상소기록에 편철되어 상소심 법원으로 송부되므로, 판결원본과 소송기록이 있는 상소심법원도 경정결정을 할 수 있는 것이기는 하지만, 당해 판결에 대하여 상소를 하지 아니하여 사건이 상소심에 계속되지 아니한 부분은 상소심의 심판대상이 되지 않는 것이므로, 통상의 공동소송이었던 다른 당사자 간의 소송사건이 상소의 제기로 상소심에 계속된 결과, 상소를 하지 아니한 당사자 간의 원심판결의 원본과 소송기록이 우연히 상소심 법원에 있다고 하더라도, 상소심 법원이 심판의 대상이 되지도 않은 부분에 관한 판결을 경정할 권한을 가지는 것은 아니다.

제2관 기판력

종국판결이 확정되면 그 청구에 관한 판단은 장래에 당사자 간의 법률관계를 규율하는 기준으로 되어 동일사항이 다시 문제로 된 때에는 당사자는 이것과 모순되는 주장을 하여 그 판단을 다투는 것이 허용되지 않고 법원도 그 판단에 모순·저촉되는 판단을 하는 것이 허용되지 않게 된다. 이처럼 확정판결의 판단에 주어지는 통용성 내지 구속력을 기판력이라 한다.

Ⅰ. 기판력 일반

1. 기판력의 본질

⊙ 대법원 1987. 6. 9. 선고 86다카2756 판결

확정판결의 기판력이라 함은 확정판결의 주문에 포함된 법률적 판단의 내용은 이후 그 소송당사자의 관계를 규율하는 새로운 기준이 되는 것이므로 동일한 사항이 소송상문제가 되었을 때 당사자는 이에 저촉되는 주장을 할 수 없고 법원도 이에 저촉되는 판단을 할 수 없는 기속력을 의미하는 것이고 이 경우 적극당사자(원고)가 되어 주장하는 경우는 물론이고 소극당사자(피고)로서 항변하는 경우에도 그 기판력에 저촉되는 주장은 할 수 없다.

2. 기판력의 작용

⊙ 대법원 2005. 12. 23. 선고 2004다55698 판결[3)]

전에 제기된 소와 후에 제기된 소의 소송물이 동일하지 않다고 하더라도, 후에 제기된 소의 소송물이 전에 제기된 소에서 확정된 법률관계와 모순되는 정반대의 사항을 소송물로 삼았다면 이러한 경우에는 전번 판결의 기판력이 후에 제기된 소에 미치는 것이지만, 확정판결의 기판력은 소송물로 주장된 법률관계의 존부에 관한 판단의 결론에만 미치고 그 전제가 되는 법률관계의 존부에까지 미치는 것이 아니므로, 전의 소송에서 확정된 법률관계란 확정판결의 기판력이 미치는 법률관계를 의미하는 것이지 그 전제가 되는 법률관계까지 의미하는 것은 아니다.

매매계약의 무효 또는 해제를 원인으로 한 매매대금반환청구에 대한 인낙조서의 기판력은 그 매매대금반환청구권의 존부에 관하여만 발생할 뿐, 그 전제가 되는 선결적 법률관계인 매매계약의 무효 또는 해제에까지 발생하는 것은 아니므로 소유권이전등기청구권의 존부를 소송물로 하는 후소는 전소에서 확정된 법률관계와 정반대의 모순되는 사항을 소송물로 하는 것이라 할 수 없으며, 기판력이 발생하지 않는 전소와 후소의 소송물의 각 전제가 되는 법률관계가 매매계약의 유효 또는 무효로 서로 모순된다고 하여 전소에서의 인낙조서의 기판력이 후소에 미친다고 할 수 없다.

---

3) 대판 2002. 12. 27, 2000다47361.

⊙ 대법원 2001. 2. 9. 선고 2000다61398 판결

확정판결은 주문에 포함한 것에 한하여 기판력이 있는 것이므로, 확정판결의 기판력은 소송물로 주장된 법률관계의 존부에 관한 판단의 결론 자체에만 미치고 그 전제가 되는 법률관계의 존부에까지 미치는 것은 아니라고 할 것인바, 임대차보증금은 임대차 종료 후에 임차인이 임차목적물을 임대인에게 반환할 때 연체차임 등 모든 피담보채무를 공제한 잔액이 있을 것을 조건으로 하여 그 잔액에 대하여서만 임차인의 반환청구권이 발생하고, 또 임대차보증금의 지급을 명하는 판결이 확정되면 변론종결 전의 사유를 들어 당사자 사이에 수수된 임대차보증금의 수액 자체를 다투는 것은 허용되지 아니한다 하더라도, 임대차보증금 반환청구권 행사의 전제가 되는 연체차임 등 피담보채무의 부존재에 대하여 기판력이 작용하는 것은 아니다.

⊙ 대법원 2001. 1. 16. 선고 2000다41349 판결

기판력이라 함은 기판력 있는 전소판결의 소송물과 동일한 후소를 허용하지 않는 것임은 물론, 후소의 소송물이 전소의 소송물과 동일하지 않다고 하더라도 전소의 소송물에 관한 판단이 후소의 선결문제가 되거나 모순관계에 있을 때에는 후소에서 전소판결의 판단과 다른 주장을 하는 것을 허용하지 않는 작용을 하는 것이다.

갑이 을을 대위하여 병을 상대로 취득시효 완성을 원인으로 한 소유권이전등기 소송을 제기하였다가 을을 대위할 피보전채

권의 부존재를 이유로 소각하 판결을 선고받고 확정된 후 병이 제기한 토지인도 소송에서 갑이 다시 위와 같은 권리가 있음을 항변사유로서 주장하는 것은 기판력에 저촉되어 허용될 수 없다.

민사소송법 제422조 제1항 각 호 소정의 재심사유를 상고이유로 삼을 수 있다고 할 것이나, 그 재심사유는 당해 사건에 대한 것이어야 하고, 당해 사건과 관련한 다른 사건에 재심사유가 존재한다는 점을 들어 당해 사건의 상고이유로 삼을 수는 없다 할 것이며, 확정판결의 기판력은 그 변론종결 후에 새로 발생한 사유가 있을 경우에는 효력이 차단되는 것이지만, 여기서 말하는 변론종결 후에 발생한 새로운 사유란 법률관계 사실 자체를 말하는 것이지 기존의 법률관계에 대한 새로운 증거자료를 의미하는 것이 아니다.

⊙ 대법원 2000. 6. 9. 선고 98다18155 판결

확정된 전소의 기판력 있는 법률관계가 후소의 소송물 자체가 되지 아니하여도 후소의 선결문제가 되는 때에는 전소의 확정판결의 판단은 후소의 선결문제로서 기판력이 작용한다고 할 것이므로, 소유권확인청구에 대한 판결이 확정된 후 다시 동일 피고를 상대로 소유권에 기한 물권적 청구권을 청구원인으로 하는 소송을 제기한 경우에는 전소의 확정판결에서의 소유권의 존부에 관한 판단에 구속되어 당사자로서는 이와 다른 주장을 할 수 없을 뿐만 아니라 법원으로서도 이와 다른 판단은 할 수 없다.

⊙ 대법원 1998. 6. 12. 선고 98다1645 판결

확정된 승소판결에는 기판력이 있으므로 당사자는 그 확정된 판결과 동일한 소송물에 기하여 신소를 제기할 수 없는 것이 원칙이나 다만 시효중단 등 특별한 사정이 있어 예외적으로 신소가 허용되는 경우라고 하더라도, 신소의 판결은 전소의 승소확정판결의 내용에 저촉되어서는 아니되므로, 후소 법원으로서는 그 확정된 권리를 주장할 수 있는 모든 요건이 구비되어 있는지 여부에 관하여 다시 심리할 수는 없다고 보아야 할 것인바, 전소인 약속어음금 청구소송에서 원고의 피고에 대한 약속어음채권이 확정된 이상 그 확정된 채권의 소멸시효의 중단을 위하여 제기한 소송에서 원고의 약속어음의 소지 여부를 다시 심리할 수는 없다고 할 것이고, 이러한 법리는 약속어음에 제시증권성 및 상환증권성이 있다고 하여 달리 취급할 것은 아니다.

⊙ 대법원 1995. 12. 8. 선고 94다39628 판결

갑이 을을 상대로 하여 부동산소유권이전등기등에관한특별조치법에 의하여 분할 전 토지 위에 경료된 을 명의의 소유권보존등기는 을이 허위의 보증서와 이에 기한 확인서에 터잡아 경료된 무효의 등기라는 이유로 을의 패소판결이 선고되어 그대로 확정되었다면, 갑이 주장하는 전소인 위 소송의 소송물은 을 명의로 경료된 소유권보존등기가 원인 무효임을 이유로 하는 소유권보존등기의 말소청구권의 존부이고, 후소의 소송물이 같은 부동산에 관한 청구이기는 하지만 취득시효 완성을 원인으

로 한 소유권이전등기청구권의 존부라면, 전소와 후소는 청구취지와 청구원인을 전혀 달리하는 소송으로서 그 소송물이 다르고, 전소에서 말소를 구하는 소유권보존등기가 취득시효 완성으로 인하여 실체관계에 부합하는 등기가 되었다는 항변을 하지 않았다고 하여 바로 그 소송물에 관한 사유도 아닌 전연 별개의 사실관계에 근거한 취득시효 완성을 원인으로 한 소유권이전등기청구권이 실권되는 것이 아니므로, 이러한 관점에서 볼 때 전소의 소송물과 후소의 소송물은 모순관계에 있다거나 전소의 소송물이 후소의 선결문제에 해당하는 것도 아니라고 할 것이어서 전소 판결의 기판력이 후소에 미친다고 볼 수 없다.

⊙ 대법원 1995. 3. 24. 선고 94다46114 판결

기판력이라 함은 기판력 있는 전소판결의 소송물과 동일한 후소를 허용하지 않는 것임은 물론, 후소의 소송물이 전소의 소송물과 동일하지 않다고 하더라도 전소의 소송물에 관한 판단이 후소의 선결문제가 되거나 모순관계에 있을 때에는 후소에서 전소판결의 판단과 다른 주장을 하는 것을 허용하지 않는 작용을 하는 것이다.

⊙ 대법원 1994. 12. 27. 선고 93다34183 판결

전소와 후소의 소송물이 동일하지 아니하여도 전소의 기판력 있는 법률관계가 후소의 선결적 법률관계로 되는 때에는 분쟁의 1회적 해결의 측면에서 전소의 판결의 기판력이 후소에 미쳐 후소의 법원은 전에 한 판단과 모순되는 판단을 할 수 없는 것이다.

Ⅱ. 기판력의 범위

1. 시적 범위

(1) 변론종결전에 존재한 사유(실권효, 차단효)

⊙ 대법원 1992. 10. 27. 선고 91다24847, 24854(병합) 판결

확정판결의 기판력은 동일한 당사자 사이의 소송에 있어서 변론종결 전에 당사자가 주장하였거나 또는 할 수 있었던 모든 공격 및 방어방법에 미치는 것이고, 다만 그 변론종결 후에 새로 발생한 사유가 있을 경우에만 그 기판력의 효력이 차단되는 것이다.

⊙ 대법원 1987. 3. 10. 선고 84다카2132 판결

특정토지에 대한 소유권확인의 본안판결이 확정되면 그에 대한 권리 또는 법률관계가 그대로 확정되는 것이므로 변론종결 전에 그 확인원인이 되는 다른 사실이 있었다 하더라도 그 확정판결의 기판력은 거기까지도 미치는 것이다.

(2) 변론종결후에 발생한 새로운 사유

⊙ 대법원 1998. 7. 10. 선고 98다7001 판결

일반적으로 판결이 확정되면 법원이나 당사자는 확정판결에 반하는 판단이나 주장을 할 수 없는 것이나, 이러한 확정판결의 효력은 그 표준시인 사실심 변론종결시를 기준으로 하여 발생하므로, 그 이후에 새로운 사유가 발생한 경우까지 전소의 확정

판결의 기판력이 미치는 것은 아니며, 이와 같이 변론종결 이후에 발생한 새로운 사유는 원칙적으로 사실자료에 그치는 것으로, 법률의 변경, 판례의 변경 혹은 판결의 기초가 된 행정처분의 변경은 그에 포함되지 아니한다.

⊙ 대법원 1995. 9. 29. 선고 94다46817 판결

기판력은 사실심 변론종결 당시에 있어서 권리관계의 존부에 관하여 생기기 때문에 후소 법원은 위 표준시에서의 기판력 있는 판단에 반하는 판결을 할 수 없고, 후소에서 전소의 표준시 이전에 존재하였던 사실 및 증거자료를 제출하여 전소에서 확정된 권리관계를 뒤엎을 수 없는 작용을 하는 것이지만, 표준시 이후에 생긴 법률관계에 관하여서까지 후소에서 주장할 수 없다는 것은 아니다. 을로부터 병 앞으로 소유권이전등기가 경료되어 있기 때문에 을의 갑에 대한 소유권이전등기 의무가 이행불능이라는 이유로 갑이 을을 상대로 한 소유권이전등기 청구소송에서 청구기각 판결이 확정된 후, 을이 병을 상대로 소유권이전등기 말소청구 소송을 제기하여 승소판결을 받아 등기부상 소유권을 회복한 경우, 을은 갑에 대하여 소유권이전등기 의무를 부담한다고 봄이 신의성실의 원칙상 당연하므로, 종전의 갑 패소판결 확정 후 사정변경이 생긴 이상 을에 대하여 갑 앞으로 소유권이전등기 절차의 이행을 명한 원심판결이 종전의 갑 패소판결의 기판력에 저촉되지 않는다.

(3) 변론종결후의 형성권의 행사

⊙ 대법원 1998. 11. 24. 선고 98다25344 판결

당사자 쌍방의 채무가 서로 상계적상에 있다 하더라도 그 자체만으로 상계로 인한 채무소멸의 효력이 생기는 것은 아니고, 상계의 의사표시를 기다려 비로소 상계로 인한 채무소멸의 효력이 생기는 것이므로, 채무자가 채무명의인 확정판결의 변론종결 전에 상대방에 대하여 상계적상에 있는 채권을 가지고 있었다 하더라도 채무명의인 확정판결의 변론종결 후에 이르러 비로소 상계의 의사표시를 한 때에는 민사소송법 제505조 제2항이 규정하는 '이의원인이 변론종결 후에 생긴 때'에 해당하는 것으로서, 당사자가 채무명의인 확정판결의 변론종결 전에 자동채권의 존재를 알았는가 몰랐는가에 관계없이 적법한 청구이의 사유로 된다.

⊙ 대법원 1981. 7. 7. 선고 80다2751 판결

기판력은 후소와 동일한 내용의 전소의 변론종결 전에 있어서 주장할 수 있었던 모든 공격 방어방법에 미치므로 해제사유가 전소의 변론종결 전에 존재하였다면 그 변론종결 후에 해제의 의사표시를 하였다고 하여도 이는 기판력에 저촉된다.

⊙ 대법원 1973. 11. 13. 선고 73다518 전원합의체 판결

채권압류 및 전부명령에 있어 제3채무자는 그 명령이 송달되기 이전에 채무자에 대하여 상계적상에 있었던 반대채권을 가

지고 있었다면 그 명령이 송달된 이후에 상계로서 전부채권자에게 대항할 수 있다.

2. 객관적 범위

(1) 판결주문중의 판단

⊙ 대법원 2005. 12. 23. 선고 2004다55698 판결[4)]

전에 제기된 소와 후에 제기된 소의 소송물이 동일하지 않다고 하더라도, 후에 제기된 소의 소송물이 전에 제기된 소에서 확정된 법률관계와 모순되는 정반대의 사항을 소송물로 삼았다면 이러한 경우에는 전번 판결의 기판력이 후에 제기된 소에 미치는 것이지만, 확정판결의 기판력은 소송물로 주장된 법률관계의 존부에 관한 판단의 결론에만 미치고 그 전제가 되는 법률관계의 존부에까지 미치는 것이 아니므로, 전의 소송에서 확정된 법률관계란 확정판결의 기판력이 미치는 법률관계를 의미하는 것이지 그 전제가 되는 법률관계까지 의미하는 것은 아니다. 매매계약의 무효 또는 해제를 원인으로 한 매매대금반환청구에 대한 인낙조서의 기판력은 그 매매대금반환청구권의 존부에 관하여만 발생할 뿐, 그 전제가 되는 선결적 법률관계인 매매계약의 무효 또는 해제에까지 발생하는 것은 아니므로 소유권이전등기청구권의 존부를 소송물로 하는 후소는 전소에서 확정된 법률관계와 정반대의 모순되는 사항을 소송물로 하는 것이라 할 수 없으며, 기판력

---

4) 대판 2002. 12. 6, 2002다44014; 동 2002. 9. 24, 2002다11847 참조.

이 발생하지 않는 전소와 후소의 소송물의 각 전제가 되는 법률관계가 매매계약의 유효 또는 무효로 서로 모순된다고 하여 전소에서의 인낙조서의 기판력이 후소에 미친다고 할 수 없다.

⊙ 대법원 1997. 6. 27. 선고 97다9529 판결

확정판결의 기판력은 주문에 포함된 소송물인 법률관계의 존부에 관한 판단의 결론에 대하여서만 생기는 것이어서, 소유권이전등기절차의 이행을 명한 확정판결의 기판력은 소송물인 그 이전등기청구권의 존부에만 미치고 소송물이 되어 있지 않은 소유권의 귀속 자체에까지 미치는 것은 아니므로, 소유권이전등기청구 소송을 제기당하여 패소한 당사자도 그 이후 소유권이전등기를 경료한 등기 명의자를 상대로 다시 소유권확인을 구하거나 진정한 소유자 명의의 회복을 위한 소유권이전등기를 구하는 소송을 제기할 수 있다.

⊙ 대법원 1996. 2. 9. 선고 94다61649 판결

판결이 형식적으로 확정되면 그 내용에 따른 기판력이 생기므로, 소유권이전등기절차를 명하는 확정판결에 의하여 소유권이전등기가 마쳐진 경우에, 다시 원인무효임을 내세워 그 말소등기절차의 이행을 청구함은 확정된 이전등기청구권을 부인하는 것이어서 기판력에 저촉된다.

⊙ 대법원 1992. 11. 10. 선고 92다22121 판결

확정판결의 기판력은 소송물로 주장된 법률관계의 존부에 관

한 판단의 결론 자체에만 미치고 전제가 되는 법률관계의 존부에까지 미치는 것이 아니어서, 부동산에 관한 소유권이전등기가 원인무효라는 이유로 등기의 말소를 인용한 판결이 확정되었다 하더라도 확정판결의 기판력은 소송물이었던 말소등기청구권의 존부에만 미치고 부동산의 소유권 자체의 존부에는 미치는 것이아니므로, 소유권이전등기말소청구소송에서 패소한 당사자도 그 후 소유권확인소송을 제기하여 승소판결을 받고 확정판결에 기하여 진정한 소유자 명의의회복을 위한 소유권이전등기를 청구할 수 있다.

⊙ 대법원 1983. 9. 27. 선고 82다카770 판결

매매를 청구원인으로 한 소유권이전등기청구사건에서 판결의 기판력이 미치는 객관적 범위는 그 판결의 주문에 포함된 등기청구권의 존부에만 한하는 것이고 판결이유에서 설시된 등기청구권의 원인이 되는 채권계약의 존부에까지 미치는 것이 아니므로, 허위주소를 기재한 의제자백판결에 기하여 매매를 원인으로 한 소유권이전등기를 한후 피고들의 추완항소로 위 판결이 취소되고 원고의 청구기각판결이 확정되자, 이를 이유로 제기한 위 의제자백판결에 기한 소유권이전등기의 말소청구소송에서 반대로 상대방의 매수사실을 인정하여 위 등기가 실체관계에 부합하는 등기라고 판단하였더라도 위 확정판결의 기판력에 저촉되지 않는다.

(2) 동일 소송물의 범위

⊙ 대법원 2002. 12. 6. 선고 2002다44014 판결

전, 후 양소의 소송물이 동일하지 않다고 하더라도, 후소의 소송물이 전소에서 확정된 법률관계와 모순되는 정반대의 사항을 소송물로 삼았다면 이러한 경우에는 전소 판결의 기판력이 후소에 미친다.

제소전 화해조서는 확정판결과 같은 효력이 있어 당사자 사이에 기판력이 생기는 것이므로, 원고가 피고에게 토지에 관하여 신탁해지를 원인으로 한 소유권이전등기절차를 이행하기로 한 제소전 화해가 준재심에 의하여 취소되지 않은 이상, 그 제소전 화해에 기하여 마쳐진 소유권이전등기가 원인무효라고 주장하며 말소등기절차의 이행을 청구하는 것은 제소전 화해에 의하여 확정된 소유권이전등기청구권을 부인하는 것이어서 그 기판력에 저촉된다.

진정한 등기명의의 회복을 위한 소유권이전등기청구는 이미 자기 앞으로 소유권을 표상하는 등기가 되어 있었거나 법률에 의하여 소유권을 취득한 자가 진정한 등기명의를 회복하기 위한 방법으로 현재의 등기명의인을 상대로 그 등기의 말소를 구하는 것에 갈음하여 허용되는 것인데, 말소등기에 갈음하여 허용되는 진정명의회복을 원인으로 한 소유권이전등기청구권과 무효등기의 말소등기청구권은 어느 것이나 진정한 소유자의 등기명의를 회복하기 위한 것으로서 실질적으로 그 목적이 동일하고, 두 청구권 모두 소유권에 기한 방해배제청구권으로서 그

법적 근거와 성질이 동일하므로, 비록 전자는 이전등기, 후자는 말소등기의 형식을 취하고 있다고 하더라도 그 소송물은 실질상 동일한 것으로 보아야 한다.

제소전 화해에 기하여 경료된 소유권이전등기의 말소등기청구에 갈음한 진정명의회복을 원인으로 한 소유권이전등기청구가 실질적으로는 말소등기청구와 소송물이 동일하다는 이유로 제소전 화해의 기판력에 저촉되어 허용되지 않는다.

◉ 대법원 2001. 9. 20. 선고 99다37894 전원합의체 판결[5]

【 다수의견 】

진정한 등기명의의 회복을 위한 소유권이전등기청구는 이미 자기 앞으로 소유권을 표상하는 등기가 되어 있었거나 법률에 의하여 소유권을 취득한 자가 진정한 등기명의를 회복하기 위한 방법으로 현재의 등기명의인을 상대로 그 등기의 말소를 구하는 것에 갈음하여 허용되는 것인데, 말소등기에 갈음하여 허용되는 진정명의회복을 원인으로 한 소유권이전등기청구권과

---

5) 위 판결과 관련하여 많은 평석이 나왔다. 즉 졸고, "소송물이론에 관한 소고", 민사소송 제10권 제1호, 11면 이하; 김홍엽, "소송물 및 기판력의 동일성의 판단방법 - 진정명의회복을 위한 소유권이전등기청구소송에 있어서-"; 송천 최종영 대법원장재임기념 21세기 사법의 전개, 254면 이하; 김홍엽, "소유권이전등기의 말소등기소송과 진정명의회복을 위한 이전등기청구소송에 있어서 기판력의 문제", 법조 제544권, 186면 이하; 유병현, "기판력과 진정명의회복을 위한 소유권이전등기청구", 고려법학 제39권, 287면 이하; 이충상, "진정명의회복을 위한 소유권이전등기청구와 기판력", 저스티스 통권 제66권, 121면 이하 참조 등.

무효등기의 말소청구권은 어느 것이나 진정한 소유자의 등기명의를 회복하기 위한 것으로서 실질적으로 그 목적이 동일하고, 두 청구권 모두 소유권에 기한 방해배제청구권으로서 그 법적 근거와 성질이 동일하므로, 비록 전자는 이전등기, 후자는 말소등기의 형식을 취하고 있다고 하더라도 그 소송물은 실질상 동일한 것으로 보아야 하고, 따라서 소유권이전등기말소청구소송에서 패소확정판결을 받았다면 그 기판력은 그 후 제기된 진정명의회복을 원인으로 한 소유권이전등기청구소송에도 미친다.

【 별개의견 】

전소인 소유권이전등기말소등기청구소송과 후소인 진정명의회복을 위한 소유권이전등기청구소송이 그 소송목적이나 법적 근거와 성질이 같아서 실질적으로 동일하다고 하더라도, 각기 그 청구취지와 청구원인이 서로 다른 이상, 위 2개의 소의 소송물은 다른 것이므로, 전소의 확정판결의 기판력은 후소에는 미치지 않는다고 보아야 할 것이고, 다만, 이미 전소에 관하여 확정판결이 있고 후소가 실질적으로 전소를 반복하는 것에 불과한 것이라면, 즉, 전소와 후소를 통하여 당사자가 얻으려고 하는 목적이나 사실관계가 동일하고, 전소의 소송과정에서 이미 후소에서와 실질적으로 같은 청구나 주장을 하였거나 그렇게 하는 데 아무런 장애가 없었으며, 후소를 허용함으로써 분쟁이 이미 종결되었다는 상대방의 신뢰를 해치고 상대방의 법적 지위를 불안정하게 하는 경우에는 후소는 신의칙에 반하여 허용되지 않는다고 보아야 한다.

【 반대의견 】

기판력의 범위를 결정하는 소송물은 원고의 청구취지와 청구원인에 의하여 특정되는 것으로서, 사실관계나 법적 주장을 떠나서 청구취지가 다르다면 소송물이 같다고 할 수 없을 것인바, 소유권이전등기말소등기청구소송과 진정명의회복을 위한 소유권이전등기청구소송은 우선 그 청구취지가 다르므로, 이러한 법리의 적용을 배제할 만한 상당한 법적 근거가 없다면 각각의 소송물이 다르다고 보아야 한다. 이 두 소송에서 말소등기청구권과 이전등기청구권이 실질적으로는 동일한 목적을 달성하기 위한 것이라 하더라도 각각에 다른 법률효과를 인정하여 별개의 소송물로 취급하는 것도 가능하고, 실체법과 함께 등기절차법의 측면에서 보면 이들 청구권의 법적 근거가 반드시 동일하다고만 볼 수도 없는 것이며, 또한 실제적인 측면을 고려할 때, 소유권이전등기의 말소청구와 함께 진정명의의 회복을 원인으로 하는 소유권이전등기청구를 중첩적으로 허용함이 타당하다.

⊙ 대법원 1996. 8. 23. 선고 94다49922 판결

소유권이전등기청구사건에 있어서 등기원인을 달리하는 경우에는 그것이 단순히 공격·방어방법의 차이에 불과한 것이 아니고 등기원인별로 별개의 소송물로 인정된다.

위 판결은 소유권이전등기청수소송이 등기원인마다 소송물이 개별화된다는 입장으로 소유권말소등기청수소송과는 다른 입장

을 취하고 있다.

⊙ 대법원 1995. 6. 13. 선고 93다43491 판결

확정판결의 기판력은 소송물로 주장된 법률관계의 존부에 관한 판단 그 자체에만 미치는 것이고 전소와 후소가 그 소송물이 동일한 경우에 작용하는 것이므로, 부동산에 관한 소유권이전등기가 원인무효라는 이유로 그 등기의말소를 명하는 판결이 확정되었다고 하더라도 그 확정판결의 기판력은 그 소송물이었던 말소등기청구권의 존부에만 미치는 것이므로, 그 소송에서 패소한 당사자도 전소에서 문제된 것과는 전혀 다른 청구원인에 기하여 상대방에 대하여 소유권이전등기청구를 할 수 있다.

⊙ 대법원 1995. 4. 25. 선고 94다17956 전원합의체 판결

【 다수의견 】

갑이 을로부터 1필의 토지의 일부를 특정하여 매수하였다고 주장하면서 을을 상대로 그 부분에 대한 소유권이전등기청구소송을 제기하였으나, 목적물이 갑의 주장과 같은 부분으로 특정되었다고 볼 증거가 없다는 이유로 청구가 기각되었고, 이에 대한 갑의 항소·상고가 모두 기각됨으로써 판결이 확정되자, 다시 을을 상대로 그 전체 토지 중 일정 지분을 매수하였다고 주장하면서 그 지분에 대한 소유권이전등기를 구하는 소를 제기한 경우, 전소와 후소는 그 각 청구취지를 달리하여 소송물이 동일하다고 볼 수 없으므로, 전소의 기판력은 후소에 미칠 수 없다.

【 별개의견 】

1필의 토지의 특정부분에 대한 지분에 관한 소유권이전등기청구가 이론적으로는 전소 소송물의 일부를 구성하나, 이는 전소에 추상적으로 내포되어 있던 권리관계에 불과하여 전소에서 구체적으로 공격방어의 대상이 되거나 될수 있었던 것이 아니므로 전소의 변론과 판단에 그 지분에 대한 부분이 포함되었다고 볼 수 없고 또한 당사자가 전소에서 그 권리관계에 관한 적법한 절차보장, 즉 그 권리관계의 존부에 대한 변론과 법원의 판단을 받을 수 있었다고 볼 수 없다면 그것이 변론종결 전의 공격방어방법이라 탓하여 그 차단효를 인정할 수도 없는 것이니 만큼, 이러한 경우에는 전소판결의 기판력이 위 특정부분에 대한 지분에 관하여 미치지 아니한다고 보아야 한다.

【 반대의견 】

어떤 토지의 특정부분 전부에 관한 지분권이전등기는 특정부분에 관한 소유권이전등기청구의 분량적 일부임이 분명하므로, 당사자가 토지의 특정부분 전부에 관한 소유권이전등기청구에 승소하였다가 후에 특정부분을 포함한 토지 전부에 관한 지분이전등기를 청구하였다면 그 특정부분에 관한 한 본안에 관하여 나아가 판단할 필요 없이 권리보호의 이익이 없음을 이유로 각하하여야 하고, 거꾸로 특정부분 전부에 관한 소유권이전등기청구를 하였다가 기각되었음에도 불구하고 후에 그 특정부분을 포함한 토지 전부에 관한 지분이전등기를 구하는 경우에는 그 특정부분에 관한 한 기판력에 저촉되어 전소와 다른 판단을 할 수 없을 것이므로 청구가 기각되어야 한다.

⊙ 대법원 1993. 6. 29. 선고 93다11050 판결

말소등기청구사건의 소송물은 당해 등기의 말소등기청구권이고 그 동일성 식별의 표준이 되는 청구원인, 즉 말소등기청구권의 발생원인은 당해 등기원인의 무효라 할 것으로서 등기원인의 무효를 뒷받침하는 개개의 사유는 독립된 공격방어방법에 불과하여 별개의 청구원인을 구성하는 것이 아니라 할 것이므로 전소에서 원고가 주장한 사유나 후소에서 주장하는 사유들은 모두 등기의 원인무효를 뒷받침하는 공격방법에 불과할 것일 뿐 그 주장들이 자체로서 별개의 청구원인을 구성한다고 볼 수 없고 모두 전소의 변론종결 전에 발생한 사유라면 전소와 후소는 그 소송물이 동일하여 후소에서의 주장사유들은 전소의 확정판결의 기판력에 저촉되어 허용될 수 없는 것이다.

⊙ 대법원 1990. 11. 27. 선고 89다카12398 전원합의체 판결[6)]

이미 자기 앞으로 소유권을 표상하는 등기가 되어 있었거나 법률에 의하여 소유권을 취득한 자가 진정한 등기명의를 회복하기 위한 방법으로는 현재의 등기명의인을 상대로 그 등기의 말소를 구하는 외에 "진정한 등기명의의 회복"을 원인

6) 김황식, "진정명의회복을 위한 소유권이전등기청구", 윤관 대법원장 퇴임기념 논문집, 국민과 사법, 24면 이하; 김오수, "진정명의회복을 위한 소유권이전등기청구와 기판의 문제", 민사재판의 제문제 제9권, 225면 이하 참조.

으로 한 소유권이전등기절차의 이행을 직접 구하는 것도 허용되어야한다.

(3) 상계항변에 기판력이 미치는 이유

⦿ 대법원 2005. 7. 22. 선고 2004다17207 판결

민사소송법 제216조 제2항에서 판결 이유 중의 판단임에도 불구하고 상계 주장에 관한 법원의 판단에 기판력을 인정한 취지는, 만일 이에 대하여 기판력을 인정하지 않는다면, 원고의 청구권의 존부에 대한 분쟁이 나중에 다른 소송으로 제기되는 반대채권의 존부에 대한 분쟁으로 변형됨으로써 상계 주장의 상대방은 상계를 주장한 자가 그 반대채권을 이중으로 행사하는 것에 의하여 불이익을 입을 수 있게 될 뿐만 아니라 상계 주장에 대한 판단을 전제로 이루어진 원고의 청구권의 존부에 대한 전소의 판결이 결과적으로 무의미하게 될 우려가 있게 되므로, 이를 막기 위함이라고 보인다.

상계 주장에 관한 판단에 기판력이 인정되는 경우는, 상계 주장의 대상이 된 수동채권이 소송물로서 심판되는 소구채권이거나 그와 실질적으로 동일하다고 보이는 경우(가령 원고가 상계를 주장하면서 청구이의의 소송을 제기하는 경우 등)로서 상계를 주장한 반대채권과 그 수동채권을 기판력의 관점에서 동일하게 취급하여야 할 필요성이 인정되는 경우를 말한다고 봄이 상당하므로 만일 상계 주장의 대상이 된 수동채권이 동시이행항변에 행사된 채권일 경우에는 그러한 상계 주장에 대한 판단

에는 기판력이 발생하지 않는다고 보아야 할 것인바, 위와 같이 해석하지 않을 경우 동시이행항변이 상대방의 상계의 재항변에 의하여 배척된 경우에 그 동시이행항변에 행사된 채권을 나중에 소송상 행사할 수 없게 되어 민사소송법 제216조가 예정하고 있는 것과 달리 동시이행항변에 행사된 채권의 존부나 범위에 관한 판결 이유 중의 판단에 기판력이 미치는 결과에 이르기 때문이다.

(4) 일부청구

⊙ 대법원 2000. 2. 11. 선고 99다10424 판결

불법행위의 피해자가 일부청구임을 명시하여 그 손해의 일부만을 청구한 경우 그 일부청구에 대한 판결의 기판력은 청구의 인용 여부에 관계없이 청구의 범위에 한하여 미치는 것이고, 잔액 부분 청구에는 미치지 아니한다.

⊙ 대법원 1993. 6. 25. 선고 92다33008 판결

가분채권의 일부에 대한 이행청구의 소를 제기하면서 나머지를 유보하고 일부만을 청구한다는 취지를 명시하지 아니한 이상 그 확정판결의 기판력은 청구하고 남은 잔부청구에까지 미치는 것이므로 그 나머지 부분을 별도로 다시 청구할 수 없다.

전소의 사실심 변론종결 당시까지 소유권이전을 소구할 수 있는 공유지분의 범위를 정확히 알 수 없어 결과적으로 전소에서 일부 공유지분에 관한 청구를 하지 못하게 되었다 할지라도

이를 일부청구임을 명시한 경우와 마찬가지로 취급하여 전소의 확정판결의 기판력이 그 잔부청구에 미치지 않는다고 볼 수는 없다.

(5) 소송요건에 기판력이 미치는 여부

⊙ 대법원 2003. 4. 8. 선고 2002다70181 판결

소송판결의 기판력은 그 판결에서 확정한 소송요건의 흠결에 관하여 미치는 것이지만, 당사자가 그러한 소송요건의 흠결을 보완하여 다시 소를 제기한 경우에는 그 기판력의 제한을 받지 않는다. 종전 소송에서 당사자능력의 흠결을 이유로 소각하 판결을 받은 자연부락이 그 후 비법인사단으로서 당사자능력을 갖춘 것으로 볼 여지가 있다는 이유로 종전 소송판결의 기판력과의 저촉을 인정하지 않는다.

3. 주관적 범위

(1) 당사자

⊙ 대법원 1995. 5. 12. 선고 93다44531 판결

갑회사와 을회사가 기업의 형태·내용이 실질적으로 동일하고, 갑회사는 을회사의 채무를 면탈할 목적으로 설립된 것으로서 갑회사가 을회사의 채권자에 대하여 을회사와는 별개의 법인격을 가지는 회사라는 주장을 하는 것이 신의성실의 원칙에 반하거나 법인격을 남용하는 것으로 인정되는 경우에도, 권리

관계의 공권적인 확정 및 그 신속·확실한 실현을 도모하기 위하여 절차의 명확·안정을 중시하는 소송절차 및 강제집행절차에 있어서는 그 절차의 성격상 을회사에 대한 판결의 기판력 및 집행력의 범위를 갑회사에까지 확장하는 것은 허용되지 아니한다.

⊙ 대법원 1988. 2. 23. 선고 87다카777 판결

부동산을 매수한 자가 소유권이전등기를 하지 않고 있는 사이에 제3자가 매도인을 상대로 제소하여 그 부동산에 대한 소유권이전등기절차이행의 확정판결을 받아 소유권이전등기를 경료한 경우 위 확정판결이 당연무효이거나 재심의 소에 의하여 그 판결이 취소되기 전에는 매수인은 매도인에 대한 소유권이전등기청구권을 보전하기 위하여 매도인을 대위하여 제3자 명의의 소유권이전등기에 대한 말소를 구할 수 없으나 이는 매수인이 위 확정판결의 기판력이 미치는 매도인의 권리를 행사하는 경우에 그 기판력에 저촉되는 주장을 할 수 없다는 취지에 불과하고 매수인이 위 확정판결의 기판력에 미치는 매도인을 대위하지 아니한 경우에까지 확정판결에 저촉되는 주장을 할 수 없다는 취지는 아니다.

(2) 변론종결후의 승계인

소송물인 권리의무 자체를 승계한 자는 아니지만, 표준시후에 계쟁물에 관한 당사자적격(분쟁주체인 지위)을 승계한 자가

여기에서 변론종결후의 승계인에 포함되는냐에 관하여는 소송물을 어떻게 보느냐에 따라 달라진다. 판례는 구소송물의 입장에서 피고에 대한 청구권이 물권적 청구권인 경우에는 승계인으로 보지 않지만 채권적 청구권인 경우에는 승계인으로 본다.

⊙ 대법원 1999. 10. 22. 선고 98다6855 판결

건물 소유권에 기한 물권적 청구권을 원인으로 하는 건물명도소송의 소송물은 건물 소유권이 아니라 그 물권적 청구권인 건물명도청구권이므로 그 소송에서 청구기각된 확정판결의 기판력은 건물명도청구권의 존부 그 자체에만 미치는 것이고, 소송물이 되지 아니한 건물 소유권의 존부에 관하여는 미치지 아니하므로, 그 건물명도소송의 사실심 변론종결 후에 그 패소자인 건물 소유자로부터 건물을 매수하고 소유권이전등기를 마침으로써 그 소유권을 승계한 제3자의 건물 소유권의 존부에 관하여는 위 확정판결의 기판력이 미치지 않으며, 또 이 경우 위 제3자가 가지게 되는 물권적 청구권인 건물명도청구권은 적법하게 승계한 건물 소유권의 일반적 효력으로서 발생된 것이고, 위 건물명도소송의 소송물인 패소자의 건물명도청구권을 승계함으로써 가지게 된 것이라고는 할 수 없으므로, 위 제3자는 위 확정판결의 변론종결 후의 승계인에 해당한다고 할 수 없다.

⊙ 대법원 1993. 2. 12. 선고 92다25151 판결

전소의 소송물이 채권적 청구권인 소유권이전등기청구권일

때에는 전소의 변론종결 후에 전소의 피고인 채무자로부터 소유권이전등기를 경료받은 자는 전소의 기판력이 미치는 변론종결 후의 제3자에 해당한다고 할 수 없다.

⊙ 대법원 1991. 1. 15. 선고 90다9964 판결

건물명도소송에서의 소송물인 청구가 물권적 청구 등과 같이 대세적인 효력을 가진 경우에는 그 판결의 기판력이나 집행력이 변론종결 후에 그 재판의 피고로부터 그 건물의 점유를 취득한 자에게도 미치나 그 청구가 대인적인 효력밖에 없는 채권적 청구에만 그친 때에는 위와 같은 점유승계인에게 위의 효력이 미치지 아니한다.

원고가 갑으로부터 을에 대한 점포의 전차권을 양도받고 다시 을과 전대차계약을 맺은 다음, 그 점포를 점유하고 있는 병을 상대로 갑으로부터 양수한 전차권을 보전하기 위하여 갑을 대위하여 점포의 명도청구소송을 제기하여 승소판결을 받았으나 병이 그 사건의 변론종결 후에 마음대로 피고에게 위 점포를 양도함으로써 피고가 이를 점유하고 있는 경우 원고의 위 소송에서의 청구는 채권적 청구이므로 피고에 대하여는 그 판결의 기판력과 집행력이 미치지 아니하고, 따라서 그 승소판결만으로 피고에 대하여 명도집행을 할 수 없게 된 원고로서는 피고를 상대로 다시 위 점포의 명도를 구할 소송상의 이익이 있다.

⊙ 대법원 1990. 2. 13. 선고 88다4195 판결

전소에서 후소의 원고는 피고들의 피상속인을 상대로 후소와

동일한 소유권이전등기말소청구를 하여 패소하였으므로 후소는 전소의 기판력에 저촉된다.

(3) 제3자 소송담당의 경우에 있어서 권리귀속주체

⊙ 대법원 2005. 11. 10. 선고 2005다34667, 2005다34674 판결[7)]

부동산 실권리자명의 등기에 관한 법률(이하 '부동산실명법'이라 한다) 제4조 제3항에서 "제3자"라고 함은 명의신탁 약정의 당사자 및 포괄승계인 이외의 자로서 명의수탁자가 물권자임을 기초로 그와의 사이에 직접 새로운 이해관계를 맺은 사람을 말한다고 할 것이므로, 명의수탁자로부터 명의신탁된 부동산의 소유명의를 이어받은 사람이 위 규정에 정한 제3자에 해당하지 아니한다면 그러한 자로서는 부동산실명법 제4조 제3항의 규정을 들어 무효인 명의신탁등기에 터 잡아 마쳐진 자신의 등기의 유효를 주장할 수 없고, 따라서 그 명의의 등기는 실체관계에 부합하여 유효라고 하는 등의 특별한 사정이 없는 한 무효라고 할 것이고, 등기부상 명의수탁자로부터 소유권이전등기를 이어받은 자의 등기가 무효인 이상, 부동산등기에 관하여 공신력이 인정되지 아니하는 우리 법제 아래서는 그 무효인 등기에 기초하여 새로운 법률원인으로 이해관계를 맺은 자가 다시 등기를 이어받았다면 그 명의의 등기 역시 특별한 사정이 없는 한 무효임을 면할 수 없다고 할 것

7) 대판 2003. 5. 16, 2003다11714; 동 2004. 8. 30, 2002다48771; 동 1977. 7. 26, 77다92 참조.

이므로, 이렇게 명의수탁자와 직접 이해관계를 맺은 것이 아니라 부동산실명법 제4조 제3항에 정한 제3자가 아닌 자와 사이에서 무효인 등기를 기초로 다시 이해관계를 맺은 데 불과한 자는 위 조항이 규정하는 제3자에 해당하지 않는다고 보아야 한다.

기판력의 주관적 범위를 정함에 있어서 당사자가 변론을 종결할 때까지 승계사실을 진술하지 아니한 때에는 변론을 종결한 뒤에 승계한 것으로 추정한다는 민사소송법 제218조 제2항의 취지는, 변론종결 전의 승계를 주장하는 자에게 그 입증책임이 있다는 뜻을 규정하여 변론종결 전의 승계사실이 입증되면 확정판결의 기판력이 그 승계인에게 미치지 아니한다는 것으로 해석되므로, 종전의 확정판결의 기판력의 배제를 원하는 당사자 일방이 변론종결 전에 당사자 지위의 승계가 이루어진 사실을 입증한다면, 종전소송에서 당사자가 그 승계에 관한 진술을 하였는지 여부와 상관없이, 그 승계인이 종전의 확정판결의 기판력이 미치는 변론종결 후의 승계인이라는 민사소송법 제218조 제2항의 추정은 깨어진다고 보아야 한다.

소유권이전등기말소 청구소송을 제기당한 자가 소송 계속중 당해 부동산의 소유권을 타인에게 이전한 경우에는, 부동산물권 변동의 효력이 생기는 때인 소유권이전등기가 이루어진 시점을 기준으로 그 승계가 변론종결 전의 것인지 변론종결 후의 것인지 여부를 판단하여야 한다.

(4) 채권자대위소송의 경우

⊙ 대법원 1988. 2. 23. 선고 87다카1108 판결

채권자가 채권자대위권을 행사하는 방법으로 제3채무자를 상대로 소송을 제기하고 판단을 받은 경우에는 채권자가 채무자에 대하여 민법 제405조 제1항에 의한 보존행위 이외의 권리행사의 통지 또는 민사소송법 제77조에 의한 소송고지 혹은 비송사건절차법 제84조 제1항에 의한 재판상대위의 허가를 고지하는 방법 등을 위시하여 어떠한 사유로 인하였던 적어도 채권자대위권에 의한 소송이 제기된 사실을 채무자가 알았을 경우에 비로소 그 판결의 효력이 채무자에게 미친다.

⊙ 대법원 1979. 3. 13. 선고 76다688 판결

채권자가 채무자를 대위하여 제3자를 상대로 제기한 소송과 이미 판결확정이 되어 있는 채무자와 그 제3자 간의 기존 소송이 당사자만 다를 뿐 실질적으로 동일 내용의 소송이라면, 위 확정판결의 효력이 채권자 대위권 행사에 의한 소송에 미친다.

제4절 가집행선고

가집행선고라 함은 미확정의 종국판결에 대하여 마치 그것이 확정된 경우와 같이 집행력을 부여하는 형성적 재판이다. 제도적 취지는 강제집행의 지연을 위한 패소자의 고의적 지연을 막

고, 제1심에서 소송자료를 전부 제출하도록 함으로써 집중심리를 도모하기 위한 것이다.

⊙ 대법원 2005. 1. 14. 선고 2001다81320 판결[8)]

제1심의 가집행선고부 판결에 기하여 금원을 지급하였다가 다시 상소심 판결의 선고로 그 선고가 실효됨으로 인하여 그 금원의 수령자가 부담하게 되는 가지급물의 반환의무는 성질상 부당이득의 반환채무라 할 것이므로 그 가지급물의 반환을 명하는 판결은 특별한 사정이 없는 한 구 소송촉진등에관한특례법(2003. 5. 10. 법률 제6868호로 개정되기 전의 것) 소정의 '금전채무의 전부 또는 일부의 이행을 명하는 판결'에 해당하므로 위 법률의 적용을 받는다.

⊙ 대법원 2000. 4. 7. 선고 99다68768 판결[9)]

가집행선고부 판결에 기하여 실시한 유체동산에 대한 인도집행은 그 유체동산의 점유의 이전을 실현한 것이고, 그 가집행선고의 실효로 인한 가지급물 반환신청은 가집행선고부 판결에 기한 인도집행에 의하여 이전된 그 유체동산에 대한 점유의 회수를 구하는 것에 다름 아니라고 할 것인데, 이와 같은 점유물의 반환청구는 현실적으로 그 목적물을 점유하고 있는 자를 상

8) 대판 1991. 8. 13, 91다16075; 동 1992. 4. 10, 91다44674; 동 1992. 10. 27, 91다39368; 동 1995. 8. 25, 94다34562; 동997. 12. 12, 97다36507; 동 2002. 9. 24, 2002다30275; 동 1971. 6. 22, 71다982 참조.

9) 대판 1969. 2. 4, 68다1594; 동 1983. 5. 10, 81다187; 동 1983. 5. 10, 81다187; 동 1999. 7. 9, 98다9045 참조.

대로 하여야 하고 불법점유자라 하여도 그 물건을 다른 사람에게 인도하여 현실적으로 점유를 하고 있지 않은 이상 그 자를 상대로 반환청구를 할 수 없다고 할 것이므로, 원고가 가집행선고부 판결에 기하여 피고로부터 인도받은 유체동산에 대하여 경매절차가 진행되어 제3자가 이를 경락받아 점유함으로써 원고가 그 점유를 상실한 이상, 피고는 원고에 대하여 그 유체동산 자체를 가지급물의 반환으로 구할 수 없다.

⊙ 대법원 2000. 2. 25. 선고 98다36474 판결

민사소송법 제201조 제2항 소정의 가집행선고로 인한 지급물 반환신청은 가집행에 의하여 집행을 당한 채무자로 하여금 본안 심리절차를 이용하여 신청의 심리를 받을 수 있는 간이한 길을 터놓아 반소 또는 차후 별소를 제기하는 비용, 시간 등을 절약할 수 있게 한 제도로서 집행을 당한 채무자가 본안에 대하여 불복을 제기함과 아울러 본안을 심리하고 있는 상소심에서 변론종결 전에 그 신청을 하여야 함이 원칙이고, 그 신청의 이유인 사실의 진술 및 당부의 판단을 위하여는 소송에 준하여 변론이 필요한 것인데, 법률심인 상고심으로서는 과연 집행에 의하여 어떠한 지급이 이루어졌으며, 어느 범위의 손해가 있었는가 등의 사실관계를 심리 확정할 수 없기 때문에, 신청의 이유로서 주장하는 사실관계에 대하여 당사자 사이에 다툼이 없어 사실 심리를 요하지 아니하는 경우를 제외하고는, 상고심에서는 가집행선고로 인한 지급물의 반환신청은 허용될 수 없다.

⊙ 대법원 1999. 12. 3. 자 99마2078 전원합의체 결정[10)]

가집행선고 있는 판결에 대한 강제집행정지를 위한 담보는 채권자가 그 강제집행정지로 인하여 입게 될 손해의 배상채권을 확보하기 위한 것이다.

제1심판결에 붙은 가집행선고는 그 본안판결을 변경한 항소심판결에 의하여 변경의 한도에서 효력을 잃게 되지만 그 실효는 변경된 그 본안판결의 확정을 해제조건으로 하는 것이어서 그 항소심판결을 파기하는 상고심판결이 선고되면 가집행선고의 효력은 다시 회복되기에, 그 항소심판결이 확정되지 아니한 상태에서는 가집행선고부 제1심판결에 기한 가집행이 정지됨으로 인하여 입은 손해의 배상을 상대방에게 청구할 수 있는 가능성이 여전히 남아 있다고 할 것이므로 가집행선고부 제1심판결이 항소심판결에 의하여 취소되었다 하더라도 그 항소심판결이 미확정인 상태에서는 그의 담보의 사유가 소멸되었다고 볼 수 없다.

⊙ 대법원 1995. 9. 29. 선고 94다23357 판결

항소심이 무조건 이행을 명한 가집행선고부 제1심판결을 변경하여 상환 이행을 명하면서 다시 가집행선고를 붙인 경우, 제1심판결에서 인정된 소송의 목적인 권리가 항소심에서도 여전히 인정되는 점은 아무런 변경이 없고, 다만 가집행 채권자는

10) 대결 1988. 3. 29, 87카71; 동 1992. 1. 31. 자 91마718; 동 2000. 1. 14, 98다24914; 동 1963. 7. 25. 자 63라5 결정(폐기); 동 1964. 5. 10. 자 63마3; 동 1964. 6. 2. 자 63마165; 동 1965. 10. 20. 자 65마826; 동 1983. 9. 28. 자 83마435; 동 1993. 3. 29. 자 93마246, 247 참조.

항소심판결에 따라 상환조건을 성취하여야만 강제집행을 할 수 있게 되었을 뿐이므로, 무조건 이행을 명한 제1심판결의 가집행선고는 그 차이가 나는 한도 내에서만 실효되었다고 봄이 상당하고, 따라서 이 경우에 가집행 채무자로서는 민사소송법 제201조 제2항에 의하여 제1심판결의 가집행선고로 인한 지급물의 반환을 구할 수 없음은 물론, 소송의 목적인 권리가 인정되지 아니함을 전제로 하는 손해도 특별한 사정이 없는 한 제1심판결의 가집행과 상당인과관계에 있는 손해라고 할 수 없으므로 이에 대하여 같은 조항에 의한 배상을 구할 수 없다.

임대차 종료로 인한 건물명도 청구 소송에서 무조건 이행을 명한 제1심판결이 가집행됨으로써, 원래대로라면 상환으로 수령하였어야 할 임차보증금을 늦게 지급받게 된 손해를 입은 경우, 그 손해액은 특별한 사정이 없는 한 가집행에 의한 명도일로부터 임차보증금을 반환받는 날까지 그 임차보증금에 대한 민법 소정의 연 5푼의 비율에 의한 이자 상당액이고, 이는 제1심판결의 가집행과 상당인과관계에 있는 손해이다.

가집행 채무자에게 가집행에 관하여 과실이 있는 때에는, 가집행 채권자의 손해배상 책임 및 그 금액을 정함에 있어서 이를 참작하여야 한다.

⊙ 대법원 1995. 4. 21. 선고 94다58490, 94다58506(반소) 판결

가집행선고부 판결에 기한 집행의 효력은 확정적인 것이 아니고 후일 본안판결 또는 가집행선고가 취소·변경될 것을 해제조건으로 하는 것이므로, 가집행선고에 기하여 채권자가 집행을 완료함으로써 만족을 얻은 경우, 상소심에서 본안에 관하여 판단할 때에는 그 집행의 이행상태를 고려하지 아니하고 청구의 당부에 관하여 판단하여야 하나, 이는 당해 소송절차에서 취소·변경대상이 되는 본안판결이 존재하는 경우에 만약 가집행에 기한 이행상태를 판결자료로 채용한다면 가집행선고에 기한 집행 때문에 그 본안청구에 관하여 승소의 종국판결을 얻을 길이 막히게 되는 이상한 결과가 되어 실제상 불합리하기 때문이지 가집행선고부 판결에 기한 집행이 종국적인 것임을 부인하는 것은 아니다.

갑이 제1심에서 을 점유 토지의 인도청구소송을 제기하여 가집행선고부 승소판결을 선고받고, 항소심에서 경계확정소송으로 소를 교환적으로 변경하였다면, 변경전 청구인 토지인도청구의 소는 취하되었다고 할 것이고, 따라서 이에 붙여진 가집행선고도 실효되었다고 할 것이므로, 갑이 그 가집행선고부 판결에 기하여 그 토지를 점유하게 된 것이라면, 갑은 을에 대하여 당연히 원상회복으로서 자신이 점유하고 있는 토지를 인도할 의무가 있다.

⊙ 대법원 1994. 11. 11. 선고 94다22446 판결

가집행부 제1심판결이 선고된 후 피고들이 판결인용금액을 변제공탁하고 원고가 이를 수령한 경우, 피고들이 항소심에서 부대항소를 제기하면서 제1심에서 인용된 금액에 대하여 다투고

있는 점에 비추어 보면, 그 금원은 비록 변제공탁이라는 형식을 취하였으나 채무자인 피고들이 제1심판결에 붙은 가집행에 기한 강제집행을 면하기 위하여 공탁한 것이라고 할 것이지 피고들이 원고에 대하여 그 금액 상당의 채무가 있음을 인정하고 임의로 변제제공을 하였으나 원고가 수령을 하지 아니하여 변제공탁한 것으로 볼 수는 없고, 따라서 원고가 공탁금을 수령한 것은 원고의 피고들에 대한 채권의 일부를 임의로 변제받은 것이 아니라 제1심판결에 붙은 가집행선고에 의하여 지급받은 금원이라고 할 것이고, 이와 같이 제1심판결에 붙은 가집행에 기하여 지급받은 금원은 확정적으로 변제의 효과가 발생하는 것이 아니어서 항소심에서 이를 참작할 사유가 되는 것이 아니다.

⊙ 대법원 1994. 4. 12. 선고 93다56053 판결

가집행선고의 재판에 대하여는 본안 재판의 불복과 더불어서만 불복할 수 있으며, 본안의 재판에 대한 상소가 이유 있다고 판단되는 경우에만 가집행선고의 재판에 불복이유가 있다고 할 것이므로, 본안과 더불어 상소된 가집행선고의 재판에 비록 잘못이 있더라도 본안사건에 대한 상소가 이유 없다고 판단되는 경우에는 가집행선고의 재판을 시정하는 판단을 할 수 없다.

⊙ 대법원 1993. 1. 15, 92다38812

원고가 가집행선고부 판결을 채무명의로 하여 피고의 제3채무자에 대한 채권에 대하여 전부명령을 얻어 전부금을 수령한 후에 본안판결의 변경으로 가집행선고가 실효된 경우에 있어,

위 전부금의 수령은 피고의 채권에 대한 집행으로서 채권의 추심으로 이루어진 것이므로 피고가 이행한 급부와 마찬가지로 보아야 하고, 원고는 그로 인하여 피고의 손해 아래 전부채권액에 상당하는 부당이득을 얻은 결과가 되어 이는 원상회복으로서 피고에게 반환되어야 할 성질의 것임이 분명하므로 위 전부금은 이를 가집행선고로 인한 지급물로 보아 피고의 가지급물 반환신청에 따른 원상회복의무의 내용에 포함시켜야 옳다.

⊙ 대법원 2004. 2. 27. 선고 2003다52944 판결

가집행선고의 실효에 따른 원상회복의무는 상행위로 인한 채무 또는 그에 준하는 채무라고 할 수는 없으므로 그 지연손해금에 대하여는 민법 소정의 법정이율에 의하여야 하는 것이고 상법 소정의 법정이율을 적용할 것은 아니다.

제5절 판결의 편취

당사자가 악의로 상대방이나 법원을 기망하여 부당한 내용의 판결을 얻은 경우를 말한다. 이러한 경우에 상대방은 판결의 당연무효를 주장하는 것이 허용되는가, 또 무연무효를 전제로 하고 그 판결에 의해서 입은 손해의 배상을 불법행위에 기하여 청구할 수 있는가가 문제된다. 이러한 판결의 편취의 유형으로는 타인의 성명을 모용하여 승소판결을 받는 경우, 재판상의 화해

를 하면서 소취하의 합의를 해서 피고가 불출석했음에도 소취하를 하지 않아 승소판결을 받는 경우, 피고의 주소를 알고 있으면서도 소재불명으로 속여 공시송달에 기하여 피고도 모르게 승소판결을 받는 경우, 피고의 주소를 허위로 기재하고 그 주소에서 원고 자신이 피고로 가장하여 소장부본의 송달을 받아 자백간주의 형식으로 법원을 속여 승소판결을 받는 경우 등이다.

⊙ 대법원 1995. 5. 9. 선고 94다41010 판결[11)]

제소자가 상대방의 주소를 허위로 기재함으로써 그 허위주소로 소송서류가 송달되어 그로 인하여 상대방 아닌 다른 사람이 그 서류를 받아 의제자백의 형식으로 제소자 승소의 판결이 선고되고 그 판결정본 역시 허위의 주소로 보내어져 송달된 것으로 처리된 경우에는 상대방에 대한 판결의 송달은 부적법하여 무효이므로 상대방은 아직도 판결정본의 송달을 받지 않은 상태에 있어 이에 대하여 상소를 제기할 수 있을 뿐만 아니라, 위 사위판결에 기하여 부동산에 관한 소유권이전등기나 말소등기가 경료된 경우에는 별소로서 그 등기의 말소를 구할 수도 있다.

⊙ 대법원 1992. 4. 24. 선고 91다38631 판결[12)]

제소자가 상대방의 주소를 허위로 기재함으로써 그 허위주소

---

11) 대판 1981. 3. 24, 80다2220; 동 1992. 4. 24, 91다38631; 동 1979. 7. 10, 79다645; 동 1992. 4. 24, 91다26379, 26386; 동 1993. 10. 12, 93다18914 참조.

12) 대판(전) 1981. 3. 24, 80다2220; 동 1978. 5. 9, 75다634; 동1982. 4. 13, 81다1350; 동 1981. 8. 25, 80다2831 참조.

로 소송서류가 송달되어 그로 인하여 상대방 아닌 다른 사람이 그 서류를 받아 의제자백의 형식으로 제소자 승소의 판결이 선고되고, 그 판결정본 역시 허위의 주소로 보내어져 송달된 것으로 처리된 이른바 사위판결의 경우에 있어서는 그 판결정본이 상대방에게 적법하게 송달되었다고 할 수 없으므로 그 판결에 대한 상소기간은 진행을 개시하지 아니한다 할 것이어서 그 판결은 형식적으로 확정되었다고 할 수 없고, 따라서 기판력도 발생하지 아니한다.

사위판결에 기하여 경료된 부동산에 관한 소유권이전등기는 실체적 권리관계에 부합될 수 있는 특별한 사정이 없는 한 원인무효로 말소될 처지에 있고, 또 그 상대방이 사위판결에 대하여 상소를 제기하지 아니하고 별소에 의하여 소유권이전등기의 말소를 구한다 하더라도 그 등기명의인으로서는 이를 거부할 수 없다.

⦿ 대법원 1982. 13. 선고 81다1350 판결[13)]

상대방의 주소를 허위로 기재하여 제소함으로써 판결정본을 상대방이 아닌 다른 사람이 수령한 경우에는 적법한 송달이 있기까지는 상소기간이 진행되지 아니하여 판결이 확정될 수 없는 것인 만큼 그 판결에 기판력을 인정할 수 없고, 그 판결이 외형상 확정되었다 해서 그 집행으로서 소유권이전등기를 경료

13) 대판 1966. 9. 27, 66다1320; 동 1978. 5. 9, 75다634; 동 1981. 3. 24, 80다2220; 동 1981. 8. 25, 80다2831 참조.

하였더라도 그 등기는 원인무효의 등기이다.

⊙ 대법원 1981. 3. 24. 선고 80다2220 판결[14)]

제소자가 상대방의 주소를 허위로 기재하여 소송서류 및 판결정본을 그 곳으로 송달케 한 소위 사위판결은 그 판결정본이 상대방에게 적법하게 송달되었다고 할 수 없으므로 상소제기기간은 진행할 수 없는 것이어서 형식적으로 확정될 수 없고 실질적으로 기판력도 발생할 수 없는 것이므로 이에 의하여 경료된 소유권이전등기는 실체적 권리관계에 부합되지 않는 한 말소 되어야 한다.

위의 경우에 그 상대방은 위 사위판결에 대하여 상소를 할 수도 있고 별소로써 위 판결에 의하여 경료된 소유권이전등기의 말소를 구할 수도 있다.

⊙ 대법원 1980. 3. 25. 선고 78다2113 판결[15)]

제소자가 상대방의 주소를 허위로 표시하여 그 허위주소에 송달된 소위 사위판결은 그것이 공시송달의 방법으로 송달된 것이 아니라면, 형식적으로 확정되지 아니하였으므로 기판력이 없다.

---

14) 대판 1978. 5. 9, 75다634 참조.

15) 대판(전) 1978. 5. 9, 75다634 참조.

제6절 소송구조

⊙ 대법원 2003. 5. 23. 자 2003마89 결정

민사소송법상 소송상 구조는 소송비용을 지출할 자금능력이 부족한 사람의 신청에 따라 혹은 법원 직권으로 할 수 있는데 이 경우 그 신청은 서면에 의하여 하여야 하고, 신청인은 구조의 사유를 소명하여야 하며, 그 신청서에는 신청인 및 그와 같이 사는 가족의 자금능력을 적은 서면을 붙여야 하는데 이와 같은 자금능력에 대한 서면의 제출은 신청인이 소송비용을 지출할 자금능력이 부족한 사람이라는 점을 소명하기 위한 하나의 방법으로 예시된 것으로 봄이 상당하므로 신청인으로서는 다른 방법으로 자금능력의 부족에 대한 소명을 하는 것도 가능하다고 할 것이고, 법원은 자유심증에 따라 그 소명 여부를 판단하여야 한다.

소송구조는 이를 받은 사람에게만 효력이 미치는 것이므로 여러 선정자가 그 중의 여러 사람을 선정당사자로 선정하고 그 선정당사자가 소송구조를 신청한 경우에 있어서는, 그 선정당사자와 선정자와의 관계를 밝히고 어느 선정자에 대하여 어느 범위에서 소송구조를 하는 것인지를 명백히 하여야 한다.

복잡한 소송형태

복잡한 소송형태라 함은 동일 소송절차에서 수개의 청구가 동시에 또는 시간을 달리하여 심판의 객체를 구성하는 경우와, 동일절차에서 3인 이상의 당사자가 동시에 또는 시간을 달리하여 관여하는 경우를 말한다.

제5편

제 1 장

소송물의 복수

제1절 소의 객관적 병합

소의 객관적 병합이라 함은 동일한 원고가 동일한 피고에 대하여 하나의 소송절차에서 수개의 청구를 심판하는 경우를 말한다. 제도적 취지는 소송경제, 재판의 모순저촉을 방지하기 위해서이다.

Ⅰ. 병합의 모습

1. 선택적 병합

⊙ 대법원 1998. 7. 24. 선고 96다99 판결

청구의 선택적 병합이란 양립할 수 있는 수개의 경합적 청구권에 기하여 동일 취지의 급부를 구하거나 양립할 수 있는 수개의 형성권에 기하여 동일한 형성적 효과를 구하는 경우에 그

어느 한 청구가 인용될 것을 해제조건으로 하여 수개의 청구에 관한 심판을 구하는 병합 형태로서, 이와 같은 선택적 병합의 경우에는 수개의 청구가 하나의 소송절차에 불가분적으로 결합되어 있기 때문에 선택적 청구 중 하나만을 기각하는 일부판결은 선택적 병합의 성질에 반하는 것으로서 법률상 허용되지 않는다.

제1심법원이 원고의 선택적 청구 중 하나만을 판단하여 기각하고 나머지 청구에 대하여는 아무런 판단을 하지 아니한 조치는 위법한 것이고, 원고가 이와 같이 위법한 제1심판결에 대하여 항소한 이상 원고의 선택적 청구 전부가 항소심으로 이심되었다고 할 것이므로, 선택적 청구 중 판단되지 않은 청구 부분이 재판의 탈루로서 제1심법원에 그대로 계속되어 있다고 볼 것은 아니다.

⊙ 대법원 1982. 7. 13. 선고 81다카1120 판결

청구의 선택적 병합이란 양립할 수 있는 수개의 경합적 청구권에 기하여 동일 취지의 급부를 구하거나 양립할 수 있는 수개의 형성권에 기하여 동일한 형성적 효과를 구하는 경우에 그 어느 한 청구가 인용될 것을 해제 조건으로 하여 수개의 청구에 관한 심판을 구하는 병합형태이므로 논리적으로 양립할 수 없는 수개의 청구는 성질상 선택적 병합으로 동일소송절차내에서 동시에 심판될 수 없다.

2. 예비적 병합

⊙ 대법원 1999. 8. 20. 선고 97누6889 판결[1)]

행정처분에 대한 무효확인과 취소청구는 서로 양립할 수 없는 청구로서 주위적·예비적 청구로서만 병합이 가능하고 선택적 청구로서의 병합이나 단순병합은 허용되지 아니한다.

⊙ 대법원 1998. 7. 24. 선고 96다99 판결[2)]

청구의 선택적 병합이란 양립할 수 있는 수개의 경합적 청구권에 기하여 동일 취지의 급부를 구하거나 양립할 수 있는 수개의 형성권에 기하여 동일한 형성적 효과를 구하는 경우에 그 어느 한 청구가 인용될 것을 해제조건으로 하여 수개의 청구에 관한 심판을 구하는 병합 형태로서, 이와 같은 선택적 병합의 경우에는 수개의 청구가 하나의 소송절차에 불가분적으로 결합되어 있기 때문에 선택적 청구 중 하나만을 기각하는 일부판결은 선택적 병합의 성질에 반하는 것으로서 법률상 허용되지 않는다.

제1심법원이 원고의 선택적 청구 중 하나만을 판단하여 기각하고 나머지 청구에 대하여는 아무런 판단을 하지 아니한 조치는 위법한 것이고, 원고가 이와 같이 위법한 제1심판결에 대하여 항소한 이상 원고의 선택적 청구 전부가 항소심으로 이심되었다고 할 것이므로, 선택적 청구 중 판단되지 않은 청구 부분이 재판의 탈루로서 제1심법원에 그대로 계속되어 있다고 볼

---

1) 대판 1994. 4. 29, 93누12626 등.

2) 대판 1982. 7. 13, 81다카1120.

것은 아니다.

⊙ 대법원 1995. 7. 25. 선고 94다62017 판결

원심에서 추가된 청구가 종전의 주위적 청구가 인용될 것을 해제조건으로 하여 청구된 것임이 분명하다면, 원심으로서는 종전의 주위적 청구의 당부를 먼저 판단하여 그 이유가 없을 때에만 원심에서 추가된 예비적 청구에 관하여 심리판단할 수 있고, 위 추가된 예비적 청구만을 분리하여 심리하거나 일부 판결을 할 수 없으며, 피고로서도 위 추가된 예비적 청구에 관하여만 인낙을 할 수도 없고, 가사 인낙을 한 취지가 조서에 기재되었다 하더라도 그 인낙의 효력이 발생하지 아니한다.

Ⅱ. 심판

1. 단순병합

⊙ 대법원 1969. 10. 28. 선고 68다158 판결

본위적 청구에 부가한 대상청구에 대하여는 본위적 청구가 이유없는 때에는 예비적 청구(단순병합)인 대상청구에 관하여는 심리할 필요없이 이를 배척하여야 할 것이다.

2. 선택적 · 예비적 병합

⊙ 대법원 2000. 11. 16. 선고 98다22253 전원합의체 판결

청구의 예비적 병합이란 병합된 수개의 청구 중 주위적 청구

(제1차 청구)가 인용되지 않을 것에 대비하여 그 인용을 해제조건으로 예비적 청구(제2차 청구)에 관하여 심판을 구하는 병합형태로서, 이와 같은 예비적 병합의 경우에는 원고가 붙인 순위에 따라 심판하여야 하며 주위적 청구를 배척할 때에는 예비적 청구에 대하여 심판하여야 하나 주위적 청구를 인용할 때에는 다음 순위인 예비적 청구에 대하여 심판할 필요가 없는 것이므로, 주위적 청구를 인용하는 판결은 전부판결로서 이러한 판결에 대하여 피고가 항소하면 제1심에서 심판을 받지 않은 다음 순위의 예비적 청구도 모두 이심되고 항소심이 제1심에서 인용되었던 주위적 청구를 배척할 때에는 다음 순위의 예비적 청구에 관하여 심판을 하여야 하는 것이다.

예비적 병합의 경우에는 수개의 청구가 하나의 소송절차에 불가분적으로 결합되어 있기 때문에 주위적 청구를 먼저 판단하지 않고 예비적 청구만을 인용하거나 주위적 청구만을 배척하고 예비적 청구에 대하여 판단하지 않는 등의 일부판결은 예비적 병합의 성질에 반하는 것으로서 법률상 허용되지 아니하며, 그럼에도 불구하고 주위적 청구를 배척하면서 예비적 청구에 대하여 판단하지 아니하는 판결을 한 경우에는 그 판결에 대한 상소가 제기되면 판단이 누락된 예비적 청구 부분도 상소심으로 이심이 되고 그 부분이 재판의 탈루에 해당하여 원심에 계속중이라고 볼 것은 아니다.

원고의 주위적 청구 중 일부를 인용하고 예비적 청구를 모두 기각한 제1심판결에 대하여 피고가 불복 항소하자 항소심이 피고의 항소를 받아들여 제1심판결을 취소하고 그에 해당하는 원고의 주위적 청구를 기각하는 경우, 항소심은 기각하는 주위적 청구 부분과 관련된 예비적 청구를 심판대상으로 삼아 판단하여야 한다.

⊙ 대법원 1999. 4. 23. 선고 98다61463 판결

주위적으로 무조건적인 소유권이전등기절차의 이행을 구하고, 예비적으로 금전 지급과 상환으로 소유권이전등기절차의 이행을 구하는 경우, 위 예비적 청구는 주위적 청구를 질적으로 일부 감축하여 하는 청구에 지나지 아니할 뿐, 그 목적물과 청구원인은 주위적 청구와 완전히 동일하므로 소송상의 예비적 청구라고는 볼 수 없다.

⊙ 대법원 1998. 7. 24. 선고 96다99 판결

청구의 선택적 병합이란 양립할 수 있는 수개의 경합적 청구권에 기하여 동일 취지의 급부를 구하거나 양립할 수 있는 수개의 형성권에 기하여 동일한 형성적 효과를 구하는 경우에 그 어느 한 청구가 인용될 것을 해제조건으로 하여 수개의 청구에 관한 심판을 구하는 병합 형태로서, 이와 같은 선택적 병합의 경우에는 수개의 청구가 하나의 소송절차에 불가분적으로 결합되어 있기 때문에 선택적 청구 중 하나만을 기각하는 일부판결은 선택적 병합의 성질에 반하는 것으로서 법률상 허용되지 않는다.

⦿ 대법원 1995. 7. 25. 선고 94다62017 판결

원심에서 추가된 청구가 종전의 주위적 청구가 인용될 것을 해제조건으로 하여 청구된 것임이 분명하다면, 원심으로서는 종전의 주위적 청구의 당부를 먼저 판단하여 그 이유가 없을 때에만 원심에서 추가된 예비적 청구에 관하여 심리판단할 수 있고, 위 추가된 예비적 청구만을 분리하여 심리하거나 일부 판결을 할 수 없으며, 피고로서도 위 추가된 예비적 청구에 관하여만 인낙을 할 수도 없고, 가사 인낙을 한 취지가 조서에 기재되었다 하더라도 그 인낙의 효력이 발생하지 아니한다.

Ⅲ. 상소

⦿ 대법원 2006. 4. 27. 선고 2006다7587, 7594 판결

수개의 청구가 제1심에서 처음부터 선택적으로 병합되고 그 중 어느 한 개의 청구에 대한 인용판결이 선고되어 피고가 항소를 제기한 경우는 물론, 원고의 청구를 인용한 판결에 대하여 피고가 항소를 제기하여 항소심에 이심된 후 청구가 선택적으로 병합된 경우에 있어서도 항소심은 제1심에서 인용된 청구를 먼저 심리하여 판단할 필요는 없고, 원심이 한 것처럼 선택적으로 병합된 수개의 청구 중 제1심에서 심판되지 아니한 청구를 임의로 선택하여 심판할 수 있다고 할 것이나, 심리한 결과 그 청구가 이유 있다고 인정되고 그 결론이 제1심판결의 주문과 동일한 경우에도 피고의 항소를 기각하여서는 안 되며 제1심판결을 취

소한 다음 새로이 청구를 인용하는 주문을 선고하여야 한다.

⊙ 대법원 2004. 8. 30. 선고 2004다24083 판결

항소심에 이르러 새로운 청구가 추가된 경우, 항소심은 추가된 청구에 대하여는 실질상 제1심으로서 재판하여야 하므로 제1심이 기존의 청구를 배척하면서 "원고의 청구를 기각한다."고 판결하였는데, 항소심이 기존의 청구와 항소심에서 추가된 청구를 모두 배척할 경우 단순히 "항소를 기각한다."는 주문 표시만 하면 되는 것은 아니고, 이와 함께 항소심에서 추가된 청구에 대하여 "원고의 청구를 기각한다."는 주문 표시를 하여야 한다.

⊙ 대법원 2002. 10. 25. 선고 2002다23598 판결[3)]

주위적 청구원인과 예비적 청구원인이 양립 가능한 경우에도 당사자가 심판의 순위를 붙여 청구를 할 합리적인 필요성이 있는 경우에는 심판의 순위를 붙여 청구할 수 있다 할 것이고, 이러한 경우 주위적 청구가 전부 인용되지 않을 경우에는 주위적 청구에서 인용되지 아니한 수액 범위 내에서의 예비적 청구에 대해서도 판단하여 주기를 바라는 취지로 불가분적으로 결합시켜 제소할 수도 있는 것이므로, 주위적 청구가 일부만 인용되는 경우에 나아가서 예비적 청구를 심리할 것인지의 여부는 소송에서의 당사자의 의사 해석에 달린 문제라 할 것이어서, 법원이 주위적 청구원인에 기한 청구의 일부를 기각하고 예비적 청구

---

3) 대판 1992. 12. 22, 92다28518; 동 1994. 11. 11, 94다22446; 동 2002. 9. 4, 98다17145; 동 2002. 2. 8, 2001다17633; 동(전) 2000. 11. 16, 98다22253.

취지보다 적은 금액만을 인용할 경우에는, 원고에게 주위적 청구가 전부 인용되지 않을 경우에는 주위적 청구에서 인용되지 아니한 수액 범위 내에서의 예비적 청구에 대해서도 판단하여 주기를 바라는 취지인지 여부를 석명하여 그 결과에 따라 예비적 청구에 대한 판단 여부를 정하여야 할 것이다.

예비적 병합의 경우에는 수개의 청구가 하나의 소송절차에 불가분적으로 결합되어 있기 때문에 주위적 청구에 대하여만 판단하고 예비적 청구에 대하여 판단하지 아니한 경우에도 그 판결에 대하여 상소가 제기되면 판단이 누락된 예비적 청구 부분 역시 상소심으로 이심이 되는 것이다.

⊙ 대법원 2002. 9. 4. 선고 98다17145 판결[4)]

주위적 청구를 배척하면서 예비적 청구에 대하여 판단하지 아니한 판결은 예비적 병합의 제도취지에 반하여 위법하게 되고 상고에 의하여 주위적 청구와 예비적 청구가 함께 상고심에 이심되는 것이며 예비적 청구부분의 소송의 재판 탈루가 되는 것은 아니다.

항소심판결이 예비적 청구 부분에 관하여 전혀 판단하지 아니하였다면 당사자는 그 판결에 대하여 불복상고하여 그 위법부분의 시정을 받아야 하며, 당사자가 상고하여 그 예비적 청구에 대한 항소심의 판단이 누락되었다는 위법사유를 지적하였음에도 법률심인 상고심에서도 법률관계상의 그 쟁점에 관한 판

---

4) 대판(전) 2000. 11. 16, 98다22253; 동 2002. 2. 8, 2001다17633.

단을 빠뜨림으로써 그 오류가 시정되지 않은 채 상고심판결이 확정되면 당사자는 재심사유를 주장·입증하여 그 상고심판결에 대한 재심을 구하는 길만이 남게 된다.

실질상 선택적 관계에 있는 양 청구를 당사자가 주위적, 예비적 청구 병합의 형태로 제소함에 의하여 그 소송심판의 순위와 범위를 한정하여 청구하는 이른바, 부진정 예비적 병합 청구의 소도 허용되는 것이다.

주위적 청구가 전부 인용되지 않을 경우에는 주위적 청구에서 인용되지 아니한 수액 범위 내에서의 예비적 청구에 대해서도 판단하여 주기를 바라는 취지로 불가분적으로 결합시켜 제소할 수도 있는 것이다.

항소심판결상 예비적 청구에 관하여 이루어져야 할 판단이 누락되었음을 알게 된 당사자로서는 상고를 통하여 그 오류의 시정을 구하였어야 함에도 상고로 다툴 수 없는 특별한 사정이 없었음에도 상고로 다투지 아니하여 그 항소심판결을 확정시켰다면 그 후에는 그 예비적 청구의 전부나 일부를 소송물로 하는 별도의 소송을 새로 제기함은 부적법한 소제기이어서 허용되지 않는다.

⊙ 대법원 2000. 11. 16. 선고 98다22253 전원합의체 판결

청구의 예비적 병합이란 병합된 수개의 청구 중 주위적 청구(제1차 청구)가 인용되지 않을 것에 대비하여 그 인용을 해제조건으로 예비적 청구(제2차 청구)에 관하여 심판을 구하는 병합

형태로서, 이와 같은 예비적 병합의 경우에는 원고가 붙인 순위에 따라 심판하여야 하며 주위적 청구를 배척할 때에는 예비적 청구에 대하여 심판하여야 하나 주위적 청구를 인용할 때에는 다음 순위인 예비적 청구에 대하여 심판할 필요가 없는 것이므로, 주위적 청구를 인용하는 판결은 전부판결로서 이러한 판결에 대하여 피고가 항소하면 제1심에서 심판을 받지 않은 다음 순위의 예비적 청구도 모두 이심되고 항소심이 제1심에서 인용되었던 주위적 청구를 배척할 때에는 다음 순위의 예비적 청구에 관하여 심판을 하여야 하는 것이다.

예비적 병합의 경우에는 수개의 청구가 하나의 소송절차에 불가분적으로 결합되어 있기 때문에 주위적 청구를 먼저 판단하지 않고 예비적 청구만을 인용하거나 주위적 청구만을 배척하고 예비적 청구에 대하여 판단하지 않는 등의 일부판결은 예비적 병합의 성질에 반하는 것으로서 법률상 허용되지 아니하며, 그럼에도 불구하고 주위적 청구를 배척하면서 예비적 청구에 대하여 판단하지 아니하는 판결을 한 경우에는 그 판결에 대한 상소가 제기되면 판단이 누락된 예비적 청구 부분도 상소심으로 이심이 되고 그 부분이 재판의 탈루에 해당하여 원심에 계속중이라고 볼 것은 아니다.

원고의 주위적 청구 중 일부를 인용하고 예비적 청구를 모두 기각한 제1심판결에 대하여 피고가 불복 항소하자 항소심이 피고의 항소를 받아들여 제1심판결을 취소하고 그에 해당하는 원고의 주위적 청구를 기각하는 경우, 항소심은 기각하는 주위적 청구 부분과 관련된 예비적 청구를 심판대상으로 삼아 판단하여야 한다.

⊙ 대법원 1998. 7. 24. 선고 96다99 판결

제1심법원이 원고의 선택적 청구 중 하나만을 판단하여 기각하고 나머지 청구에 대하여는 아무런 판단을 하지 아니한 조치는 위법한 것이고, 원고가 이와 같이 위법한 제1심판결에 대하여 항소한 이상 원고의 선택적 청구 전부가 항소심으로 이심되었다고 할 것이므로, 선택적 청구 중 판단되지 않은 청구 부분이 재판의 탈루로서 제1심법원에 그대로 계속되어 있다고 볼 것은 아니다.

⊙ 대법원 1996. 2. 9. 선고 94다50274 판결5)

확장된 지연손해금 청구 부분에 대하여 원심법원이 판결 주문이나 이유에서 아무런 판단을 하지 아니한 재판의 탈루가 발생한 경우에, 이 부분 소송은 아직 원심에 계속 중이라고 보아야 할 것이어서 적법한 상고의 대상이 되지 아니하므로, 이 부분에 대한 상고는 부적법하다.

⊙ 대법원 1995. 2. 10. 선고 94다31624 판결6)

이 사건 주위적 청구와 예비적 청구를 병합심리한 끝에 주위

---

5) 대판 1989. 9. 26, 88다카10647; 동 1989. 11. 28, 89다카11777; 동 1991. 10. 25, 91다22605; 동 1992. 10. 13, 92다18283; 동 1995. 7. 25, 94다62017 참조.

6) 대판 1967. 9. 5, 67다1323; 동 1992. 2. 28, 91다28221; 동1993. 8. 24, 92므907; 동1994. 6. 28, 93다26212.

적 청구는 기각하고 예비적 청구만을 인용하는 판결을 선고한 데 대하여 피고만이 항소하였음이 분명하다. 이러한 경우 항소 제기에 의한 이심의 효력은 당연히 사건 전체에 미쳐 주위적 청구에 관한 부분도 항소심에 이심되는 것이지만, 항소심의 심판범위는 이에 관계없이 피고의 불복신청의 범위에 한하는 것으로서 예비적 청구를 인용한 제1심판결의 당부에 그치고 위 원고들의 부대항소가 없는 한 주위적 청구는 심판대상이 될 수 없는 것이다.

⊙ 대법원 1993. 3. 23. 선고 92다51204 판결

청구의 예비적 병합에 있어서 예비적 청구는 주위적 청구가 인용되는 것을 해제조건으로 하는 것이므로 법원의 심판순서는 당사자가 청구한 심판의 순서에 구속을 받게 된다.

제2절 청구의 변경

청구의 변경이라 함은 원고가 소송계속중에 그 소송절차에 병합하여 동일 피고에 대한 종래의 청구와 교환 또는 추가하여 제기하는 것을 말한다. 제도적 취지는 원고의 편의, 피고의 보호, 소송촉진에 있다.

⊙ 대법원 1998. 4. 24. 선고 97다44416 판결

청구의 변경은 소송절차를 지연함이 현저한 경우가 아닌 한

청구의 기초에 변경이 없는 한도에서 사실심의 변론종결시까지 할 수 있는 것이고, 동일한 생활 사실 또는 동일한 경제적 이익에 관한 분쟁에 있어서 그 해결 방법에 차이가 있음에 불과한 청구취지 및 청구원인의 변경은 청구의 기초에 변경이 없다고 할 것이며, 또 새로운 청구의 심리를 위하여 종전의 소송자료를 대부분 이용할 수 있는 경우에는 소송절차를 지연케 함이 현저하다고 할 수 없다.

원고가 피고 명의의 소유권이전등기는 피고가 원고 명의의 증여계약서를 위조하여 경료한 원인무효의 등기라고 주장하며 이전등기말소를 구하는 소를 제기하여 제1심에서 승소판결을 선고받은 후, 항소심에 이르러 당초의 위 청구를 주위적 청구로 하고, 예비적 청구로서 그 이전등기가 원인무효가 아니더라도 명의신탁에 의한 것이라고 주장하며 명의신탁해지를 원인으로 한 말소등기청구를 추가한 경우, 위와 같은 소 변경은 동일한 생활 사실 또는 동일한 경제적 이익에 관한 분쟁에 있어서 그 해결 방법을 달리하고 있을 뿐이어서 청구의 기초에 변경이 있다고 볼 수 없고, 또한 새로운 청구의 심리를 위하여 종전의 소송자료를 대부분 이용할 수 있기 때문에 소송절차를 현저히 지연케 한다고 할 수도 없다.

⊙ 대법원 1997. 6. 10. 선고 96다25449, 25456 판결

항소심에 이르러 소가 추가적으로 변경된 경우와 소가 교환적으로 변경된 경우에는 항소심은 신 청구에 대하여 재판하여야 하고, 위 두 경우에 제1심이 원고의 청구를 기각하였고, 항소심이 추가된 신소와 교환적으로 변경된 신 청구를 기각할 경우라 하더라도 '원고의 청구를 기각한다'는 주문 표시를 하여야 하고, '항소를 기각한다'는 주문표시를 하여서는 아니된다.

⊙ 대법원 1997. 4. 11. 선고 96다50520 판결

매매 또는 취득시효 완성을 원인으로 하는 소유권이전등기청구소송에서 그 대상을 1필지 토지의 일부에서 전부로 확장하는 것은 청구의 양적 확장으로서 소의 추가적 변경에 해당하고, 동일 부동산에 대하여 이전등기를 구하면서 그 등기청구권의 발생원인을 처음에는 매매로 하였다가 후에 취득시효의 완성을 선택적으로 추가하는 것도 단순한 공격방법의 차이가 아니라 별개의 청구를 추가시킨 것이므로 역시 소의 추가적 변경에 해당한다.

⊙ 대법원 1994. 10. 14. 선고 94다10153 판결[7)]

소의 변경이 교환적인가 추가적인가 또는 선택적인가의 여부는 기본적으로 당사자의 의사해석에 의할 것이므로 당사자가 구청구를 취하한다는 명백한 표시 없이 새로운 청구로 변경하는 등으로 그 변경형태가 불분명한 경우에는 사실심 법원으로서는 과연 청구변경의 취지가 교환적인가 추가적인가 또는 선택적인가의 점을 석명할 의무가 있다.

원고가 항소심에서 당초의 청구를 취하한다는 명백한 표시

7) 대판 1967. 7. 4, 67다766; 동1987. 6. 9, 86다카2600; 동 1987. 11. 10, 87다카1405 참조.

없이 제1차 청구변경을 하였다가 당초의 청구와 동일하게 제2차 청구변경을 한 사안에서, 그 청구변경의 형태에 대하여 석명권을 행사하는 등의 조치를 전혀 취함이 없이 원고가 제1심판결을 선고받은 후 당초의 청구를 제1차 변경청구로 교환적으로 변경함으로써 이를 취하한 것으로 단정한 끝에 당초의 청구와 동일한 제2차 변경청구에 관한 소는 제1심 종국판결 후 소를 취하하고 다시 동일한 소를 제기한 경우에 해당하여 허용될 수 없다고 판단한 원심판결에는 소의 변경에 관한 법리오해 및 석명권의 불행사로 인한 심리미진의 위법이 있다.

⊙ 대법원 1989. 9. 12. 선고 88다카16270 판결

불법행위로 인한 손해배상청구소송사건의 변론기일에서 원고가 피고의 채무를 모두 대위변제하였으니 그 변제금원에 대하여 피고에게 구상한다고 기재된 준비서면을 진술한 경우에는 원고가 청구원인을 변경하여, 불법행위로 인한 손해배상청구와 대위변제로 인한 구상금청구를 선택적으로 병합한 취지로 보여지므로 청구의 변경에 대하여 불허재판을 함이 없이 대위변제로 인한 구상금청구에 대하여 아무런 판단도 하지 않고 원고의 청구를 모두 기각한 것은 잘못이다.

⊙ 대법원 1988. 12. 27. 선고 87다카2851 판결

소송절차에 관한 규정에 위배됨을 알았거나 알 수 있었음에도 불구하고 지체없이 이의를 하지 않은 때에는 책문권이 상실되므로, 원고가 청구의 변경을 진술한 변론기일에 피고가 그 청

구변경의 소송절차 위배여부에 관하여 아무런 이의를 제기함이 없이 본안에 들어가 변론을 한 때에는 피고는 그 책문권을 상실하여 더 이상 청구변경의 적법여부를 다툴 수 없다.

⊙ 대법원 1987. 11. 10. 선고 87다카1405 판결

소의 교환적 변경은 신청구의 추가적 병합과 구청구의 취하의 결합형태로 볼 것이므로 본안에 대한 종국판결이 있은 후 구청구를 신청구로 교환적 변경을 한 다음 다시 본래의 구청구로 교환적 변경을 한 경우에는 종국판결이 있은 후 소를 취하하였다가 동일한 소를 다시 제기한 경우에 해당하여 부적법하다.

⊙ 대법원 1987. 7. 7. 선고 87다카225 판결

소변경제도를 인정하는 취지는 소송으로서 요구받고 있는 당사자 쌍방의 분쟁에 합리적 해결을 실질적으로 달성시키고 동시에 소송경제에 적합하도록 함에 있다 할 것이므로 동일한 생활사실 또는 동일한 경제적 이익에 관한 분쟁에 있어서 그 해결방법에 차이가 있음에 불과한 청구취지의 변경은 청구의 기초에 변경이 없다.

제3절 중간확인의 소

중간확인의 소라 함은 본래의 청구의 판단에 대해 선결관계에 있는 법률관계의 존부에 관하여 그 소송절차에 병합하여 제

기하는 확인의 소이다.

⊙ 대구고법 1977. 7. 13. 선고 76나1087, 77나131 제3민사부 판결[8)]

중간확인의 소로서 확인을 구하는 지적도의 토지경계가 오류등록된 것인지의 여부나 관할청이 지적공부를 봉쇄조처하고 그 봉쇄한 토지에 대한 일체의 증명발급을 중지하였는지의 여부는 사실관계이고 법률관계가 아닐 뿐더러 지적도의 토지경계표시가 잘못되었다고 하더라도 그 때문에 토지소유권의 경계에 변동을 가져오는 것이 아니므로 위와 같은 사항은 토지소유권의 확인을 구하는 본소 청구의 당부를 판단하는데 선결관계에 있는 것이라고 할 수 없다.

제4절 반소

반소라 함은 본소의 소송계속중에 피고가 그 소송절차를 이용하여 원고에 대하여 제기하는 소이다. 제도적 취지는 원고에게 청구의 변경을 인정함에 대응하여 피고에게 반소를 인정함이 공평에 합치하며, 서로 견련된 청구를 동일 소송절차 내에서 처리함이 소송경제와 판결의 모순 및 저촉을 방지하기 위해서이다.

⊙ 대법원 2006. 6. 29. 선고 2006다19061, 19078 판결

피고의 예비적 반소는 본소청구가 인용될 것을 조건으로 심

8) 대판 1965. 12. 28, 65다2172 참조.

판을 구하는 것으로서 제1심이 원고의 본소청구를 배척한 이상 피고의 예비적 반소는 제1심의 심판대상이 될 수 없는 것이고, 이와 같이 심판대상이 될 수 없는 소에 대하여 제1심이 판단하였다고 하더라도 그 효력이 없다고 할 것이므로, 피고가 제1심에서 각하된 반소에 대하여 항소를 하지 아니하였다는 사유만으로 이 사건 예비적 반소가 원심의 심판대상으로 될 수 없는 것은 아니라고 할 것이고, 따라서 원심으로서는 원고의 항소를 받아들여 원고의 본소청구를 인용한 이상 피고의 예비적 반소청구를 심판대상으로 삼아 이를 판단하였어야 한다.

⊙ 대법원 1999. 6. 25. 선고 99다6708, 6715 판결

민사소송법 제382조에 의하면 항소심에서의 반소 제기에는 상대방의 동의를 얻어야 함이 원칙이나, 반소청구의 기초를 이루는 실질적인 쟁점에 관하여 제1심에서 본소의 청구원인 또는 방어방법과 관련하여 충분히 심리되어 항소심에서의 반소 제기를 상대방의 동의 없이 허용하더라도 상대방에게 제1심에서의 심급의 이익을 잃게 하거나 소송절차를 현저하게 지연시킬 염려가 없는 경우에는 상대방의 동의 여부와 관계없이 항소심에서의 반소 제기를 허용하여야 할 것이다.

⊙ 대법원 1991. 6. 25. 선고 91다1615(본소) 91다1622(반소) 판결

피고가 원고의 본소청구가 인용될 경우를 대비하여 조건부로 반소를 제기한 경우 원심이 원고의 본소청구를 기각한 이상 반소청구에 관하여 판단하지 아니한 것은 정당하다.

⊙ 대법원 1984. 7. 10. 선고 84다카298 판결

민사소송법 제244조의 규정은 원고가 반소의 제기를 유발한 본소는 스스로 취하해 놓고 그로 인하여 유발된 반소만의 유지를 상대방에게 강요한다는 것은 공평치 못하다는 이유에서 원고가 본소를 취하한 때에는 피고도 원고의 동의없이 반소를 취하할 수 있도록 한 규정이므로 본소가 원고의 의사와 관계없이 부적법하다 하여 각하됨으로써 종료된 경우에까지 유추적용 할 수 없고, 원고의 동의가 있어야만 반소취하의 효력이 발생한다 할 것이다.

제 2 장

다수당사자소송

하나의 소송절차에 3인 이상이 同時 또는 異時에 당사자의 지위를 갖는 소송형태를 말한다. 동시에 3인 이상이 당사자로 되는 소송형태로는 2인 이상이 같은 편에 선 경우와, 3인 이상이 서로 대립하는 경우가 있다. 전자에는 2인 이상이 동격으로 소송을 하는 공동소송과, 주종의 관계에서 관여하는 보조참가가 있다.

제1절 공동소송

공동소송이라 함은 하나의 소송사건에 원고측이나 피고측이 다수 관여한 경우이다. 동일한 입장에 있는 수인의 원고 또는 피고를 공동소송인이라 하며, 소의 객관적 병합에 대립된다. 제도적 취지는 다수당사자간의 관련분쟁을 동일절차 내에서 함께 심리함으로써 심판의 중복을 피하고 소송경제 및 분쟁의 통일적 해결을 도모하기 위한 것이다.

Ⅰ. 통상공동소송

⊙ 대법원 2003. 1. 10. 선고 2000다26425 판결

복수의 권리자가 소유권이전청구권을 보존하기 위하여 가등기를 마쳐 둔 경우 특별한 사정이 없는 한 그 가등기의 말소청구소송은 권리관계의 합일적인 확정을 필요로 하는 필수적 공동소송이 아니라 통상의 공동소송이다.

⊙ 대법원 1996. 2. 9. 선고 94다61649 판결[9)]

공동상속재산은 상속인들의 공유이고, 또 부동산의 공유자인 한 사람은 그 공유물에 대한 보존행위로서 그 공유물에 관한 원인 무효의 등기 전부의 말소를 구할 수 있다. 공동상속재산은 상속인들의 공유이고, 또 부동산의 공유자인 한 사람은 그 공유물에 대한 보존행위로서 그 공유물에 관한 원인 무효의 등기 전부의 말소를 구할 수 있다.

⊙ 대법원 1994. 12. 27. 선고 93다32880, 93다32897 판결

토지를 수인이 공유하는 경우에 공유자들의 소유권이 지분의 형식으로 공존하는 것뿐이고, 그 처분권이 공동에 속하는 것은

9) 대판 1971. 11. 30, 71다1831; 동 1982. 3. 9, 81다464; 동 1993. 2. 12, 92다29801 참조.

아니므로 공유토지의 일부에 대하여 취득시효완성을 원인으로 공유자들을 상대로 그 시효취득부분에 대한 소유권이전등기절차의 이행을 청구하는 소송은 필요적 공동소송이라고 할 수 없다.

⊙ 대법원 1994. 5. 10. 선고 93다47196 판결

민사소송법 제62조의 명문의 규정과 우리 민사소송법이 취하고 있는 변론주의 소송구조 등에 비추어 볼 때, 통상의 공동소송에 있어서 이른바 주장공통의 원칙은 적용되지 아니한다.

⊙ 대법원 1993. 2. 12. 선고 92다29801 판결

소송계속 중 당사자인 피상속인이 사망한 경우 공동상속재산은 상속인들의 공유이므로 소송의 목적이 공동상속인들 전원에게 합일확정되어야 할 필요적공동소송관계라고 인정되지 아니하는 이상 반드시 공동상속인 전원이 공동으로 수계하여야 하는 것은 아니며, 수계되지 아니한 상속인들에 대한 소송은 중단된 상태로 그대로 피상속인이 사망한 당시의 심급법원에 계속되어 있다.

⊙ 대법원 1991. 4. 12. 선고 90다9872 판결

순차경료된 등기 또는 수인 앞으로 경료된 공유등기의 말소청구소송은 권리관계의 합일적인 확정을 필요로 하는 필요적 공동소송이 아니라 보통공동소송이며, 이와 같은 보통공동소송에서는 공동당사자들 상호간의 공격 방어 방법의 차이에 따라 모순되는 결론이 발생할 수 있고, 이는 변론주의를 원칙으로 하

는 소송제도 아래서는 부득이한 일로서 판결의 이유모순이나 이유불비가 된다고 할 수 없다.

⊙ 대법원 1968. 5. 14. 선고 67다2787 판결

통상 공동소송에 있어서 공동소송인의 1인의 상대방에 대한 소송행위는 다른 공동소송인에 대하여 효력이 생기지 않는다.

Ⅱ. 필수적 공동소송

⊙ 대법원 2005. 9. 15. 선고 2004다44971 전원합의체 판결

민법 제276조 제1항은 "총유물의 관리 및 처분은 사원총회의 결의에 의한다.", 같은 조 제2항은 "각 사원은 정관 기타의 규약에 좇아 총유물을 사용·수익할 수 있다."라고 규정하고 있을 뿐 공유나 합유의 경우처럼 보존행위는 그 구성원 각자가 할 수 있다는 민법 제265조 단서 또는 민법 제272조 단서와 같은 규정을 두고 있지 아니한 바, 이는 법인 아닌 사단의 소유형태인 총유가 공유나 합유에 비하여 단체성이 강하고 구성원 개인들의 총유재산에 대한 지분권이 인정되지 아니하는 데에서 나온 당연한 귀결이라고 할 것이다. 따라서 총유재산에 관한 소송은 법인 아닌 사단이 그 명의로 사원총회의 결의를 거쳐 하거나 또는 그 구성원 전원이 당사자가 되어 필수적 공동소송의 형태로 할 수 있을 뿐 그 사단의 구성원은 설령 그가 사단의 대표자라거나 사원총회의 결의를 거쳤다 하더라도 그 소송의 당사자가 될 수 없고, 이러한 법리는 총유재산의 보존행위로서

소를 제기하는 경우에도 마찬가지라 할 것이다.

⊙ 대법원 2003. 12. 26. 선고 2003다11738 판결

한국토지공사가 택지개발예정지구 내의 이주자택지 공급대상자의 선정기준에 따라 이주자택지 공급대상자를 확정하면 그 공급대상자에게 구체적인 수분양권이 발생하고, 그 후 공급대상자에게 분양신청 기간을 정하여 분양신청을 하도록 통지하면, 공급대상자는 그 통지에 따라 이주자택지에 관한 공급계약을 체결할 수 있는 청약권이 발생하게 되고, 그 공급대상자가 사망하여 공동상속인들이 청약권을 공동으로 상속하는 경우에는 공동상속인들이 그 상속지분비율에 따라 피상속인의 청약권을 준공유하게 되며, 공동상속인들은 단독으로 청약권 전부는 물론 그 상속지분에 관하여도 이를 행사할 수 없고, 그 청약권을 준공유하고 있는 공동상속인들 전원이 공동으로만 이를 행사할 수 있는 것이므로 위 청약권에 기하여 청약의 의사표시를 하고, 그에 대한 승낙의 의사표시를 구하는 소송은 청약권의 준공유자 전원이 원고가 되어야 하는 고유필수적 공동소송이다.

⊙ 대법원 2003. 12. 12. 선고 2003다44615 판결

소는 분할을 청구하는 공유자가 원고가 되어 다른 공유자 전부를 공동피고로 하여야 하는 고유필수적 공동소송이고, 공동소송인과 상대방 사이에 판결의 합일확정을 필요로 하는 고유필수적 공동소송에 있어서는 공동소송인 중 일부가 제기한 상소는 다른 공동소송인에게도 그 효력이 미치는 것이므로 공동

소송인 전원에 대한 관계에서 판결의 확정이 차단되고 그 소송은 전체로서 상소심에 이심되며, 상소심판결의 효력은 상소를 하지 아니한 공동소송인에게 미치므로 상소심으로서는 공동소송인 전원에 대하여 심리·판단하여야 한다.

⊙ 대법원 2002. 7. 9. 선고 2001다43922, 43939 판결

공유자가 다른 공유자의 동의 없이 공유물을 처분할 수는 없으나 그 지분은 단독으로 처분할 수 있으므로, 복수의 권리자가 소유권이전청구권을 보존하기 위하여 가등기를 마쳐 둔 경우 특별한 사정이 없는 한 그 권리자 중 한 사람은 자신의 지분에 관하여 단독으로 그 가등기에 기한 본등기를 청구할 수 있고, 이는 명의신탁해지에 따라 발생한 소유권이전청구권을 보존하기 위하여 복수의 권리자 명의로 가등기를 마쳐 둔 경우에도 마찬가지이며, 이 때 그 가등기 원인을 매매예약으로 하였다는 이유만으로 가등기 권리자 전원이 동시에 본등기절차의 이행을 청구하여야 한다고 볼 수 없다.

⊙ 대법원 2001. 6. 26. 선고 2000다24207 판결

토지의 경계는 토지소유권의 범위와 한계를 정하는 중요한 사항으로서, 그 경계와 관련되는 인접 토지의 소유자 전원 사이에서 합일적으로 확정될 필요가 있으므로, 인접하는 토지의 한 편 또는 양편이 여러 사람의 공유에 속하는 경우에, 그 경계의 확정을 구하는 소송은, 관련된 공유자 전원이 공동하여서만 제소하고 상대방도 관련된 공유자 전원이 공동으로서만 제소될

것을 요건으로 하는 고유필요적 공동소송이라고 해석함이 상당하다.

⊙ 대법원 1997. 9. 9. 선고 96다16896 판결

합유물에 관하여 경료된 원인 무효의 소유권이전등기의 말소를 구하는 소송은 합유물에 관한 보존행위로서 합유자 각자가 할 수 있다.

⊙ 대법원 1996. 12. 10. 선고 96다23238 판결

합유로 소유권이전등기가 된 부동산에 관하여 명의신탁해지를 원인으로 한 소유권이전등기절차의 이행을 구하는 소송은 합유물에 관한 소송으로서 고유필요적 공동소송에 해당하여 합유자 전원을 피고로 하여야 할 뿐 아니라 합유자 전원에 대하여 합일적으로 확정되어야 하므로, 합유자 중 일부의 청구인낙이나 합유자 중 일부에 대한 소의 취하는 허용되지 않는다.

⊙ 대법원 1994. 11. 11. 선고 94다35008 판결

공유자의 지분은 다른 공유자의 지분에 의하여 일정한 비율로 제한을 받는 것을 제외하고는 독립한 소유권과 같은 것으로 공유자는 그 지분을 부인하는 제3자에 대하여 각자 그 지분권을 주장하여 지분의 확인을 소구하여야 하는 것이고, 공유자 일부가 제3자를 상대로 다른 공유자의 지분의 확인을 구하는 것은 타인의 권리관계의 확인을 구하는 소에 해당한다고 보아야 할 것이므로 그 타인 간의 권리관계가 자기의 권리관계에 영향

을 미치는 경우에 한하여 확인의 이익이 있다고 할 것이며, 공유물 전체에 대한 소유관계 확인도 이를 다투는 제3자를 상대로 공유자 전원이 하여야 하는 것이지 공유자 일부만이 그 관계를 대외적으로 주장할 수 있는 것이 아니므로, 아무런 특별한 사정이 없이 다른 공유자의 지분의 확인을 구하는 것은 확인의 이익이 없다.

⊙ 대법원 1994. 10. 25. 선고 93다54064 판결

동업약정에 따라 동업자 공동으로 토지를 매수하였다면 그 토지는 동업자들을 조합원으로 하는 동업체에서 토지를 매수한 것이므로 그 동업자들은 토지에 대한 소유권이전등기청구권을 준합유하는 관계에 있고, 합유재산에 관한 소는 이른바 고유필요적공동소송이라 할 것이므로 그 매매계약에 기하여 소유권이전등기의 이행을 구하는 소를 제기하려면 동업자들이 공동으로 하지 않으면 안된다.

⊙ 대법원 1994. 5. 24. 선고 92다50232 판결

부락민들의 총유재산인 임야에 관한 소송은 권리능력 없는 사단인 부락 자체의 명의로 하거나 또는 부락민 전원이 당사자가 되어 할 수 있을 뿐이고, 후자의 경우에는 필요적공동소송이 된다.

⊙ 대법원 1994. 4. 26. 선고 93다31825 판결

은행에 공동명의로 예금을 하고 은행에 대하여 그 권리를 함

께 행사하기로 한 경우에 그 공동명의 예금채권자들은 은행을 상대로 하여서는 공동으로 이행의 청구나 변제의 수령을 함이 원칙이라고 할 것이나, 그렇다고 하여 공동명의 예금채권자들의 은행에 대한 예금반환청구소송이 항상 필요적 공동소송으로서 그 예금채권자 전원이 당사자가 되어야만 한다고 할 수는 없을 것이다. 만일 동업자들이 동업자금을 공동명의로 예금한 경우라면 채권의 준합유관계에 있어 합유의 성질상 은행에 대한 예금반환청구가 필요적 공동소송에 해당한다고 볼 것이나, 공동명의 예금채권자들 중 1인이 전부를 출연하거나 또는 각자가 분담하여 출연한 돈을 동업 이외의 특정목적을 위하여 공동명의로 예치해 둠으로써 그 목적이 달성되기 전에는 공동명의 예금채권자가 자신의 예금에 대하여도 혼자서는 인출할 수 없도록 방지, 감시하고자 하는 목적으로 공동명의로 예금을 개설한 경우에는 그 예금에 관한 관리처분권까지 공동명의 예금채권자 전원에게 공동으로 귀속된다고 볼 수 없을 것이므로, 이러한 경우에는 은행에 대한 예금반환청구가 민사소송법상의 필요적 공동소송에 해당한다고 할 수 없다.

Ⅲ. 유사필수적 공동소송

⊙ 대법원 1991. 12. 27. 선고 91다23486 판결

제1심에서 유사필요적 공동소송관계에 있는 다수의 채권자들의 청구가 모두 기각되고, 그 중 1인만이 항소한 경우 민사소송

법 제63조 제1항은 필요적 공동소송에 있어서 공동소송인 중 1인의 소송행위는 공동소송인 전원의 이익을 위하여서만 효력이 있다고 규정하고 있으므로 공동소송인 중 일부의 상소제기는 전원의 이익에 해당된다고 할 것이어서 다른 공동소송인에 대하여도 그 효력이 미칠 것이며, 사건은 필요적 공동소송인 전원에 대하여 확정이 차단되고 상소심에 이심된다고 할 것이다.

Ⅳ. 이론상 합일확정소송

⊙ 대법원 1987. 10. 13. 선고 87다카1093 판결

원인없이 경료된 최초의 소유권이전등기와 이에 기하여 순차로 경료된 일련의 소유권이전등기의 각 말소를 구하는 소송은 필요적 공동소송이 아니므로 그 말소를 청구할 권리가 있는 사람은 각 등기의무자에 대하여 이를 각각 청구할 수 있는 것이어서 위 일련의 소유권이전등기 중 최후의 등기명의자만을 상대로 그 등기의 말소를 구하고 있다 하더라도 그 승소의 판결이 집행불능의 판결이 된다거나 종국적인 권리의 실현을 가져다 줄 수 없게 되어 소의 이익이 없는 것으로 된다고는 할 수 없다.

제2절 공동소송의 특수형태

Ⅰ. 예비적 · 선택적 공동소송(소의 주관적 · 예비적 공동소송)

예비적 공동소송이라 함은 수인의 또는 수인에 대한 청구가

논리상 양립할 수 없는 관계에 있고 어느 것이 인용될 것인가를 쉽게 판정할 수 없는 경우에 공동소송의 형태로서 각 청구에 순서를 정하여 심판을 신청한 경우이다. 이러한 소송형태를 인정할 것인가에 관하여 종래 학설상 다투었으나, 신법은 분쟁의 모순없는 일회적 해결과 원고의 이익보호를 위하여 명문으로 인정하였다.

⊙ 대법원 1997. 8. 26 . 선고 96다31079 판결

소의 주관적·예비적 청구의 병합에 있어서 예비적 당사자, 특히 예비적 피고에 대한 청구의 당부에 관한 판단은 제1차적 피고에 대한 청구의 판단 결과에 따라 결정되므로, 예비적 피고의 소송상의 지위가 현저하게 불안정하고 또 불이익하게 되어 이를 허용할 수 없다고 할 것이므로, 예비적 피고에 대한 청구는 이를 바로 각하하여야 한다.

Ⅱ. 소의 주관적 추가적 병합

⊙ 대법원 2001. 7. 13. 선고 2001다13013 판결[10)]

공동소송참가는 타인간의 소송의 목적이 당사자 일방과 제3자에 대하여 합일적으로 확정될 경우 즉, 타인간의 소송의 판결의 효력이 제3자에게도 미치게 되는 경우에 한하여 그 제3자에게 허용되는바, 학교법인의 이사회의 결의에 하자가 있는 경우에 관하여 법률에 별도의 규정이 없으므로 그 결의에 무효사유

10) 대판 1986. 7. 22, 85다620; 동 2000. 1. 28, 98다26187 참조.

가 있는 경우에는 이해관계인은 언제든지 또 어떤 방법에 의하든지 그 무효를 주장할 수 있고, 이와 같은 무효주장의 방법으로서 이사회결의무효확인소송이 제기되어 승소확정판결이 난 경우, 그 판결의 효력은 위 소송의 당사자 사이에서만 발생하는 것이지 대세적 효력이 있다고 볼 수는 없으므로, 이사회결의 무효확인의 소는 그 소송의 목적이 당사자 일방과 제3자에 대하여 합일적으로 확정될 경우가 아니어서 제3자는 공동소송참가를 할 수 없다.

⊙ 대법원 1993. 9. 28. 선고 93다32095 판결

필요적 공동소송이 아닌 사건에 있어 소송 도중에 피고를 추가하는 것은 그 경위가 어떻든 간에 허용될 수 없다.

제3절 선정당사자

선정당사자제도는 공동의 이해관계를 가진 다수가 법인 아닌 사단의 실체를 갖추지 못하여 당사자능력을 인정받지 못할 경우에 그 다수 중에서 총원을 위하여 당사자가 될 1인 또는 수인을 선출하게 하여 그 선정된 자만이 소송당사자가 되게 하고, 그 선정된 자가 받은 판결의 효력을 선정자 모두에게 미치게 하는 제도이다. 제도적 취지는 소송의 간편화를 기하여 소송경제를 모도하기 위해서이다.

Ⅰ. 선정의 요건

⊙ 대법원 2006. 9. 28. 선고 2006다28775 판결

민사소송법 제53조의 선정당사자는 공동의 이해관계를 가진 여러 사람 중에서 선정되어야 하므로, 선정당사자 본인에 대한 부분의 소가 취하되거나 판결이 확정되는 등으로 공동의 이해관계가 소멸하는 경우에는 선정당사자는 선정당사자의 자격을 당연히 상실한다.

⊙ 대법원 1999. 8. 24. 선고 99다15474 판결

공동의 이해관계가 있는 다수자는 선정당사자를 선정할 수 있는 것인데, 이 경우 공동의 이해관계란 다수자 상호간에 공동소송인이 될 관계에 있고, 또 주요한 공격방어 방법을 공통으로 하는 것을 의미하므로, 다수자의 권리·의무가 동종이며 그 발생원인이 동종인 관계에 있는 것만으로는 공동의 이해관계가 있는 경우라고 할 수 없어, 선정당사자의 선정을 허용할 것이 아니다. 임차인들이 갑을 임대차계약상의 임대인이라고 주장하면서 갑에게 그 각 보증금의 전부 내지 일부의 반환을 청구하는 경우, 그 사건의 쟁점은 갑이 임대차계약상의 임대인으로서 계약당사자인지 여부에 있으므로, 그 임차인들은 상호간에 공동소송인이 될 관계가 있을 뿐 아니라 주요한 공격방어 방법을 공통으로 하는 경우에 해당함이 분명하다고 할 것이어서, 민사소송법 제49조 소정의 공동의 이해관계가 있어 선정당사자를 선정할 수 있다.

⊙ 대법원 1995. 10. 5. 자 94마2452 결정

공동의 이해관계가 있는 다수자가 당사자를 선정한 경우에는 선정된 당사자는 당해 소송의 종결에 이르기까지 총원을 위하여 소송을 수행할 수 있고, 상소와 같은 것도 역시 이러한 당사자로부터 제기되어야 하는 것이지만, 당사자 선정은 총원의 합의로써 장래를 향하여 이를 취소, 변경할 수 있는 만큼 당초부터 특히 어떠한 심급을 한정하여 당사자인 자격을 보유하게끔 할 목적으로 선정을 하는 것도 역시 허용된다.

선정당사자의 제도가 당사자 다수의 소송에 있어서 소송절차를 간소화, 단순화하여 소송의 효율적인 진행을 도모하는 것을 목적으로 하고, 선정된 자가 당사자로서 소송의 종료에 이르기까지 소송을 수행하는 것이 그 본래의 취지임에 비추어 보면, 제1심에서 제출된 선정서에 사건명을 기재한 다음에 '제1심 소송절차에 관하여' 또는 '제1심 소송절차를 수행하게 한다'라는 문언이 기재되어 있는 경우라 하더라도, 특단의 사정이 없는 한, 그 기재는 사건명 등과 더불어 선정당사자를 선정하는 사건을 특정하기 위한 것으로 보아야 하고, 따라서 그 선정의 효력은 제1심의 소송에 한정하는 것이 아니라 소송의 종료에 이르기까지 계속하는 것으로 해석함이 상당하다.

Ⅱ. 선정의 효력

⊙ 대법원 2003. 11. 14. 선고 2003다34038 판결

공동의 이해관계가 있는 다수자가 당사자를 선정한 경우에는

선정된 당사자는 당해 소송의 종결에 이르기까지 총원을 위하여 소송을 수행할 수 있고, 상소와 같은 것도 역시 이러한 당사자로부터 제기되어야 하는 것이지만, 당사자 선정은 총원의 합의로써 장래를 향하여 이를 취소, 변경할 수 있는 만큼 당초부터 특히 어떠한 심급을 한정하여 당사자인 자격을 보유하게끔 할 목적으로 선정을 하는 것도 역시 허용된다고 할 것이나, 선정당사자의 선정행위시 심급의 제한에 관한 약정 등이 없는 한 선정의 효력은 소송이 종료에 이르기까지 계속되는 것이다.

제4절 제3자의 소송참가

제1관 보조참가

보조참가라 함은 소송계속 중에 소송의 결과에 관하여 이해관계 있는 제3자가 당사자 일방의 승소를 보조하기 위하여 그 소송에 참가하는 것을 말한다.

Ⅰ. 요건

⊙ 대법원 2000. 9. 8. 선고 99다26924 판결

특정 소송사건에서 당사자 일방을 보조하기 위하여 보조참가를 하려면 당해 소송의 결과에 대하여 이해관계가 있어야 하고, 여기서 말하는 이해관계라 함은 사실상, 경제상 또는 감정상의 이해관계가 아니라 법률상의 이해관계를 가리킨다.

어업권의 명의신탁은 타인이 사실상 당해 어업의 경영을 지

배할 의도로 어업권자의 명의로 어업의 면허를 받아 어업권자를 배제하고 사실상 당해 어업의 경영을 지배하는 것이므로 수산업법 제10조, 제11조, 제13조, 제18조, 제32조, 제35조 및 제95조의 규정들에 비추어 무효라고 할 것이어서, 어업권에 관한 명의신탁 관계는 보조참가의 요건으로서 요구되는 법률상의 이해관계에 해당하는 것이라 할 수 없다.

⊙ 대법원 1999. 7. 9. 선고 99다12796 판결

특정 소송사건에서 당사자의 일방을 보조하기 위하여 보조참가를 하려면 당해 소송의 결과에 대하여 이해관계가 있어야 하고, 여기에서 말하는 이해관계라 함은 사실상, 경제상 또는 감정상의 이해관계가 아니라 법률상의 이해관계를 가리킨다.

불법행위로 인한 손해배상책임을 지는 자는 피해자가 다른 공동불법행위자들을 상대로 제기한 손해배상 청구소송의 결과에 대하여 법률상의 이해관계를 갖는다고 할 것이므로, 위 소송에 원고를 위하여 보조참가를 할 수가 있고, 피해자인 원고가 패소판결에 대하여 상소를 하지 않더라도 원고의 상소기간 내라면 보조참가와 동시에 상소를 제기할 수도 있다.

Ⅱ. 참가인의 소송상 지위

⊙ 대법원 2001. 1. 19. 선고 2000다59333 판결

피고로부터 부동산을 매수한 참가인이 소유권이전등기를 미루고 있는 사이에 원고가 피고에 대한 채권이 있다 하여 당시

피고의 소유명의로 남아 있던 위 부동산에 대하여 가압류를 하고 본안소송을 제기하자 참가인이 피고보조참가를 한 사안에서, 원고가 승소하면 위 가압류에 기하여 위 부동산에 대한 강제집행에 나설 것이고 그렇게 되면 참가인은 그 후 소유권이전등기를 마친 위 부동산의 소유권을 상실하게 되는 손해를 입게 되며, 원고가 피고에게 구하는 채권이 허위채권으로 보여지는데도 피고가 원고의 주장사실을 자백하여 원고를 승소시키려 한다는 사유만으로는 참가인의 참가가 이른바 공동소송적 보조참가에 해당하여 참가인이 피참가인인 피고와 저촉되는 소송행위를 할 수 있는 지위에 있다고 할 수 없다.

⊙ 대법원 1995. 8. 25. 선고 94다27373 판결

보조참가인은 피참가인인 당사자의 승소를 위한 보조자일 뿐 자신이 당사자가 되는 것이 아니므로 소송 계속중 보조참가인이 사망하더라도 본소의 소송절차는 중단되지 아니한다. 재심소송 계속중에 보조참가인이 사망한 경우, 승계인에 의한 수계절차가 이루어지지 아니한 이상 보조참가인을 판결문의 당사자 표시에 보조참가인으로 기재하지 아니하였다 하여 거기에 어떤 위법이 있다고 할 수 없다.

Ⅲ. 참가적 효력

⊙ 대법원 1997. 9. 5. 선고 95다42133 판결

보조참가인이 피참가인을 보조하여 공동으로 소송을 수행하

였으나 피참가인이 소송에서 패소한 경우에는 형평의 원칙상 보조참가인이 피참가인에게 패소판결이 부당하다고 주장할 수 없도록 구속력을 미치게 하는 이른바 참가적 효력이 인정되지만, 전소 확정판결의 참가적 효력은 전소 확정판결의 결론의 기초가 된 사실상 및 법률상의 판단으로서 보조참가인이 피참가인과 공동이익으로 주장하거나 다툴 수 있었던 사항에 한하여 미치고, 전소 확정판결에 필수적인 요소가 아니어서 결론에 영향을 미칠 수 없는 부가적 또는 보충적인 판단이나 방론 등에까지 미치는 것은 아니다.

보조참가인이 피고를 위해 보조참가를 하였다가 피고 패소판결이 확정된 판결은 먼저 주된 판단으로서, 공공용지의취득및손실보상에관한특례법에 의한 협의취득은 사법상의 매매계약과 같은 성질의 것으로서 협의당사자 사이에서만 협의에 따른 권리의무관계가 성립될 뿐인데 협의취득의 당사자는 원고와 피고이지 보조참가인이 아니라는 이유를 들고, 거기에 부가하여 보충적인 판단으로서 당해 토지가 1950년경의 대홍수로 낙동강의 수류가 변동됨에 따라 완전히 강바닥으로 변하여 10여 년 이상 강물이 상시 흐르는 침수 상태가 계속되어 포락됨으로써 보조참가인의 소유권이 소멸되었다는 이유를 들어 보조참가인이 당해 토지에 관한 진정한 소유권자임을 전제로 보조참가인에게 보상금청구권이 있다는 피고 및 보조참가인의 주장을 배척하고 있는 경우, 보상금지급청구권의 존부에 관한 확정판결의 결론은 주된 판단이 정당한 이상 보조참가인의 당해 토지에 관한 소유권이 포락에 의하여 소멸된 것인지 여부에 관계없이 유지될 수밖에 없는 것이어서 당해 토지의 포락 여부에 관한 판단이 확정판결에 필수적인 요소로서 그 결론의 기초가 된 사실상, 법률상 판단에 해당된다고 볼 수 없고, 보조참가인으로서는 판결의 결론에 영향을 미칠 수도 없는 부가적인 판결 이유의 당부만을 문제삼아 따로 불복하여 다툴 수도 없었던 것이므로, 보조참가인에 대한 확정판결의 참가적 효력이 당해 토지의 포락 여부에 관한 부가적 판단에까지 미치지 않는다.

⊙ 대법원 1994. 1. 20. 자 93마1701 결정

대립하는 당사자구조를 갖지 못한 결정절차에 있어서는 보조참가를 할 수 없다.

제2관 독립당사자참가

독립당사자참가라 함은 타인간의 소송계속중 제3자가 소송의 목적의 전부나 일부가 자기의 권리임을 주장하면서 당사자 양쪽 또는 한쪽을 상대방으로 하여 당사자로서 그 소송절차에 참가하는 것을 말한다. 제도적 취지는 분쟁의 개별적 해결원칙에서 야기되는 폐단을 지양하고, 본 소송의 목적과 일정한 관련을 가지는 제3자로 하여금 본 소송에 참가하여 그 소송을 이용할 수 있는 기회를 부여함으로써 참가인의 법률상·사실상의 지위를 보호하면서 3파전으로 벌어지는 여러 당사자간의 분쟁을 한

꺼번에 통일적으로 해결함으로써 상호 모순된 판결을 방지하여 소송경제와 공평이상을 실현하기 위해서이다.

Ⅰ. 소송구조의 성질

⊙ 대법원 2005. 5. 26. 선고 2004다25901, 25918 판결

민사소송법 제79조에 의한 소송은 동일한 권리관계에 관하여 원고, 피고 및 참가인 상호간의 다툼을 하나의 소송절차로 한꺼번에 모순 없이 해결하려는 소송형태로서 두 당사자 사이의 소송행위는 나머지 1인에게 불이익이 되는 한 두 당사자 간에도 효력이 발생하지 않는다고 할 것이므로, 원·피고 사이에만 재판상 화해를 하는 것은 3자 간의 합일확정의 목적에 반하기 때문에 허용되지 않는다. 독립당사자참가인이 화해권고결정에 대하여 이의한 경우, 이의의 효력이 원·피고 사이에도 미친다.

Ⅱ. 요건

⊙ 대법원 1999. 5. 28. 선고 98다48552, 48569 판결

독립당사자참가는 소송의 목적의 전부나 일부가 자기의 권리임을 주장하거나, 소송의 결과에 의하여 권리침해를 받을 것을 주장하는 제3자가 당사자로서 소송에 참가하여 3당사자 사이에 서로 대립하는 권리 또는 법률관계를 하나의 판결로써 서로 모순 없이 일시에 해결하려는 것이므로, 참가인은 우선 참가하려는 소송의 원·피고에 대하여 본소청구와 양립할 수 없는 별개

의 청구를 하여야 하고, 그 청구는 소의 이익을 갖추는 이외에 그 주장 자체에 의하여 성립할 수 있음을 요한다.

사해방지 참가를 하기 위하여는 본소의 원고와 피고가 당해 소송을 통하여 제3자를 해할 의사를 갖고 있다고 객관적으로 인정되고 그 소송의 결과 제3자의 권리 또는 법률상의 지위가 침해될 염려가 있다고 인정되어야 한다.

원고는 피고 명의로 등기한 근저당권의 피담보채무가 변제되었다고 주장하여 피고를 상대로 그 말소등기절차의 이행을 구하고, 피고는 이 점을 다투어 제1심에서 승소한 후 항소심에서도 응소해 오고 있음에 대하여 참가인은 자신이 실질적으로 근저당권자이나 편의상 피고 명의로 신탁하여 근저당권설정등기를 마친 것이라고 주장하여 항소심에서 비로소 독립당사자로 참가하면서 원·피고에게 근저당권자임의 확인청구와 피고에게 명의신탁 해지를 원인으로 한 근저당권이전등기절차의 이행청구를 한 경우, 그 참가신청은 독립당사자참가의 요건 및 사해방지 참가의 요건을 갖추지 못하여 부적법하다.

⊙ 대법원 1998. 7. 10. 선고 98다5708, 5715 판결

민사소송법 제72조에 의한 독립당사자참가는 본소의 원고 청구와 당사자참가인의 청구가 서로 양립할 수 없는 관계에 있어야 하고 독립당사자참가인은 피고에 대하여 일정한 청구를 함은 물론이고 원고들에 대하여도 일정한 청구를 하여야 한다.

소유권확인을 구하는 원고들의 본소청구에 대하여 참가인은

피고에 대하여 토지에 대한 피고 명의의 소유권보존등기말소 및 그 토지가 참가인 및 선정자들의 소유권임의 확인을 구하고 원고들에 대하여도 위와 같은 소유권 확인을 구하고 있으므로, 참가인은 피고에 대하여 일정한 청구를 하고 있음은 물론이고 원고들에 대하여도 일정한 청구를 하고 있으며, 원고들의 청구와 참가인의 청구는 서로 양립할 수 없는 관계에 있으므로 독립당사자참가는 적법하다.

⊙ 대법원 1997. 9. 12. 선고 95다25886, 25893, 25909 판결

원고가 토지에 대한 점유취득시효가 완성되었음을 이유로 피고를 상대로 소유권이전등기를 구하는 본소에 대하여, 그 소유권의 귀속을 다투는 원고와 피고를 상대로 그 토지가 자신의 소유라는 확인을 구함과 아울러 원고에게 그 토지 중 원고가 점유하고 있는 부분의 인도를 구하는 독립당사자참가를 한 경우, 원고의 본소 청구와 참가인의 청구는 그 주장 자체에서 서로 양립할 수 없는 관계에 있어 그들 사이의 분쟁을 1개의 판결로 모순 없이 일시에 해결할 경우에 해당하므로 독립당사자참가로서의 요건을 갖춘 적법한 것이다.

⊙ 대법원 1995. 12. 8. 선고 95다44191 판결

민사소송법 제72조에 의한 소송은 동일한 권리관계에 관하여 원고·피고 및 참가인 상호간의 다툼을 하나의 소송절차로 한꺼번에 모순 없이 해결하려는 소송형태로서 원고·피고·참가인 간의 소송절차는 필요적 공동소송에 있어서와 같이 기일을

함께 진행하여야 함은 물론 변론을 분리할 수 없는 것이고, 본안판결을 할 때에도 하나의 종국판결을 하여야 하는 것이지 그 당사자간의 일부에 관하여서만 판결을 하거나 추가판결을 하는 것은 모두 허용되지 않는 것이므로, 제1심에서 원고 승소, 피고 및 참가인 패소의 판결이 선고된 데 대하여 피고와 참가인이 항소한 이상, 항소심인 원심으로서도 변론을 일체로 진행하여 원고 · 피고와 참가인 간의 청구를 모두 항소심의 심판대상으로 하여 1개의 판결을 하여야 한다.

독립당사자참가 소송에서 참가인이 불출석한 기일에 원고와 피고가 모두 출석하여 변론하였음에도 불구하고 그 이후의 변론기일에 참가인을 소환조차 하지 아니하고 원고와 피고만을 변론에 관여시킨 채로 원고의 청구에 대한 변론만을 진행하여 변론을 종결한 후 이에 대하여서만 판결을 한 원심에는 민사소송법 제72조의 적용을 그르친 위법이 있고, 이러한 원심의 잘못은 직권조사사항에 해당한다.

⊙ 대법원 1994. 2. 22. 선고 93다43682, 51309 판결

독립당사자참가는 실질에 있어서 소송제기의 성질을 가지고 있으므로 상고심에서는 독립당사자참가를 할 수 없다.

⊙ 대법원 1991. 4. 9. 선고 90다13451, 13468(참가) 판결

원고가 피고 갑에 대하여 소유권이전등기절차이행을, 피고 을에 대하여는 피고 갑을 대위하여 소유권이전등기 말소등기절차이행을 구하는 소송에서, 독립당사자참가인이 피고 을에 대

하여 소유권이전등기청구권이 있다는 이유로 한 권리주장참가 및 사해방지참가가 모두 부적법하다.

⦿ 대법원 1981. 12. 8. 선고 80다577 판결

독립당사자 참가신청이 있으면 반드시 각 그 청구 전부에 대하여 1개의 판결로써 동시에 재판하지 않으면 아니되고, 일부판결이나 추가판결은 허용되지 않으며, 독립당사자 참가인의 청구와 원고의 청구가 모두 기각되고 원고만이 항소한 경우에 제1심판결 전체의 확정이 차단되고 사건전부에 관하여 이심의 효력이 생기는 것이므로 독립당사자참가인도 항소심에서의 당사자라고 할 것이다.

독립당사자 참가신청의 성질은 소이므로 그 취하에는 민사소송법 제239조 제2항이 적용되어 상대방인 원피고 쌍방의 동의를 요한다.

제3관 소송고지

소송고지라 함은 소송계속 중 당사자가 제3자인 이해관계인에 대하여 소송참가를 일정한 방식에 따라 소송계속의 사실을 통지하는 것을 말한다. 제도적 취지는 피고지자에게 소송참가할 기회를 주고, 피고지자가 소송참가를 하지 않더라도 참가적 효력을 미치게 하는데 있다.

⊙ 서울민사지법 1987. 5. 1. 87나59 제2부 판결

소송당사자가 보조참가의 이익이 있는 제3자에게 당해소송을 고지한 경우에는 그 제3자는 당해소송의 판결이유에서 판시된 사실인정과 법률판단을 다툴 수 없다.

⊙ 대법원 1986. 2. 25. 선고 85다카2091 판결

소송고지제도는 소송의 결과에 대하여 이해관계를 가지는 제3자로 하여금 보조참가를 하여 그 이익을 옹호할 기회를 부여함과 아울러 한편으로는 고지자가 패소한 경우의 책임을 제3자에게 분담시켜 후일에 고지자와 피고지자간의 소송에서 피고지자가 패소의 결과를 무시하고 전소확정판결에서의 인정과 판단에 반하는 주장을 못하게 하기 위해 둔 제도이므로 피고지자가 후일의 소송에서 주장할 수 없는 것은 전소확정판결의 결론의 기초가 된 사실상, 법률상의 판단에 반하는 것으로서 피고지자가 보조참가를 하여 상대방에 대하여 고지자와 공동이익으로 주장하거나 다툴 수 있었던 사항에 한한다.

제5절 당사자의 변경

당사자의 변경이라 함은 동일 소송절차에서 제3자가 소송에 참가하는 기회에 종전 당사자가 그 소송에서 탈퇴하는 경우이다. 이러한 당사자의 변경에는 신당사자가 탈퇴자의 지위를 승계하지 않는 임의적 당사자변경과, 신당사자가 탈퇴자의 기왕

의 소송상태를 승계하는 소송승계가 있다.

Ⅰ. 임의적 당사자의 변경

임의적 당사자변경이라 함은 소송계속중 기존 소송의 당사자를 교체하거나 추가하는 경우를 말한다. 제도적 취지는 일단 주어진 소송기회에 관련자를 모두 절차에 관여시켜 일거에 분쟁을 해결하고 융통성있는 소송운영을 기하려는데 있다.

1. 피고의 경정

피고의 경정이라 함은 원고가 피고를 잘못 지정한 것이 분명한 경우에는 제1심 변론종결시까지 원고의 신청에 따라 피고적격자로 교체하는 것을 허용하는 경우이다.

⊙ 대법원 1997. 10. 17. 자 97마1632 결정

민사소송법 제234조의2 제1항소정의 '피고를 잘못 지정한 것이 명백한 때'라고 함은 청구취지나 청구원인의 기재 내용 자체로 보아 원고가 법률적 평가를 그르치는 등의 이유로 피고의 지정이 잘못된 것이 명백하거나 법인격의 유무에 관하여 착오를 일으킨 것이 명백한 경우 등을 말하고, 피고로 되어야 할 자가 누구인지를 증거조사를 거쳐 사실을 인정하고 그 인정 사실에 터잡아 법률 판단을 해야 인정할 수 있는 경우는 이에 해당하지 않는다.

2. 필수적 공동소송인의 추가

필수적 공동소송인의 추가라 함은 고유필수적 공동소송에서 공동소송인으로 될 자를 일부 누락한 채 제소하여 당사자적격이 갖추어지지 아니한 경우에 제1심 변론종결시까지 원고의 신청에 따라 누락된 원고 또는 피고를 추가하는 경우를 말한다.

⊙ 대법원 1998. 1. 23. 선고 96다41496 판결

일반적으로 당사자표시정정신청을 하는 경우에도 실질적으로 당사자가 변경되는 것은 허용할 수 없고 필요적 공동소송이 아닌 사건에서 소송 도중에 당사자를 추가하는 것 역시 허용될 수 없으므로, 회사의 대표이사가 개인 명의로 소를 제기한 후 회사를 당사자로 추가하고 그 개인 명의의 소를 취하함으로써 당사자의 변경을 가져오는 당사자추가신청은 부적법한 것이다.

제1심법원이 부적법한 당사자추가신청을 그 부적법함을 간과한 채 받아들이고 피고도 그에 동의하였으며 종전 원고인 대표이사 개인이 이를 전제로 소를 취하하게 되어 제1심 제1차 변론기일부터 새로운 원고인 회사와 피고 사이에 본안에 관한 변론이 진행된 다음 제1심에서 본안판결이 선고되었다면, 이는 마치 처음부터 원고 회사가 종전의 소와 동일한 청구취지와 청구원인으로 피고에 대하여 별도의 소를 제기하여 본안판결을 받은 것과 마찬가지라고 할 수 있으므로, 소송경제의 측면에서나 신의칙 등에 비추어 그 후에 새삼스럽게 당사자추가신청의 적법 여부를 문제삼는 것은 허용될 수 없고, 당사자추가신청이 당초 부적법한 것이었다고 하더라도 위와 같이 제1심 제1차 변론기일에 원래의 소장과 함께 당사자추가신청서가 진술된 이상 원고 회사의 피고에 대한 청구취지도 진술되었다고 봄이 상당하다.

Ⅱ. 소송승계

소송승계라 함은 구당사자의 지위가 포괄적으로 제3자에게 넘어가기 때문에 당사자의 변동이 생기는 경우이다. 소송승계에는 당연승계와 소송물의 양도로 인한 승계(참가승계와 인수승계)로 나누어진다.

1. 당연승계

당연승계라 함은 소송계속중에 실체법상의 승계사유가 발생하면 그 사유가 소송에 바로 반영되어 당사자가 법률상 당연히 교체되는 것을 말한다.

2. 특정승계

(1) 참가승계

참가승계라 함은 소송계속중 소송목적인 권리·의무의 전부나 일부의 승계인이 독립당사자 참가신청의 방식으로 스스로 참가하여 새로운 당사자가 되는 것을 말한다.

① 소송구조

⊙ 대법원 2004. 1. 27. 선고 2000다63639 판결

제1심에서 원고가 승소하였으나 항소심에서 원고에 대한 승계참가가 이루어졌음에도 승계참가인의 청구에 대한 판단 없이 단순히 피고의 항소를 기각한 원심판결에는 직권파기사유가 있다.

② 소송의 형태

⊙ 대법원 2004. 7. 9. 선고 2002다16729 판결

원고가 소송의 목적인 손해배상채권을 승계참가인에게 양도하고 피고들에게 채권양도의 통지를 한 다음 승계참가인이 승계참가신청을 하자 탈퇴를 신청하였으나 피고들의 부동의로 탈퇴하지 못한 경우, 원고의 청구와 승계참가인의 청구는 통상의 공동소송으로서 모두 유효하게 존속하는 것이므로 법원은 원고의 청구 및 승계참가인의 청구 양자에 대하여 판단을 하여야 한다.

⊙ 대법원 1983. 9. 27. 선고 83다카1027 판결

민사소송법 제74조의 권리승계참가는 소송의 목적이 된 권리를 승계한 경우 뿐만 아니라 채무를 승계한 경우에도 이를 할 수 있다.

⊙ 대법원 1975. 11. 25. 선고 75다1257, 1258 판결

민사소송법 74조에 의한 권리승계인의 소송참가의 경우는 권

리승계인은 피권리승계인의 당사자로서의 지위를 승계하는 것이고 이 경우에 피참가인과 참가인이 서로 이해 대립되는 관계에 있다 할 수 없고 권리양도를 부인하고 다투는 경우라면 몰라도 권리양도인이 권리양도를 인정하는 경우에는 권리승계 참가인이 피참가인인 원고에 대하여 아무러한 청구를 필요로 하지 않는다.

⊙ 서울고법 1973. 2. 9. 72나1035 제2민사부 판결

원래 민사소송법 75조는 채무승계인의 소송인수에 관한 규정으로서 권리승계인의 소송참가에 관한 위 법 74조에 대응하여 규정한 것이긴 하나 권리양수의 경우에도 양수인이 위 법 74조에 의한 참가승계를 하지 않을 때에는 상대방이 그때까지의 소송을 이용하는 편이 더 유리하다고 판단하면 본조에 의한 소송인수를 신청하여 권리양수인을 소송에 끌어들일 수 있다 할 것이므로 소유권이전등기 말소청구소송 중에 피고로부터 이전등기를 받은 자도 본조의 승계인으로 보아야 할 것이며 본조규정에 의한 인수신청은 2심에서도 가능하다.

(2) 인수승계

인수승계란 소송계속중에 당사자의 신청에 의하여 제3자를 소송에 강제적으로 끌어들이는 것이다.

⊙ 대법원 1990. 9. 26. 자 90그30 결정

소송인수를 명하는 결정은 일응 승계인의 적격을 인정하여

이를 당사자로서 취급하는 취지의 중간적 재판에 지나지 아니하는 것이기 때문에 이에 불복이 있으면 본안에 대한 종국판결과 함께 상소할 수 있을 뿐이고 승계인이 독립하여 위 결정에 대하여 재항고할 수 없다.

⊙ 대법원 1983. 3. 22. 자 80마283 결정

부동산소유권이전등기 청구소송계속중 그 소송목적이 된 부동산에 대한 이전등기이행채무 자체를 승계함이 없이 단순히 같은 부동산에 대한 소유권이전등기(또는 근저당설정등기)가 제3자 앞으로 경료되었다 하여도 이는 민사소송법 제75조 제1항 소정의 "그 소송의 목적이 된 채무를 승계한 때"에 해당한다고 할 수 없으므로 위 제3자에 대하여 등기말소를 구하기 위한 소송의 인수는 허용되지 않는다.

⊙ 대법원 1971. 7. 6. 자 71다726 결정

소송당사자가 제3자로 하여금 그 소송을 인수하게 하기 위하여서는 그 제3자에 대하여 인수한 소송의 목적된 채무이행을 구하는 경우에만 허용된다.

제6편

상소심의 소송절차

제 1 장

총 설

상소란 재판의 확정전에 당사자가 상급법원에 대하여 그 취소·변경을 구하는 불복신청방법이다. 제도의 목적은 재판의 적정보장과 법령해석 적용의 통일에 있다. 상소의 종류에는 항소·상고·항고 등이 있다. 상소가 제기되면 재판에 관한 확정차단의 효력과 이심의 효력이 발생한다.

Ⅰ. 상소의 이익

⊙ 대법원 1997. 12. 26. 선고 97다22676 판결

상소는 자기에게 불이익한 재판에 대하여 자기에게 유리하도록 그 취소·변경을 구하는 것이므로 전부 승소한 원심판결에 대한 불복 상고는 상고를 제기할 이익이 없어 허용될 수 없다.

⊙ 대법원 1994. 6. 28. 선고 94다3063 판결

상소는 자기에게 불이익한 재판에 대하여 유리하게 취소변경

을 구하기 위하여 하는 것이므로 전부 승소한 판결에 대하여는 항소가 허용되지 않는 것이 원칙이나, 하나의 소송물에 관하여 형식상 전부 승소한 당사자의 상소이익의 부정은 절대적인 것이라고 할 수도 없는바, 원고가 재산상 손해(소극적 손해)에 대하여는 형식상 전부 승소하였으나 위자료에 대하여는 일부 패소하였고, 이에 대하여 원고가 원고 패소부분에 불복하는 형식으로 항소를 제기하여 사건 전부가 확정이 차단되고 소송물 전부가 항소심에 계속되게 된 경우에는, 더욱이 불법행위로 인한 손해배상에 있어 재산상 손해나 위자료는 단일한 원인에 근거한 것인데 편의상 이를 별개의 소송물로 분류하고 있는 것에 지나지 아니한 것이므로 이를 실질적으로 파악하여, 항소심에서 위자료는 물론이고 재산상 손해(소극적 손해)에 관하여도 청구의 확장을 허용하는 것이 상당하다.

⊙ 대법원 1993. 12. 28. 선고 93다47189 판결

원고의 청구를 전부 기각한 판결에 대하여는 피고가 판결이유 중의 판단에 불복이 있더라도, 상계를 주장한 청구가 성립되어 원고의 청구가 기각된 때와 같이 예외적으로 기판력이 있는 경우를 제외하고는, 상소를 할 이익이 없다.

⊙ 대법원 1992. 3. 27. 선고 91다40696 판결

상소는 자기에게 불이익한 재판에 대하여 유리하게 취소변경을 구하기 위하여 하는 것이므로 승소판결에 대한 불복상소는

허용할 수 없고 재판이 상소인에게 불이익한 것인지의 여부는 원칙적으로 재판의 주문을 표준으로 하여 판단하여야 하는 것이어서, 청구가 인용된 바 있다면 비록 그 판결이유에 불만이 있더라도 그에 대하여는 상소의 이익이 없다.

제 2 장

항 소

항소란 제1심의 종국판결에 대하여 그 취소·변경을 구하는 불복신청을 말한다. 항소의 대상은 지방법원단독판사 또는 지방법원합의부의 제1심 판결이다. 이러한 항소는 종국판결에 대하여 인정된다.

⊙ 대법원 2005. 8. 19. 선고 2004다8197, 8203 판결

항소심은 당사자의 불복신청범위 내에서 제1심판결의 당부를 판단할 수 있을 뿐이므로, 설사 제1심판결이 부당하다고 인정되는 경우라 하더라도 그 판결을 불복당사자의 불이익으로 변경하는 것은 당사자가 신청한 불복의 한도를 넘어 제1심판결의 당부를 판단하는 것이 되어 허용될 수 없다 할 것인바, 원고만이 항소한 경우에 항소심으로서는 제1심보다 원고에게 불리한 판결을 할 수는 없고, 한편 불이익하게 변경된 것인지 여부는 기판력의 범위를 기준으로 하나 공동소송의 경우 원·피고별로 각각 판단하여야 하고, 동시이행의 판결에 있어서는 원고가 그

반대급부를 제공하지 아니하고는 판결에 따른 집행을 할 수 없어 비록 피고의 반대급부이행청구에 관하여 기판력이 생기지 아니하더라도 반대급부의 내용이 원고에게 불리하게 변경된 경우에는 불이익변경금지 원칙에 반하게 된다.

⊙ 대법원 2000. 2. 25. 선고 97다30066 판결

피고만이 항소한 항소심에서 원고가 청구취지를 확장변경한 경우에는 그에 의하여 피고에게 불리하게 되는 한도에서 부대항소를 한 취지라고 볼 것이므로, 항소심이 1심판결의 인용금액을 초과하여 원고 청구를 인용하더라도 불이익변경금지의 원칙에 위배되는 것이 아니다.

⊙ 대법원 1999. 6. 25. 선고 99다6708, 6715 판결

민사소송법 제382조에 의하면 항소심에서의 반소 제기에는 상대방의 동의를 얻어야 함이 원칙이나, 반소청구의 기초를 이루는 실질적인 쟁점에 관하여 제1심에서 본소의 청구원인 또는 방어방법과 관련하여 충분히 심리되어 항소심에서의 반소 제기를 상대방의 동의 없이 허용하더라도 상대방에게 제1심에서의 심급의 이익을 잃게 하거나 소송절차를 현저하게 지연시킬 염려가 없는 경우에는 상대방의 동의 여부와 관계없이 항소심에서의 반소 제기를 허용하여야 할 것이다.

⊙ 대법원 1999. 6. 8. 선고 99다17401, 17418 판결

항소심이 청구기각 판결을 하여야 할 사건에 대하여 소각하

판결을 하였으나 원고만이 상고한 경우, 소를 각하한 항소심판결을 파기하여 원고에게 더 불리한 청구기각의 판결을 할 수는 없으므로, 항소심판결을 그대로 유지하지 않을 수 없다.

⊙ 대법원 1995. 9. 29. 선고 94다18911 판결

피고의 상계항변을 인용한 제1심 판결에 대하여 피고만이 항소하고 원고는 항소를 제기하지 아니하였는데, 항소심이 피고의 상계항변을 판단함에 있어 제1심이 자동채권으로 인정하였던 부분을 인정하지 아니하고 그 부분에 관하여 피고의 상계항변을 배척하였다면, 그와 같이 항소심이 제1심과는 다르게 그 자동채권에 관하여 피고의 상계항변을 배척한 것은 항소인인 피고에게 불이익하게 제1심 판결을 변경한 것에 해당한다.

⊙ 대법원 1995. 7. 25. 선고 95다14817 판결

원고의 수 개의 청구 중 하나의 청구를 인용하고 나머지 청구를 기각한 제1심판결에 대하여 원고만이 항소를 제기하고 피고가 부대항소를 하지 아니하였다고 하더라도 원고 승소 부분은 원고의 항소로 인하여 항소심에 이심되는 것이고, 제1심판결의 변경은 불복신청의 한도에서 할 수 있다는 민사소송법 제385조의 규정은 법원이 당사자의 신청과는 관계없이 직권으로 조사하여야 할 사항에는 그 적용이 없는 것이므로, 항소심이 원고들이 불복하지 않은 청구에 대하여도 확인의 이익의 유무를 조사하여 원고들의 청구를 각하한 조치는 정당하고, 불이익변경금지의 원칙에 반하지 않는다.

⊙ 대법원 1995. 5. 3. 자 95마337 결정

항소심 재판장이 민사소송법 제371조 제1항, 제2항에 의하여 항소인에게 상당한 기간을 정하여 그 기간 내에 흠결을 보정할 것을 명하고 항소인이 그 흠결을 보정하지 않은 때에는 명령으로 항소장을 각하하는 것은, 항소장이 같은법 제367조 제2항의 규정에 위배되거나 항소장에 법률의 규정에 의한 인지가 붙어 있지 아니한데도 제1심 재판장이 같은 법 제368조의2 제1항에 의한 보정명령을 하지 아니한 때 및 항소장의 부본을 송달할 수 없는 때에 한하는 것이고, 항소인에 대한 변론기일소환장이 송달불능되었다고 하더라도, 피항소인에게 항소장 부본이 적법히 송달된 이상 항소인에 대한 변론기일소환장 등의 송달을 공시송달로 하여 변론기일을 실시함은 별론으로 하고, 항소심 재판장이 항소인에 대하여 항소인 자신의 주소를 보정할 것을 명하고, 이에 따른 보정이 없다고 하여 명령으로 항소장을 각하할 수는 없다.

⊙ 대법원 1995. 3. 10. 선고 94다51543 판결

항소는 항소심의 종국판결이 있기 전에 취하할 수 있는 것으로서(민사소송법 제363조 제1항), 일단 항소심의 종국판결이 있은 후라도 그 종국판결이 상고심에서 파기되어 사건이 다시 항소심에 환송된 경우에는 먼저 있은 종국판결은 그 효력을 잃고 그 종국판결이 없었던 것과 같은 상태로 돌아가게 되므로 새로운 종국판결이 있기까지는 항소인은 피항소인이 부대항소를 제기하였는지 여부에 관계없이 항소를 취하할 수 있고, 그 때문에 피항소인이 부대항소의 이익을 잃게 되어도 이는 그 이익이 본래 상대방의 항소에 의존한 은혜적인 것으로 주된 항소의 취하에 따라 소멸되는 것이어서 어쩔 수 없다 할 것이므로, 이미 부대항소가 제기되어 있다 하더라도 주된 항소의 취하는 그대로 유효하다.

⊙ 대법원 1994. 12. 23. 선고 94다44644 판결

수개의 청구를 모두 기각한 제1심판결에 대하여 원고가 그중 일부의 청구에 대하여만 항소를 제기한 경우, 항소되지 않았던 나머지 부분도 항소로 인하여 확정이 차단되고 항소심에 이심은 되나 원고가 그 변론종결시까지 항소취지를 확장하지 아니하는 한 나머지 부분에 관하여는 원고가 불복한 바가 없어 항소심의 심판대상이 되지 아니하므로 항소심으로서는 원고의 수개의 청구 중 항소하지 아니한 부분을 다시 인용할 수는 없다.

⊙ 대법원 1989. 3. 28. 선고 87다카2372 판결

우리나라 민사항소심은 속심제로서 항소심에서도 소의 교환적 변경이 가능하며 이 경우에는 구 청구의 취하의 효력이 발생할 때에 그 소송계속은 소멸되는 것이므로 항소심에서는 구 청구에 대한 제1심 판결을 취소할 필요 없이 신청구에 대하여만 제1심으로서 판결을 하게 된다.

⊙ 대법원 1983. 12. 27. 선고 83다카1503 판결

항소심은 당사자의 불복신청범위 내에서 제1심 판결의 당부

를 판단할 수 있을 뿐이므로 설사 제1심 판결이 부당하다고 인정되는 경우라 하더라도 그 판결을 불복당사자의 불이익으로 변경하는 것은 당사자가 신청한 불복의 한도를 넘어 제1심 판결의 당부를 판단하는 것이 되어 허용될 수 없다.

⊙ 대법원 1993. 12. 28. 선고 93다47189 판결

원고의 청구를 전부 기각한 판결에 대하여는 피고가 판결이유 중의 판단에 불복이 있더라도, 상계를 주장한 청구가 성립되어 원고의 청구가 기각된 때와 같이 예외적으로 기판력이 있는 경우를 제외하고는, 상소를 할 이익이 없다.

제3장

상 고

상고란 항소심의 종국판결에 대하여 대법원에 하는 상소로서 원판결의 당부를 전적으로 법률적인 측면에서만 심사할 것을 구하는 불복신청이다. 상고제도의 주된 목적은 법령해석의 통일에 있다. 상고이유는 일반적 상고이유와 절대적 상고이유로 나누어진다.

⊙ 대법원 2006. 5. 26. 선고 2004다62597 판결

민사소송법 제424조 제1항 제6호 소정의 절대적 상고이유인 '판결에 이유를 명시하지 아니한 경우'라 함은 판결에 이유를 전혀 기재하지 아니하거나 이유의 일부를 빠뜨리는 경우 또는 이유의 어느 부분이 명확하지 아니하여 법원이 어떻게 사실을 인정하고 법규를 해석·적용하여 주문에 이르렀는지가 불명확한 경우를 일컫는 것이므로, 판결이유에 주문에 이르게 된 경위가 명확히 표시되어 있는 이상 관계 법률이 위헌이라는 당사자의 주장을 판단하지 아니하였다는 사정만으로 판결에 이유를 명시하지 아니한 위법이 있다고 할 수 없고, 또한 당사자의 주장이나 항변에 대한 판단은 반드시 명시적으로만 하여야 하는 것이 아니고 묵시적 방법이나 간접적인 방법으로도 할 수 있다.

◉ 대법원 2004. 5. 28. 선고 2001다81245 판결

민사소송법 제424조 제1항 제6호 소정의 절대적 상고이유인 '판결에 이유를 명시하지 아니한 경우'라 함은 판결에 이유를 전혀 기재하지 아니하거나 이유의 일부를 빠뜨리는 경우 또는 이유의 어느 부분이 명확하지 아니하여 법원이 어떻게 사실을 인정하고 법규를 해석·적용하여 주문에 이르렀는지가 불명확한 경우를 일컫는 것이다.

제 4 장

항 고

항고는 판결 이외의 재판인 결정, 명령에 대한 독립의 간이한 상소이다. 항고는 상소로서 상급법원에 대하여 원재판의 당부의 심사를 구하는 것이지만 그 절차는 간편하게 진행되는 결정절차이다. 이러한 항고에는 그 기준에 따라 통상항고와 즉시항고, 최초의 항고와 재항고, 특별항고 등이 있다.

⊙ 대법원 2004. 6. 25. 자 2003그136 결정

민사소송법 제449조에 의한 특별항고에 있어서 결정이나 명령에 대하여 재판에 영향을 미친 헌법 위반이 있다고 함은 결정이나 명령의 절차에 있어서 헌법 제27조 등에서 규정하고 있는 적법한 절차에 따라 공정한 재판을 받을 권리가 침해된 경우를 포함한다 할 것인데, 판결경정신청을 기각한 결정에 대하여 위와 같은 헌법 위반이 있으려면, 신청인이 그 재판에 필요한 자료를 제출할 기회를 전혀 부여받지 못한 상태에서 그러한 결정이 있었다든가, 판결과 그 소송의 전 과정에 나타난 자료

및 판결 선고 후에 제출된 자료에 의하여 판결에 오류가 있음이 분명하여 판결이 경정되어야 하는 사안임이 명백함에도 불구하고, 법원이 이를 간과함으로써 기각 결정을 한 경우 등이 이에 해당될 수 있다.

⊙ 대법원 1995. 5. 15. 자 94마1059, 1060 결정

집행법원인 원심법원의 항고장 각하명령은 채권압류 및 전부명령을 1차적인 처분으로 한 원심법원이 그 채권압류 및 전부명령의 당부에 관하여 항고법원의 재판을 대신하여 판단하는 2차적인 처분이 아니라, 위 채권압류 및 전부명령의 당부와는 무관하게 채무자가 이에 불복하여 제출한 즉시항고장에 필요적 기재사항이 기재되어 있는지 여부, 소정의 인지가 첩부되어 있는지 여부나 즉시항고 기간 내에 항고가 제기되었는지 여부 등에 관하여 자기 몫으로 판단하는 1차적인 처분으로서, 그에 대한 불복방법인 즉시항고는 성질상 최초의 항고이다.

재심절차

재심이란 확정된 종국판결에 중대한 흠이 있는 경우에 판결을 한 법원에 대하여 그 판결의 취소와 사건의 재심판을 구하는 비상의 불복신청방법이다. 재심사유는 민소법 제451조 제1항에 한정적으로 열거된 11개의 사유에 근거한 경우에 한하여 제기할 수 있다.

제7편

제1절 재심

⊙ 대법원 2004. 9. 24. 선고 2003다27887 판결

민사소송법 제451조 제1항 제8호는 "판결의 기초가 된 민사나 형사의 판결, 그 밖의 재판 또는 행정처분이 다른 재판이나 행정처분에 따라 바뀐 때"를 재심사유로 규정하고 있는바, 화의취소결정은 화의인가결정을 취소하여 실효시킴으로써 화의채권자가 화의조건에 의하여 양보한 권리를 회복시키는 효과가 있으므로 원고인 채권자와 피고인 채무자 사이의 판결의 기초가 된 채무자에 대한 화의인가결정이 화의취소결정에 의하여 취소되어 확정된 때에는 위 조항 소정의 재심사유에 해당된다.

⊙ 대법원 2006. 10. 12. 선고 2005다72508 판결

판결의 증거가 된 문서가 위조된 것이 분명하고 공소시효의 완성으로 그 문서의 위조행위의 범인에 대하여 유죄판결을 할 수 없게 되었다면, 그 위조행위의 범인이 구체적으로 특정되지 않았다고 하더라도 민사소송법 제451조 제2항의 '증거부족 외의 이유로 유죄의 확정판결을 할 수 없을 때'에 해당한다.

민사소송법 제451조 제1항 단서에 따라 당사자가 상소에 의하여 재심사유를 주장하였다고 하기 위하여서는 단지 증거인 문서가 위조되었다는 등 제451조 제1항 각 호의 사실만 주장하는 것으로는 부족하고 재심의 대상이 되는 상태, 즉 유죄판결이 확정되었다거나 증거부족 외의 이유로 유죄판결을 할 수 없다

는 등 같은 조 제2항의 사실도 아울러 주장하였어야 한다.

재심대상판결의 증거로 된 문서가 위조되었다 하여 재심원고가 위조한 사람을 고소하여 검사가 수사한 결과 위조사실이 인정되는지 여부에 관하여는 판단하지 아니한 채 공소시효 완성으로 인하여 공소권이 없다는 이유로 불기소처분을 한 경우 민사소송법 제456조 제1항의 재심의 제소기간은 문서위조 등 고소사실에 관하여 증거흠결 이외의 이유로 유죄의 확정판결을 할 수 없다는 사실을 안 날, 즉 공소시효의 완성으로 인한 검사의 불기소처분이 내려진 것을 안 날부터 진행한다.

제2절 준재심

⊙ 대법원 2004. 9. 13. 선고 2004마660 판결

민사소송법 제461조는 "제220조의 조서 또는 즉시항고로 불복할 수 있는 결정이나 명령이 확정된 경우에 제451조 제1항에 규정된 사유가 있는 때에는 확정판결에 대한 제451조 내지 제460조의 규정에 준하여 재심을 제기할 수 있다."고 규정하고 있는바, 여기서 준재심의 대상을 '즉시항고로 불복할 수 있는 결정이나 명령'으로 한정하고 있으나, 이는 대표적인 사례를 든 것에 불과하고, 따라서 종국적 재판의 성질을 가진 결정이나 명령 또는 종국적 재판과 관계없이 독립하여 확정되는 결정이나 명령에 해당하는 경우라면 독립하여 준재심을 신청할 수 있지만, 담보권실행을 위한 경매개시결정에 대하여는 즉시항고를 할 수 있다는 취지의 규정도 없고, 경매개시결정에 대하여는 즉시항고에 의하여 상급심의 판단을 받지 아니하더라도 매각허가결정에 대한 즉시항고로써 다툴 수 있는 것이므로, 이와 같은 경매개시결정은 종국적 재판의 성질을 가진 결정이나 명령 또는 종국적 재판과 관계없이 독립하여 확정되는 결정이나 명령에 해당하지 아니하므로 준재심의 대상에 해당하지 아니한다.

⊙ 대법원 1999. 3. 26. 선고 98다59644 판결

화의인가결정이 확정되면 모든 화의채권에 관하여 개개의 화의채권자와 화의채무자 및 화의참가인 사이에 화의조건을 내용으로 하는 계약이 체결된 것과 동일한 법률효과가 발생하여 모든 화의채권은 화의조건에서 정한 바에 따라 일반적·추상적으로 변경된다.

간이소송절차
— 소액사건심판절차

간이소송절차라 함은 신속한 사건의 처리를 위하여 통상의 소송절차에 비하여 절차를 간이화한 특별소송절차를 말한다. 우리나라는 소액사건심판법에 의한 소액사건심판절차와 민사소송법상 독촉절차 및 가압류·가처분절차가 있다.

제8편

⊙ 대법원 2004. 8. 20. 선고 2003다1878 판결

소액사건심판법 제3조 제2호에 규정된 '대법원의 판례에 상반되는 판단을 한 때'라 함은 구체적인 당해 사건에 적용될 법령의 해석에 관하여 대법원이 내린 판단과 상반되는 해석을 한 경우를 말하고, 단순한 법리오해나 채증법칙 위반 내지 심리미진과 같은 법령 위반 사유는 이에 해당하지 않는다.

소액사건에 있어서 구체적 사건에 적용할 법령의 해석에 관한 대법원판례가 아직 없는 상황에서 같은 법령의 해석이 쟁점으로 되어 있는 다수의 소액사건들이 하급심에 계속되어 있을 뿐 아니라 재판부에 따라 엇갈리는 판단을 하는 사례가 나타나고 있는 경우, 소액사건이라는 이유로 대법원이 그 법령의 해석에 관하여 판단을 하지 아니한 채 사건을 종결하고 만다면 국민생활의 법적 안전성을 해칠 것이 우려된다고 할 것인바, 이와 같은 특별한 사정이 있는 경우에는 소액사건에 관하여 상고이유로 할 수 있는 '대법원의 판례에 상반되는 판단을 한 때'의 요건을 갖추지 아니하였다고 하더라도 법령해석의 통일이라는 대법원의 본질적 기능을 수행하는 차원에서 실체법 해석적용에 있어서의 잘못에 관하여 직권으로 판단할 수 있다고 보아야 한다.

⊙ 대법원 2004. 5. 13. 선고 2004다6979 판결

소액사건심판법 제3조 제2호에 규정된 '대법원의 판례에 상반되는 판단을 한 때'라 함은 구체적인 당해 사건에 적용될 법령의 해석에 관하여 대법원이 내린 판단과 상반되는 해석을 한

경우를 말하고, 단순한 법리오해나 채증법칙 위반 내지 심리미진과 같은 사유는 이에 해당하지 아니하는데, 여기서 '구체적인 당해 사건에 적용될 법령의 해석에 관한 대법원의 판단'이란 구체적인 당해 사건의 사안에 적용될 법령조항의 전부 또는 일부에 관한 정의적(定義的) 해석을 한 판례의 판단을 말하고, '원심이 상반된 해석을 한다.'함은 그 법령조항에 관한 대법원의 그 정의적 해석과 반대되는 해석을 하거나 반대되는 해석 견해를 전제로 당해 사건에 그 법령조항의 적용 여부를 판단한 경우를 말하는 것이다.

저자 약력 홍기문

전남대학교 법과대학 졸업
전북대학교(법학박사)
독일 Erlangen-Nürnberg 대학교 및 Regensburg 대학교에서 연구
사법시험 · 군법무관시험 · 행정고시 · 변리사시험 출제 및 채점위원
법무부 법무자문위원회 민사소송법개정 특별분과위원회 위원
광주지방법원 및 고등법원 민사조정위원
대한민사법학회 회장
현 전남대학교 법과대학 교수

〈 저 서 〉

민사소송법
증명책임론
전자상거래와 법률문제(공저)
인터넷이용자의 법적 보호(공저)
재외한인의 법적 지위와 기본권 현황(공저)
재외한인의 법적 지위 제한과 분쟁해결(공저)

〈 주요 논문 〉

전문가로서 변호사의 민사책임
신민사소송법의 전망
변호사강제주의
변론과오
헌법과 민사소송
소송물이론에 관한 소고
변론종결후의 승계인 등

민사소송법 기본판례

2007년 2월 20일 인쇄
2007년 2월 28일 발행

저 자 홍기문
발 행 강정채
발행처 전남대학교출판부

등록 1981. 5. 21. 제53호
500-757 광주광역시 북구 용봉동 300
TEL. (062) 530-0571~3 FAX. (062) 530-0579
http://altair.chonnam.ac.kr/~cnup
ISBN 978-89-7598-602-4 (93360)

값 20,000 원

이 도서의 국립중앙도서관 출판시도서목록(CIP)은 e-CIP홈페이지(http://www.nl.go.kr/cip.php)에서 이용하실 수 있습니다.(CIP제어번호: CIP 2007001020)